胜负

创始人和资方的殊死博弈

徐常伟 / 著

台海出版社　博集天卷 CS-BOOKY

图书在版编目（CIP）数据

胜负 / 徐常伟著. — 北京：台海出版社，2016.3

ISBN 978-7-5168-0858-0

Ⅰ.①胜… Ⅱ.①徐… Ⅲ.①长篇小说－中国－当代

Ⅳ.① I247.5

中国版本图书馆 CIP 数据核字（2016）第 040146 号

胜　负

著　者：徐常伟	
责任编辑：晋璧东	封面设计：小徐书装
版式设计：麦莫瑞文化	责任印制：蔡　旭

出版发行：台海出版社

地　址：北京市朝阳区劲松南路 1 号　　　　邮政编码：100021

电　话：010-64041652（发行、邮购）

传　真：010-84045799（总编室）

网　址：http://www.taimeng.org.cn/thcbs/default.htm

E-mail：thcbs@ 126.com

经　销：全国各地新华书店

印　刷：三河市华东印刷有限公司

本书如有破损、缺页、装订错误，请与本社联系调换

开　本：710×1000　1/16

字　数：370 千字　　　　　　　　　印　张：25

版　次：2016 年 4 月第 1 版　　　　　印　次：2020 年 7 月第 2 次印刷

书　号：ISBN 978-7-5168-0858-0

定　价：39.80 元

目 录

寻求靠山，是把双刃剑。

靠好了，你的腰板就硬了。靠不好，脊梁骨都会被压断。

不过，吴勇宏今晚的姿态，对章开鹏而言，却是好消息。不难判断，他和黄卓群之间的战略同盟，如同纸糊。稍微捅一捅，也就破了。

黄卓群加上吴勇宏，不好对付。一个黄卓群，对付起来就要轻松许多。不管如何，吴勇宏能做墙头草，这就够了。

"章董，我斗胆说一句，重感情是你最大的人格魅力之一，可放在生意场上，就是你最大的缺点。过于看重感情，做起事情来，难免会优柔寡断，甚至牺牲自己，成全别人。"

章开鹏仔细衡量了一下，再这么和黄卓群斗下去，就等于一步步把达利往悬崖边上推。而反夺权，也正如宋敏洁之前所说，光靠人心向背是不够的，没有股东大会的同意，即使在气势上能压倒黄卓群，自己依然是个"下野"之人。

"章董，其实最后的赢家是如来佛祖。或者说，从头到尾，都是如来佛祖的一个局。而孙悟空，再神通广大，也只不过是一颗棋子，始终逃脱不出如来佛祖的手掌心。"

"是呀！"章开鹏唏嘘不已，"如来佛祖不仅是最后，也是最大的赢家。"

◎第一章◎

门口的"野蛮人"

　　等"野蛮人"进来之后，许多事情，就超出了可控的范围。蜜月期毕竟是短暂的，彼此的明争暗斗才是永恒的主题。商场如战场，狼吃羊不足挂齿，狼吃狼，才是最可怕的。

盛夏的北京城，正值桑拿天，整座城市仿佛掉进了一个大蒸笼。

章开鹏坐在一辆老款奔驰 S 320 的副驾驶位上，眉头时而紧皱，时而舒展，翻阅着布赖恩·伯勒的《门口的野蛮人》一书的最后几页。

两个月前，他来北京出差时，在东三环附近的一个四合院和郑荣恒见过一面。临走前，郑荣恒向他推荐了此书，并语重心长地告诫道："开鹏，读完《门口的野蛮人》，相信你会悟出一个道理：企业引进风险投资是一把双刃剑，他们是天使，更是魔鬼，随时会夺走你一手养大的'孩子'。"

他们为何如此关心数据而非产品？他们为何如此热衷于拆散一家公司而不是去建设它？所有这些与商业精神究竟又有什么关系呢？

结尾的三个问题，也是《门口的野蛮人》的终极拷问。

约莫半个小时，奔驰 S 320 冲破层层热浪，驶进了一条狭窄的胡同，在两扇铁门前停了下来，门前立着两尊石狮子。

须臾之间，铁门悄然无声地打开，等奔驰滑进去后，又默默地关闭了。

"章董，您来啦！"

迎接章开鹏的，是郑荣恒的秘书王品文。

"王秘书，好久不见，郑老爷子呢？"

在这个讲究论资排辈的社会，不同的人在不同的圈子，都有其特定的位置。这就好比梁山泊一百单八将，什么人坐什么位置，是王八的屁股——龟腚（规定），代表着他的身份和地位。年届七十的郑荣恒，系中国民企界的"常青树"，德高望重，威名远扬，人称"郑老爷子"。

此处，是郑荣恒在北京的家，格局分明的四合院。另外，这里也是以郑荣恒为首的鼎尚俱乐部的根据地。鼎尚在京城，乃至全国，都可谓赫赫有名。

章开鹏是这里的常客，每次从南州来北京出差，他都会尽量挤出时间，登门拜访郑荣恒。

王品文操着一口京腔："章董，听说您要来，老爷子特意取消了午睡，在会客厅等着您呢。"

章开鹏暗自责备，一时疏忽，忘了郑荣恒有午休的习惯。想罢，他夹着《门口的野蛮人》，加快了脚步，轻车熟路地绕过正厅，来到了东边的会客厅。

郑荣恒端坐在一套精致的茶具前，儒雅沉着。他一边品着茶，一边翻着一本腾通的内刊。

见到章开鹏，他微微欠了欠身，微笑着说："开鹏，来啦，坐。"

"老爷子，实在抱歉，我来得不巧，打扰您休息了。"

"开鹏，咱们之间，就不用这么客套了。"说着，郑荣恒手法娴熟地为他倒上一杯普洱，"北京的展会开得怎么样？"

章开鹏掌舵的上市公司达利集团，是全国家居行业的翘楚。一年一度的北京展会，可谓八仙过海——各显神通，是各家自我营销的大好机会，他自然不会错过。并且，只要不是与要紧之事有冲突，他这个董事长，都会亲自带队，这是惯例。

"近两年，整个市场的大气候，每况愈下。和前些年相比，展会也冷清了不少。"章开鹏品了口茶，"不过，好在达利有渠道方面的优势，受到的冲击并不大。"

"市场波动是常态，必须要牢牢抓住营销渠道这张好牌，以不变应万变。"见惯了大风大浪的郑荣恒，淡然一笑，指了指桌子上的《门口的野蛮人》问道，"怎么，看完了？"

"老爷子，实不相瞒，平时工作太忙，来的路上才刚看完，还没来得及消化呢。"

"有何感想？"

许多时候，问题越小，答案越复杂。问题越大，答案反而越简单。

章开鹏边斟酌边说："近些年，中国的大部分企业把引进风险投资，也就是所谓的'门口的野蛮人'，作为壮大规模或者上市的捷径。殊不知，等'野蛮人'进来之后，许多事情，就超出了可控的范围。蜜月期毕竟是短暂的，彼此的明争暗斗才是永恒的主题。国美的黄光裕和贝恩资本，上海家化的葛文耀和平安信托，都是活生生的例子。即便是伟大如乔布斯者，也曾被股东们联手踢出局。彼此能够长时间和平共处的，寥寥无几，我能想到的，就是阿里巴巴的马云和软银的孙正义。"

"开鹏，马云只有一个，谁都想成为马云，但谁也成不了马云。"郑荣恒稍作停顿，"风险投资，不管是VC（创业投资）还是PE（私幕股权投资），关键在于'风险'二字，而不是投资。既然选择了让'野蛮人'进门，就该有承担风险的能力。很多企业的创始人，都问过我类似的问题：什么叫能力？其实，能力很简单，做企业，必须要控制企业。控制包括两方面，控股权和话语权。众所周知，包括马云在内的'十八罗汉'，只是阿里巴巴的小股东，可是为什么人们提及阿里巴巴，言必及马云？因为他是阿里巴巴的符号，是阿里巴巴的精神领袖。投资方明白，只有让马云来掌舵，阿里巴巴才能赚钱，赚尽可能多的钱。总之一句话，商场如战场，狼吃羊不足挂齿，狼吃狼，才是最可怕的。"

"老爷子，你说得没错。再往深处说，不管有没有'野蛮人'的进入，做企业都必须控制企业。"章开鹏会心一笑，"七年前达利的那场内斗，就是个惨痛的教训。"

说着，章开鹏的思绪回到了多年前。

创立之初的达利，在很长一段时间内，所有的股份皆掌握在三大创始人的手上。章开鹏持股45%，高中同学冯刚和李建辉各占27.5%，人称"达利三剑客"。

此后，公司发展飞速，不出两年，就坐上了南州家居行业的第一把交椅。企业大了，矛盾也就多了。

有控制权，但又被制约着，这就是章开鹏当时面临的现状。2004年年底，他和冯李二人的矛盾全面爆发。章开鹏铤而走险，选择豪赌一把，自动下台。他自信达利离开了他，压根就玩不动。

公司作价2.4亿元，他拿走8000万元。

不到一周，剧情有了戏剧性的变化，全体经销商大闹达利总部，要求章开鹏出山。冯李二人被迫各拿 8000 万元,彻底退出达利。但因公司的账面上没有足够的现金,经协商,双方达成折中方案,冯李二人先各拿 5000 万元,剩下的款项,半年内付清。

这一赌局,从表面上看,章开鹏赢了,实则留下了大隐患。此后,为解决现金流问题,他被迫打开了门,让虎视眈眈的"门口的野蛮人"乘虚而入。

"补血"方案害死人哪,可要不"补血",达利更是会走入死胡同,凡事有舍必有得。

而达利的"补血"方案,郑荣恒就是牵线搭桥的关键人物。

"开鹏,这是个典型的《中国合伙人》的故事,分饷银、排座次和论荣辱是企业创立之初必须要过的三关。"郑荣恒把话题又拉回到现实,轻描淡写地问,"达利和'野蛮人'的合作,没出什么问题吧?"

"暂时还没有。"思忖片刻,章开鹏又添了一句,"不过,关系也是挺微妙的。"

"微妙?开鹏,这个词用得极为恰当。"郑荣恒不紧不慢地说,"大多数的投资方代表,都喝过几年的洋墨水,或者有着华尔街背景。这批人到了中国后,难免会水土不服。他们的运作如同一部机器般紧密,按部就班。而我们,却有着自己的游戏规则,不按常理出牌似乎成了一种惯用手段。彼此冲突,却又不得不融合,这就是关系微妙的本质原因。在这种情况下,契约精神就尤显重要。"

契约精神?什么是真正的契约精神?章开鹏参悟了这么多年,不仅没悟透,反而越悟越糊涂。

就在话题更深入时,章开鹏的 iPhone 手机(苹果旗下的智能手机)响起。

章开鹏共有三部手机:一部小米,号码对外公布,用作普通联系;一部三星 Galaxy S2,限于和集团中高层通话;一部 iPhone,通信录上皆为圈子里的密友。

来电者是他的嫡系,达利负责运营业务的副总裁许婉婷。

"婉婷,有事?"

"章董,麦德逊正继续往我们的渠道发货。初步统计,近一个月麦德逊的总发货货值超过了 5000 万元。再这样下去，不仅渠道会有压力，还会引起经销商们的不满。"

章开鹏的表情由晴转阴，乌云滚滚，他随即问道："吴总呢？他什么时候才能从法国回来？"

"吴总手机打不通，他的助理也不知道具体的时间。"

除了担任麦德逊大中华区总经理，吴勇宏在达利还兼任副总裁一职。

一年前，麦德逊杀向达利。刚开始，章开鹏颇为费解，麦德逊的核心是电气，达利的主业是家居，两者可谓风马牛不相及。财大气粗的麦德逊，到底图什么？直到最后一轮谈判，章开鹏才算明白。渠道，麦德逊相中的，正是自己花了十来年的时间，一手搭建起来的渠道，那张比蜘蛛网还密集的渠道。

渠道，是章开鹏的王牌，更是底牌！

章开鹏闻到了一股异常的味道，但为顾全大局，还是做了妥协，答应了麦德逊共享达利渠道的条件。不过，吴勇宏的胃口如此之大，完全在他的意料之外。

四天前，吴勇宏去了法国，说是去总部汇报工作。

"婉婷，北京这边的展会已经结束了，我下午坐四点钟的飞机回南州。"想了想，章开鹏又吩咐道，"你马上联系一下袁老大他们，请他们近期来一趟南州。具体的时间，该请谁，请多少人，你来决定就行。"

"章董，我这就办。"

郑荣恒注意到了章开鹏表情的细微变化，等他挂了电话，马上问："开鹏，不会是和麦德逊的合作出什么状况了吧？"

章开鹏理了理头绪，将事情的来龙去脉和盘托出。郑荣恒虽是这宗生意的牵线人，但合作的方式和细则条款等机密，他并不知情。

"开鹏，实不相瞒，我一直有个疑问：当初，'收购专业户'麦德逊为何会如此爽快地入股达利？据我了解，麦德逊的投资计划，有两个最基本的条件：第一，股份至少在 20% 以上，甚至完全并购；第二，企业的毛利率必须在 40% 左右。显然，达利不符合条件，属于特例。现在有了共享渠道一说，我心中的疑团也就解开了。另外，有一点基本上可以断定，麦德逊内部对此是有争议的。"

"老爷子，在渠道上做出让步，引进麦德逊，虽属无奈，但在我看来，是最好的办法。"

郑荣恒饶有兴致地问："最好的办法？此话怎讲？我倒要好好地听你分析分析。"

"让众多的'野蛮人'进门后，达利的股权配置变得越发复杂。与此同时，随着麦德逊的进入，我这个创始人，让出了大股东的位置。此消彼长，黄卓群掌控的富可亚洲，坐上了头把交椅。合作六年下来，我和黄卓群的关系，也走到了一个拐点。既然一山容不下二虎，那就放第三只老虎进来，形成三足鼎立、互相制衡的局面。"

"开鹏，这是步妙棋，也是步险棋。"

"老爷子，接下来也只能是骑驴看唱本——走着瞧了。"

"不管如何，别走入死胡同就行。"郑荣恒起身转悠了一圈，"对了开鹏，这次来北京，见卫红了没有？"

"这次估计没时间了，下次吧，下次我约上卫红，一道来拜访您。"

提到欧阳卫红这个让他既爱又恨的女人，章开鹏的眼睛里，闪过一丝惆怅。剪不断，理还乱，这个女人，注定要在他的生命中，掀起大风大浪。

他和欧阳卫红的故事，要追溯到 20 多年前。当时，他们是清华园里的神仙眷侣，大一下学期因共同出演经典话剧《雷雨》而坠入爱河。男才女貌，羡煞旁人。可惜，他们依然逃脱不了毕业即分手的命运。毕业后，欧阳卫红留守北京，在金融圈打拼，章开鹏回到南州创业，彼此也就断了联系。章开鹏得到的唯一信息是，欧阳卫红嫁给了一位身家过百亿元的富家子，姓徐。

章开鹏原以为，他和欧阳卫红的故事已画上了句号。谁知七年前，她却再次走进了自己的生命。

七年前的那场内斗后，章开鹏踏上了漫漫"找钱"路，到处"求神拜佛"，拜码头。当他求到郑荣恒的门上时，正巧，欧阳卫红也在场。此时的欧阳卫红，已是鼎尚俱乐部的成员，北京城某大型融资咨询公司的创始人，数一数二的"白手套"，混得风生水起。

在这之后，达利从引风投到上市，欧阳卫红都扮演着幕后推手的角色。圈子里的人送了她一个外号：章开鹏的"金融保姆"。两年前，因为各自的利益，两个人大吵了一番，欧阳卫红离开了达利。不过，至今为止，她的手上依然持有达利近 4% 的股份。

"开鹏，关于你和卫红的过节，我也有所耳闻。给你一个忠告，多个朋友总比多个敌人要好。"

"老爷子，我明白。"

下午两点左右，章开鹏离开郑荣恒的四合院，直奔机场，赶下午四点回南州的航班。

路上，章开鹏尝试着拨打吴勇宏的电话，通了。吴勇宏说，他在巴黎的戴高乐机场，正起程回国。到南州的话，估计要后天，也就是周一下午。

简单的寒暄过后，章开鹏并没有直接提麦德逊压货一事，只是说："吴总，最近两天，袁老大他们要来一趟南州。到时候，你陪我一起去会会。"

吴勇宏有所犹豫，但实在是找不出理由推托，只好硬着头皮答应下来。

奔驰 S320 临近首都机场时，章开鹏的三星 Galaxy S2 振动了几下。一看，是欧阳卫红发来的短信。他心头不免一愣，掐指算来，他们已经有大半年的时间没联系了。三个月前，达利在香港召开股东大会时，两个人曾见过一面，不过，却是零交流。

"开鹏，听说你来北京了。方便的话，见个面。"

章开鹏愣了愣，脑袋有点短路。半晌，才回复道："我正准备回南州，已在去机场的路上，下次吧。"

少顷，欧阳卫红又发来一条意味深长的短信："那就下次，我相信下次你会主动来找我。"

江山易改，禀性难移。

欧阳卫红的一言一行，还是那么盛气凌人，不可一世，仿佛一切都在她的掌控之中。

女人这种动物，一旦有了城府和野心，绝对比男人可怕千倍万倍。

欧阳卫红暂且搁一边，当务之急，是对付黄卓群和吴勇宏这两个男人，两个已经进门的"野蛮人"。

第二章

私下结盟

生意场上没有永远的朋友，也没有永远的敌人，有的只是永远的利益。要分清主要敌人，广结盟友与之对抗。同时，分化敌人的潜在盟友，使其疏远敌人。

吴勇宏并没有直接回南州,而是转道去了上海。

一个星期前,吴勇宏尚未去法国时,曾收到过一份邀请函,请他赴上海参加一场私人酒会。发函人,是他的大学同学,在上海某外资银行担任高管的董侨伟。之后,董侨伟又亲自给他打了个电话,称受邀者个个都是上海滩独当一面的大人物,非富即贵,让他务必过来。

觥筹交错、谈笑风生,不经意之间,就敲定了几亿元甚至几十亿元的大生意,这就是中国商人的游戏规则。吴勇宏作为麦德逊大中华区的掌门人,操纵着近300亿美元的资金,他的任务就是把300亿美元变成上千亿美元,甚至更多。如此盛会,自然不能错过。不管如何,多结识几个上海滩的能人,只有好处,没有坏处。

十里洋场,百年上海。

约40分钟,一辆黑色的辉腾载着吴勇宏,从机场到了外滩。

外滩,自上海被辟为商埠后,就成为亚洲的金融和商务中心之一,外国的银行、商行和总会云集于此。哥特式的尖顶、古希腊式的穹隆、巴洛克式的廊柱、西班牙式的阳台……众多经典交汇成这座城市的历史。

吴勇宏的目的地,位于外滩的金融街,一座七层的欧式建筑,巴洛克风格。

董侨伟的办公室,在六楼的东南角,正对着黄浦江,简约大气,宽敞明亮。

吴勇宏走到窗前,俯瞰着人来人往的外滩,感慨道:"侨伟,这上海滩就是不一样,连空气里的味道都不一样。"

"勇宏,要不我们换一换,你来坐我的位置,我去掌控麦德逊大中华区。"

"侨伟,这可是你说的,不能反悔。"

"勇宏，说穿了，你我都是别人手上的一颗棋子，反不反悔的主动权，并不掌握在自己手上。有时候想想，我们在斯坦福留学的那段经历，是最美好的。"说着，董侨伟像是突然想起了什么，"对了，今晚这场私人酒会的发起人，除了我，还有另外几个人。其中有一个，是我们斯坦福的校友，国内风投界鼎鼎大名的风云人物。"

"斯坦福的校友，还是搞风投的，叫什么名字？"吴勇宏问。

一直以来，麦德逊大中华区和各大风投机构，都有着合作关系，但凡是圈内有些名头的投资人，吴勇宏都认识。这个人又有着斯坦福背景，会是谁呢？

董侨伟有意卖了个关子："勇宏，离酒会还有一个半小时，到时候，你就知道了。"

晚上六点半，夜幕降临，华灯初上，上海滩瞬间变成了一颗靓丽的夜明珠。

夜上海，果然名不虚传。

吴勇宏和董侨伟，避开了晚高峰，步行到了外滩三号。

外滩三号的顶层，望江阁，就是此次私人酒会的场所。上了望江阁，凉风习习，外滩的夜景尽收眼底。

"勇宏，'外滩三号'的执行董事希艾伦先生曾经说过，在望江阁，你会真正感受到你是站在世界之巅。在这里，只有你想不到的，没有我们做不到的。望江阁正是这样一个梦想之地，与客人、上海和时代产生微妙而独特的共鸣。"

董侨伟刚说完，身后就传来一个声音："董总，好一个'只有想不到没有做不到'。"

吴勇宏跟着董侨伟转过身，惊住了，说话的不是别人，正是富可亚洲的掌门人黄卓群。

他怎么会出现在这里？！

吴勇宏和黄卓群并不陌生，但也谈不上熟悉。不陌生在于，彼此同是达利的股东和董事会成员，低头不见抬头见。至于不熟悉，是因为私底下两个人并无多少交情。

"黄总，幸会，幸会。给你介绍一下，我在斯坦福时的同班同学，麦德逊大中华区总经理吴勇宏吴总。"董侨伟做了引见，"勇宏，这位就是我之前跟你提及的咱们斯坦福的校友，知名投资专家，富可亚洲的掌门人黄卓群黄总。"

说话间，黄卓群笑着迎上前："吴总，没想到我们会在这里见面。"

"黄总，我也没想到啊！"

董侨伟佯装惊讶地问："怎么，两位认识？"

"侨伟，半年前，麦德逊入股达利集团的时候，我记得，我们在上海见过一面，黄总的富可亚洲是达利的大股东一事，我也跟你提起过。你的记忆力一向惊人，该不会是忘了吧？"吴勇宏笑了笑，反问道。

他的话，带着冷冰冰之意，是在责怪董侨伟故意装傻充愣。明明知道自己和黄卓群认识，之前为何要故弄玄虚？

酒会七点一刻正式开始，如董侨伟所说，受邀者个个身份显赫，有政府要员，有商界精英，也有撑场面的名媛。

开场一刻钟后，黄卓群端着红酒杯，朝吴勇宏的方向走来。

"吴总，可不可以借一步说话？"

吴勇宏微笑着点了点头，跟着黄卓群到了窗前。

"黄总，你知道我要来上海？"吴勇宏先声夺人道。

"吴总，确切地说，是我请你来参加这次私人酒会的。但是考虑你可能不买我的账，所以，就请董总扮起了中间人。"

"黄总，看来你真是煞费苦心啊！"吴勇宏又是一笑，琢磨起了黄卓群的用意，"不过，我想不通的是，我们有的是机会见面，何需绕这么大的圈子呢？"

"吴总，形势所迫，形势所迫啊！真要是选择在章开鹏的眼皮子底下见面，可就不是明智之举了。"黄卓群的神情，故做沉重状，"吴总，据说，麦德逊向达利渠道压货一事，引起了章开鹏的不满。我还听说，他正在召集经销商密会。"

"黄总的消息果然灵通，的确是有这么回事。而且，章开鹏还打算拉上我一起去见经销商。"

"吴总，章开鹏这一招，摆明了是在给你摆鸿门宴啊！"

"鸿门宴又如何，我们麦德逊完全是在按规矩办事。大不了彼此撕破脸，对簿公堂！"

"吴总，对簿公堂是下下策，更何况未必能解决争议。再者，这是我们达利的家事，还是关起门来解决比较好。真要是闹得沸沸扬扬，势必会造成股价动荡。吴总，我想你应该也不想看到这种局面吧？"

"黄总，你有高招？"

"吴总，那我就打开天窗说亮话了。"黄卓群慢悠悠地点上雪茄，"富可亚洲和达利的合作，差不多也有七年的时间了。刚开始，我和章开鹏，有过一段时间的蜜月期。但是，章开鹏这个人控制欲极强，仗着他是达利的创始人，奉行'一言堂'，根本就不买投资方的账。这就注定蜜月期是短暂的。"

有关黄卓群和章开鹏"狗咬狗"的传言，吴勇宏也早有耳闻。据说，在麦德逊入股之前，两个人经常在董事会上掐架，立山头，搞派别斗争。不过，当时的现实是，章开鹏既是达利的大股东，又是创始人。双方交手，黄卓群胜少负多。

半年前，吴勇宏成了局内人，他明智地选择了中立的态度，既不向章开鹏靠拢，也不讨好黄卓群，坐山观虎斗。确切地说，他是在观察局势，伺机而动。

见吴勇宏保持聆听状，黄卓群继续说道："吴总，据我所知，麦德逊之所以冒着风险入股达利，是因为看中了达利的渠道优势。但问题在于，渠道是章开鹏手上的一张王牌，他不会，也不可能放弃。这也就意味着，章开鹏成了你我的共同敌人。既然如此，我们何不联手干掉这个敌人呢？"

说到"干掉"时，黄卓群加重了语气。随后，他窥探着吴勇宏的表情变化。

吴勇宏在观察局势，同样，黄卓群也在观察。他深知，想要挫败章开鹏，单靠富可亚洲一己之力，胜算不大。因此，自己需要盟友。麦德逊的半路杀出，无疑为他提供了良机。但是，想要拿下吴勇宏这样的高手，与之联手对抗章开鹏，绝非易事。

但是，有了突破口，办法总归会有的。

近半年的时间，黄卓群都在想方设法地搭上吴勇宏这层关系，苦于一直找不到机会。直到一个月前，事情有了转机。一次偶然的机会，他通过中间人认识了董侨伟。因彼此是斯坦福的校友，坐下来聊了聊，聊着聊着就聊到了吴勇宏这号人物。

于是，就有了两位大佬在上海滩，而非南州密会的场景。

吴勇宏的表情，一会儿晴，一会儿阴，让人捉摸不透。许久，他才问道："怎么干掉？"

黄卓群哈哈大笑了几声："吴总，也就是说，你同意和我合作喽？"

"黄总，生意场上没有永远的朋友，也没有永远的敌人，有的只是永远的利益，这是再粗浅不过的道理。"

"吴总说得对，说得对，我再添一句：分清主要敌人，广结盟友与之对抗。同时，分化敌人的潜在盟友，使其疏远敌人。"黄卓群又深入道，"吴总，要想彻底地击败章开鹏，我们需借助董事会这个平台。"

"董事会？"

"没错。"

黄卓群眼珠子一转，压低了嗓门，将自己预谋已久的计划说了一遍。

"黄总，看来你是势在必得啊！"

"吴总，能否击败章开鹏，关键看你我能否配合着来演好这出戏。"

吴勇宏举起了酒杯："黄总，那就预祝我们合作成功。"

"吴总，我要的就是你这句话。"黄卓群敲了敲左腕上的江诗丹顿，"吴总，刚刚过去的20分钟，我们可是谈成了一笔大买卖。当然，章开鹏也不是等闲之辈，一定会展开一系列的反击，说不定现在就已经在行动了。"

"黄总，你是怕他出经销商这张王牌？"

"怕？"黄卓群冷哼了一声，"我黄卓群从不打无把握之仗！七年前是七年前，现在是现在，时代变了，出牌的方式也该变了。"

章开鹏确实没闲着！

此时此刻，他正在办公室里，开着秘密会议。秘密会议的成员，除了他和许婉婷，还有三个人：陈茂林，达利渠道研发部负责人；高伟业，达利人力资源部总监；聂远方，达利旗下万通世纪投资公司总经理。

这三个人，加上许婉婷，素有章开鹏的"四大金刚"之称。

许婉婷首先开腔道:"章董,经销渠道是我们的底牌,也是我们的底线,绝对不能放弃,更不能让麦德逊肆无忌惮地践踏。"

"可是问题在于,我们猜不透经销商们的心里是怎么想的,万一他们放弃了我们怎么办?"高伟业的问题极为尖锐,"况且,共享渠道,是白纸黑字写进我们和麦德逊的合作条款中的。"

陈茂林推了推鼻梁上的眼镜,插话道:"经销商,包括供货商渠道,是章董花了近20年的时间搭建起来的网络,它是我们达利赖以生存的生命线、输血管。一直以来,我们和双方的关系,都维护得非常不错。但是,需要正视的是,这种关系,是建立在利益之上的。如果麦德逊开的价比我们高,条件比我们丰厚,问题就变得棘手了。所以,我们应该主动制造机会,试探一下他们的忠诚度。"

在经营渠道方面,陈茂林资格最老,说话最有分量。

"章董,渠道方面,我是个门外汉。不过,我手上持有的达利1.21%的股份,随时听候你的调遣。"聂远方也亮明了态度。

"经销商是我手上的一张牌,麦德逊也是。至于原因,我早就跟你们解释过了,"章开鹏起身在办公室里踱来踱去,脚步沉稳,"不到万不得已,我不会选择和吴勇宏撕破脸皮。当然,稍微向他施加点压力,也未尝不可。至于经销商的忠诚度,擒贼先擒王,明天下午,我会探探袁德奎的口风。"

袁德奎,达利经销商中的"带头大哥",坐镇江浙地区,人称"袁老大"。根据许婉婷的安排,几个重要区域的经销商明天会陆续来南州。晚上六点,他们将在喜来登酒店碰面。

秘密会议一直持续到晚上10点,离开办公室时,章开鹏的iPhone手机收到了一条短信:明天11点,老地方,不见不散。

老地方,是位于南州新城的一个高档小区——香缇景苑,在市话剧团的斜对面。

次日中午,章开鹏到了15幢2单元门口,选择了走楼梯,而非坐电梯。一来,平时工作连轴转,权当是锻炼身体。二来,怕撞见熟人。南州城说小不小,说大也不大。毕竟,608室的女主人和自己是地下关系。

608 室的女主人，名叫顾冉冉，28 岁，市话剧团的当家花旦。

章开鹏和顾冉冉有着近两年的地下情，也正因为顾冉冉的存在，妻子郑茹带着女儿章静雯远赴加拿大定居。走之前，郑茹也留了一手，两个人至今未办理离婚手续，依然保持着法律上的夫妻关系。好在两年来，顾冉冉从未向他提及结婚一事，安于扮演红颜知己的角色。

自己为何会对顾冉冉动心？私底下，章开鹏也多次寻思过。答案竟有些"荒唐"，他发现，顾冉冉的一颦一笑，都像极了一个人，欧阳卫红。确切地说，是大学时期的欧阳卫红。

曾经沧海难为水，除却巫山不是云。

欧阳卫红早已不是当年的欧阳卫红。

拾级而上，到了 608 室门口，屋里飘出阵阵的香味。

都说想要抓住一个男人的心，首先要抓住他的胃。这一点，对烹饪高手顾冉冉而言，是轻而易举的事。

章开鹏进了门，顾冉冉穿着半透明的睡衣，娇媚的胴体若隐若现，正在厨房里张罗着。桌子上摆满了他爱吃的家常菜，蒜薹回锅肉、葱油蛏子、香菇滑鸡以及韭菜炒蛋。

"再等等，还有一个排骨炖芋头。"顾冉冉转过身，莞尔一笑。

章开鹏喜欢顾冉冉的笑，天真无邪，清澈见底。他更喜欢和顾冉冉独处，少了生意场上的尔虞我诈，多了一份家的温馨。或者说，他把顾冉冉当成了心灵的休憩地。

章开鹏走上前，从背后一把搂住顾冉冉，顾冉冉的细腰在他的怀中游动着。

"我想吃你！"他的声音变得急促。

"先吃饭，菜凉了就不好吃了。"

饱暖思淫欲。

吃过饭，章开鹏心中的那团火依然在熊熊地燃烧着，火势有增无减。他抱起顾冉冉，直奔卧室。时而波涛汹涌，时而风平浪静，再加上顾冉冉美妙的呻吟声，两个人似乎在配合着演奏一首交响曲。

曲罢，两个人又温存了许久，直到章开鹏的手机响起。

第三章

鸿门宴

"你知道了？"吴勇宏瞪大眼睛，极为惊讶地问，"黄总，难道章开鹏的身边，有你的人？"

"吴总，兵者，诡道也。一切按原计划进行，三天后，南州见。"

"章董，时间差不多了，我们该出发了。"来电话的是许婉婷。

"你在公司门口等着，我马上就过去。"

离开"爱巢"，不出20分钟，章开鹏的奥迪A8进了达利总部的院子，许婉婷已经在办公大楼底下候着，梨窝浅笑，落落大方。

都说30岁是女人的一道分水岭，过了，便韶华不再。但这条规律放在许婉婷身上，分明是不适用的。至少，章开鹏是这么认为的。

年届四十的许婉婷，无论身材还是皮肤，都保养得极好。再加上与生俱来的高贵气质和得体的举止，用秀外慧中来形容，再贴切不过。

如此优秀的女子，身后自然不乏仰慕者和追求者。遗憾的是，许婉婷至今未婚，以至于集团内部谣言四起。所谓的谣言，大致有两个版本：第一，许婉婷的口味比较重，性取向有别于常人；第二，许婉婷和章开鹏有一腿，理由是，二人皆是单身状态，又朝夕相处，想不擦出火花都难。

谣言止于智者！

对此，两个人心照不宣，采取了冷处理的方式，既不闻，也不问。不过，生在俗世，哪儿来那么多的智者。如果说，彼此连一点好感都没有，那是在自欺欺人。只是，双方都缺少捅破那层窗户纸的勇气罢了。

好感不等于爱，再进一步，爱也不等于婚姻。经历过一场失败的婚姻，在这方面，章开鹏格外地谨慎。

再者，他的身边已经有了顾冉冉，倘若再脚踏两只船，既对不起顾冉冉，又伤害了许婉婷。男人，绝不能无耻到这种地步。

见章开鹏有些疲惫，许婉婷提议道："章董，要不我来开车吧。"

“不用了，婉婷，还是我自己来吧。”

因为了解，所以理解。

共事多年，许婉婷了解章开鹏的个性，包括日常习惯。和许多企业家一样，章开鹏有专门的司机。所不同的是，他开车的次数，要多于司机。用他的原话来说，他要自己掌握自己的命运和方向。

“章董，在你来的路上，我又跟袁德奎通了电话，他说，半个小时内到辉煌马术场。”

章开鹏点了点头，打开车载 CD 机，播放一曲《云水禅心》。每当压抑或烦躁时，他喜欢听听梵音，放松心情，调整情绪。

“马总呢？”

“马总有要事缠身，来不了了。”

马总马锦胜，达利的第一个经销商，地位不下于袁德奎，因大本营在西安，素有“西北狼”之称。

辉煌马术场，位于南州的东郊，距离达利总部，仅一刻钟的车程。

章开鹏的奥迪 A8 和袁德奎的宝马 760，几乎是同一时间到达。

“章董，你这辆 A8 老爷车该换了。如果我没记错的话，开了有七八年了吧？”

“袁老大，车子只是代步的工具而已，能开就行。手上真有闲钱的话，我宁可把它投资在马身上。”

章开鹏是南州第一批玩马术的人，一年前，他花了 400 万元，托一位土库曼斯坦的朋友，购得一匹血统纯正的汗血宝马。此外，还聘请了专门的马术教练。

“章董，你这么一说，我还真有点怀念策马扬鞭的快感了。那个成语叫什么来着？蠢蠢欲动？对，蠢蠢欲动。”

“袁老大，既然如此，那咱们就进去骑上几圈。”

进了马术场，许婉婷陪着袁德奎的随行人员坐在了休闲区，观赏着两位大佬纵横驰骋，谈笑风生。近一个半小时的时间，许婉婷不清楚他们说了些什么，也没多问。

回去的路上，许婉婷一一拨打了其他几位经销商的电话，他们有的已经在喜来登了，有的正在赶来的路上。她最后一个联系的，是吴勇宏。吴勇宏也说，他快到了。

喜来登饭店，在南州城的另一个方向，西郊，挨着国际会展中心。

出了电梯，章开鹏远远看见吴勇宏叼着烟，在8203号包厢门口徘徊着。他有意干咳了一声，以引起吴勇宏的注意。

"章董，许总，"吴勇宏愣了愣，才迎上前，"袁总也来了！"

袁德奎冷笑着反问："怎么，吴总，我就不能来吗？"

"能来，袁总能来，我们达利欢迎还来不及呢。您可是达利经销商们的'带头大哥'，没有您的支持，也没有我们达利的今天。"

"吴总，我看是没有麦德逊的明天吧。"

气氛陷入尴尬，只见吴勇宏面露愠色，章开鹏适时地打起了圆场："袁老大，吴总，咱们进去再说，进去再说。"

进了包厢，吴勇宏被场面镇住了，他下意识地往后退了一步。

在座的，有11个人，8个经销商，另外3个，陈茂林、高伟业和聂远方，皆是章开鹏的嫡系。

吴勇宏内心咯噔了一下，果真是鸿门宴，他仿佛感觉到，每一个人的眼神，都透着滚滚而来的杀气。

既来之，则安之！

落座后，章开鹏举起酒杯："各位，我代表达利也代表我个人，先敬大家一杯，谢谢大家这么多年来对达利的支持。"

吴勇宏又是一惊，章开鹏主动敬酒喝，实为罕见。

熟悉章开鹏的人都知道，因患有严重的高血压，早在几年前，他就限酒了。能不喝则不喝，实在推不掉，也只是点到为止。

破例之事，一般是重大之事。可见，经销商在章开鹏心中的分量。想着，吴勇宏也象征性地站起身，将一小盅白酒吞下。

酒过三巡，袁德奎进入了正题："章董，咱们是多年的老伙计，该喝的酒得喝，该诉的苦还得诉。"

"袁老大，咱们之间，就不需要藏着掖着了。有什么事，就痛痛快快地直言。"

两个人一口一个"咱们"，吴勇宏成了彻头彻尾的局外人。

"章董，众所周知，达利最牛×的武器，就是那张比蜘蛛网还密集的销售渠道网。但是，你也知道，近两年，整个市场都不太景气，单是消化达利的产品，就已经够呛了。现在吴总的麦德逊又来插一脚，你让我们怎么办？一旦渠道堵塞了，达利又该怎么办？"

一向老辣的袁德奎，一上来就掐住了吴勇宏的脖子。

"袁老大，有事好商量，有事好商量。"章开鹏打着马虎眼，等着吴勇宏接招。

"袁总，我们麦德逊是一台严密的大机器，从不会不按游戏规则办事。共享渠道，是我们和达利合作之初就达成的协议。"

吴勇宏也打起了太极，又把皮球踢到了章开鹏的脚下。

"游戏规则？吴总，麦德逊是外企，只会用洋鬼子那一套。在我看来，这是你们这些投资方强加在达利头上的不平等条约。"袁德奎反唇相讥道，"就算是游戏规则，吴总，我也可以明确地告诉你，我们这些经销商完全有能力改变这个游戏规则！"

"袁总，你这话我就不太明白了。诚然，经销商是达利的关键一环。但你们一不是集团的股东，二不是董事会成员，怎么去改变游戏规则？"

"吴总，改变不了游戏规则，那我们就联合起来，创立新的游戏规则！"袁德奎的话，透着弦外之音。

新的游戏规则？吴勇宏暗自琢磨着，袁德奎这老东西到底想干吗？思来想去，他也吃不透袁德奎的葫芦里到底卖的什么药。

"袁总，你这是在威胁我吗？"

吴勇宏明白，自己是在孤军作战，必须要拿出强硬的态度。

"吴总，我袁德奎从来不会威胁别人，只会拿实力说话！"

"实力？袁总，你应该清楚，我们麦德逊可是世界500强企业！"

吴勇宏和袁德奎，你一言我一语，唱起了对台戏。而章开鹏，依然保持着缄默。

他深知，有些话，通过袁德奎的嘴说出来，比自己去说更合适，更为名正言顺。至少，不会直接把自己和吴勇宏摆到对立面上。诚然，吴勇宏未必是自己的盟友，可也不是敌人。既然如此，就不能用力过猛，令他主动向黄卓群投怀送抱。

"吴总，袁老大，两位都给我个面子，各退一步，怎么样？"

袁德奎问："章董，各退一步，怎么退？"

"麦德逊可以继续向渠道发货，不过，前提是不能造成渠道堵塞，发多少量，什么时候发，都要提前和渠道商沟通。"

"章董，既然你把话说到这个份上了，我袁德奎买账。"

"吴总，你呢？"

吴勇宏骑虎难下，心里暗骂道：章开鹏，你这一招也太狠、太绝了，这不等于把我往墙角里逼吗？

"我也没问题。"

"问题解决了就好。这样，我提议，吴总和袁老大握个手，往后，大家和气生财，和气生财。"

手刚握完，吴勇宏和许婉婷的手机，几乎同时响起。他们的回应也是惊人地相同，都说，知道了。

挂了电话，许婉婷往前靠了靠，对着章开鹏耳语了一番。

原来，达利总部那边出事了，说小可小，说大可大。

达利有个中层干部，叫宋子强，担任生产制造部副总监一职。大概十分钟前，宋子强在宿舍楼和吴勇宏的几个部下掐了起来，并扬言要把麦德逊赶出达利。

对于宋子强，章开鹏印象颇深。四年前，达利成功收购了万通世纪，宋子强是聂远方带过来的兵。这个兵，大有来头，他的伯父宋庆生是南州所在的上江省的首富，位列胡润富豪榜第19位。宋庆生身为超级富豪，他执掌的华丰集团，旗下拥有十几家子公司，宋子强想要干些事，有的是机会和平台，为何要来南州呢？对此，聂远方做过蜻蜓点水般的解释，宋庆生希望宋子强能到外面开开眼界，锻炼锻炼，最好是有高人指点。

四年的时间，宋子强从一名普通的基层员工，做到了中层，一路高升。人前人后，更是章开鹏的狂热粉丝，几乎到了凡是章开鹏做出的决策都要拥护、凡是章开鹏的命令都要执行的地步。

在不知情者看来，宋子强只是个缺乏头脑的小人物。不过，章开鹏却不这么看，有了宋庆生这层隐秘关系，这个小人物，不简单。

"章董，想必你应该知道公司那边发生什么事情了吧？"

吴勇宏的质问，把章开鹏拉回了现实。章开鹏侧身一看，吴勇宏正一脸不悦地盯着他。心想，坏了，吴勇宏肯定会误以为，这是自己策划安排的局，故意刁难他。

"吴总，我也是刚刚才得到消息。这个宋子强，也太不识大局了。"

"章董，我看未必！"吴勇宏冷笑了一声，站起身，"各位，我有事，就先走一步了，你们慢慢聊！"

吴勇宏刚出包厢，袁德奎就问："章董，达利那边出事了？"

"小事，小事而已。"

"那就好，那就好。"酒足饭饱，袁德奎说，"章董，按照老规矩，咱们该进入下半场了。"

"袁老大，听你的安排。"

"章董，此话差矣，还是客随主便的好。我又想起了一个成语，叫越俎代庖，我可不能这么干。"

袁德奎一向以大老粗自诩，可了解他的人都清楚，老谋深算的袁德奎是张飞绣花——粗中有细，小事装糊涂，大事精得很。合作这么多年，这只老狐狸，每年都从自己手上拿走一笔数目惊人的好处费。而且，胃口一年比一年大，得寸进尺。可是，章开鹏又不得不做出妥协和让步。

因为，经销商左右着达利的命运。

达利内部一直有种声音，说在面对经销商时，章开鹏过于懦弱。黄卓群还曾以此为武器，在董事会上攻击过他。

懦弱？这不叫懦弱，叫隐忍，叫韬光养晦。况且，这个世界上，根本就不存在一方赚一方赔的买卖，除非是傻子。袁德奎要的是钱，章开鹏要的是人心。彼此有了共赢的基础，才有了这桩游走于灰色地带的买卖。

每次来南州，袁德奎都会去各大娱乐场所寻欢作乐。按他的话来说，这是为南州的 GDP 略尽绵薄之力。当然，掏腰包的永远是章开鹏。

很快，许婉婷就订好了下半场的地点，花样一号，"888"豪华包厢。

"袁老大，今天我有点累了，就让茂林和伟业陪大家去放松放松。"

计划赶不上变化，好好的一场宴会，原本一切都在掌控之中，却被宋子强搅和了。再陪着袁德奎去逢场作戏，实在是没有心情。

"章董，你也太扫兴了吧。这样，你真要是有事的话，许总去也行。"

章开鹏尴尬地笑了笑，一时间，无言以对。

袁德奎打许婉婷的主意，已不是一天两天的事情了。许婉婷尽管讨厌这个老男人，但从未把话说死。而且，分寸把握得很好。章开鹏也明白，许婉婷这是在为公司，为自己做牺牲。

为了不使场面难堪，许婉婷主动请缨道："章董，就让我陪着袁老大去吧，尽尽地主之谊。"

事已至此，章开鹏也只好点头。

待一千人走后，章开鹏也上了车，半路上，他给宋子强打了个电话。

"子强，事情我已经知道了。明天你找个时间，去给吴总道个歉。"

"章董，明明是麦德逊霸占我们的渠道在先，凭什么我要向吴勇宏道歉？！"

"这是命令！"

"章董……"宋子强突然停顿了一下，"章董，我看见吴勇宏了。"

"那就当场向他道歉，我再强调一次，这是命令！"

章开鹏本想掉头，也去趟达利总部，仔细一想，又觉得不妥，这个时候和吴勇宏见面，只会进一步激化矛盾。

根据章开鹏的指示，宋子强硬着头皮向赶来的吴勇宏道了歉，吴勇宏只是"嗯"了一声，不想，也不屑和这个小角色对话。彼此不在同一水平线上，和他对话，反而降低了自己的身份。

事后，他又拨通了黄卓群的号码，将憋了一肚子的气，一吐为快。

"吴总，少安毋躁，事情我已经知道了。"

"你知道了？"吴勇宏瞪大眼睛，极为惊讶地问，"黄总，难道章开鹏的身边，有你的人？"

"吴总，兵者，诡道也。一切按原计划进行，三天后，南州见。"

第四章

正面交锋

商场也是权力场！二把手盯着一把手的宝座，三把手咬着二把手的屁股，明争暗斗，拉帮结派，也是司空见惯之事。

商场也是权力场！

如果把达利比成一个小型王国，那么，高高在上的董事会，就扮演着中枢机构的角色。而凌驾于董事会之上的股东大会，就是中枢中的中枢。这方面，和权力场颇有相似之处，谁是一把手，谁是二把手，谁又是三四五把手，按资排辈，一目了然。

此外，二把手盯着一把手的宝座，三把手咬着二把手的屁股，明争暗斗，拉帮结派，也是司空见惯之事。

下午两点一刻，章开鹏匆匆忙忙地下了车，快步进了电梯，按下"6"，直奔会议室。

"章董，你迟到了！"

章开鹏刚进会议室，还没来得及喘口气，就听到黄卓群那阴阳怪气的声音。

"各位，实在是抱歉，临时有点私事，来晚了。"

三个小时前，章开鹏接到一个国际长途，来自远在加拿大的妻子郑茹。郑茹带着哭腔告诉他，老丈人因突发脑溢血，正在市人民医院抢救。章开鹏放下手机，便往医院赶，一直陪着丈母娘和小姨子，在手术室门口守着。因担忧老丈人的安危，忘了开董事会一事。好在许婉婷给他打了电话，他才火速赶来"救场"。

"看来，章董的私事，比咱们开董事会还要重要啊！"黄卓群不依不绕。

火药味渐浓。

以往，在董事会上，他和黄卓群之间，更多的是暗斗。彼此暗自较劲，力用到一定的份上，也就停住了。像今天这样的"明枪"，还是头一回撞上。

许婉婷出来解围道："黄总，时间也不早了，我们正式开会吧。"

"好，开会，那就开会。"

章开鹏在椭圆形长桌的正中央落座，调整好情绪，很快就进入了角色："各位，今年年初，我们定下来的销售目标是 7.068 亿美元。近半年的时间过去了，却只完成了三分之一左右，2.56 亿美元。如此惨淡的数据，意味着我们的市场份额，正被竞争对手一点点地蚕食。下半年，我们必须把所有的精力，都放在完成销售任务上。要不然，不仅会造成股价的动荡，还会引起股东们的不满。"

为引起其他人的关注，黄卓群卖起了关子："章董，我有几句话，不知道当讲不当讲？"

"黄总，'知无不言，言无不尽'，是董事会成立之初就定下的规则，你有什么话，但说无妨。"

"想必在座的各位都很清楚，这 7.068 亿美元的销售目标，是靠公司强大的营销网络，分布在全国各地的 36 个运营中心来消化的。许多人都认为，这是我们的优势，我看未必。"黄卓群有意顿了顿，"在我看来，对经销商的过度依赖，是个大隐患。为什么上半年我们只完成了三分之一的任务？原因很简单，经销商有情绪。为什么有情绪？也不难分析，那就是因为麦德逊和达利共享渠道一事。据我所知，就在几天前，'带头大哥'袁德奎带着几个经销商，来南州兴师问罪，将矛头直指麦德逊。这简直太荒唐了，麦德逊完全是按规矩办事，他们的手伸得也未免太长了吧。对于这种行为，我们应该给予强硬的回击，不能一味地妥协和让步。"

章开鹏不由得一愣，难以置信地盯着黄卓群让人猜不透的表情。一个星期前他来自己的办公室时，自称局外人。现在却来个 180 度大转弯，公然抨击经销商，示好吴勇宏，俨然成了局内人。

这牌出的，是什么套路？！

"黄总，我解释一下，这方面，吴总和经销商们已经达成了初步共识。"

"章董，你觉得这仅仅是麦德逊和经销商之间的事情吗？"黄卓群反问道，"我个人认为，这关系到整个达利的大局，我们不能再被经销商牵着鼻子走了！"

章开鹏心中不免有些发怵，黄卓群为何死咬住经销商不放，到底意欲何为？

"黄总，你有什么权宜之计，不妨说出来听听。"

"挥泪斩马谡！"黄卓群一字一顿道。

"挥泪斩马谡？"章开鹏越听越糊涂，"怎么斩，斩谁？"

"大家都知道，经销商这一块，一向是由陈总负责的。说得再直白些，在处理和经销商之间的关系上，陈总是失职的！"

章开鹏这才恍然大悟，绕来绕去，黄卓群居然把枪口对准了陈茂林。他隐约感觉到，黄卓群事先早就谋划好了一切。身在现场的陈茂林，埋着头，面无表情，一言不发。

"黄总，你这话是什么意思？"

"我提议，暂停陈总董事会成员的资格，以观后效，"黄卓群终于出招了，"我这也是为公司的大局着想。"

火药桶瞬间被点燃了！

达利的董事会成员，共九名，分三个派别，"黄派"四人，"吴派"两人，外加章开鹏，还有"四大金刚"中的两个——许婉婷和陈茂林。

司马昭之心，路人皆知。

听罢，章开鹏一脸的愤懑，挥泪斩马谡，你黄卓群的如意算盘打得也太精妙了！你自以为聪明，在座的人也都不笨。表面上，你是借着大局的名义，拿陈茂林做牺牲品。背地里，却是捅了我章开鹏一刀。陈茂林一旦出局，三票变两票，往后，我章开鹏在董事会的话语权，可就大大被削弱了。

光有头衔，没有实权，就等于傀儡。显然，这是章开鹏不愿看到的局面。

"黄总，这么大的事情，你说了不算，我说了也不算。除非，这是董事会的决议。"章开鹏掷地有声地反击道。

"章董，按照公司的规章制度，只要三分之二的董事会成员同意，我的提议，就可以生效。既然如此，那咱们就来投票吧，用最公平、最合理的方式来解决。"

投票？黄卓群哪儿来的底气？章开鹏越发茫然。沉默了好一会儿，他才说："好，那就投票。"

说完，他瞟了一下吴勇宏和他身旁麦德逊大中华区产品部总监顾超。他不求吴顾二人支持陈茂林留下，只求他们继续保持中立的态度，投弃权票。

不出一分钟，四票赞成、三票反对的对峙局面，就摆到了桌面上。之后，所有人的目光，都聚集到吴勇宏和顾超两个人的身上，他俩正交头接耳。章开鹏的心，瞬间被提到了嗓子眼。

"我和顾总，一致赞成黄总的提议。达利需要良好的渠道环境，我们麦德逊更需要。"吴勇宏终于表了态。

根据黄卓群的计划，把陈茂林踢出董事会，只是第一步，开胃菜而已。此外，他和吴勇宏还达成了共识，为了不让章开鹏察觉到他们二人私下结盟一事，上了董事会，吴勇宏要拿麦德逊的利益做挡箭牌。

听罢吴勇宏的一席话，章开鹏蒙了，脑子里一片空白，他万万没有想到居然会是这样的结果。

"章董，六票赞成，三票反对，刚好三分之二。我想，你应该无话可说了吧。"黄卓群像一只刚刚打了胜仗的公鸡，昂起头道，"好啦，时间不早了，下午我还要赶回上海谈个大项目，先告辞了。"

黄卓群带着三个部下扬长而去，紧接着，吴勇宏和顾超也离开了。偌大的会议室，只剩下章开鹏、许婉婷和陈茂林三个人。

"茂林，让你受委屈了，被黄卓群当了靶子。"章开鹏拍了拍陈茂林的肩膀，安慰道。

"四大金刚"中，陈茂林资格最老。达利创办次年，就跟着章开鹏打天下，立下了赫赫战功。最难能可贵的是，他这个人一向比较低调，沉默寡言，也没有多大野心，是出了名的"老好人"。

一个男人，没有野心，是好事，也是坏事。

好事在于，四平八稳，别人不会把你当成假想敌。坏事在于，难成大气候。

"章董，我不想让你为难，我接受现实。"陈茂林抬起头，面无表情道。

"老陈，你怎么就不明白，这不是章董为难不为难的问题。"许婉婷愤愤不平地将手机拍在桌子上，"黄卓群自导自演的这出戏，表面上，是对你动刀子；实际上，是在向章董耀武扬威，意图谋朝篡位。还有那个吴勇宏，居然把票投给了黄卓群，他们事先肯定是串通好的。章董，是可忍孰不可忍，我们应该有所回应。否则，岂不是被人当成软柿子来捏！"

"婉婷，不要急，先坐下。"

经过短时间的调整，章开鹏已恢复了平静。被人牵着鼻子走，说穿了，是你的情绪被他人的行为左右，这是生意人的大忌。你越是急，对方的意图就越能达成。

"现在就给吴勇宏和顾超扣帽子，为时过早。我想，吴勇宏之所以会投赞成票，正如他自己所说的那样，是因为麦德逊的利益。我会选个适当的时机，亲自找他谈一谈。还有，过两天我会去趟香港。我不在的时候，你们千万不能和黄吴两派的人发生正面冲突。"

"去香港？"许婉婷狐疑地问。

如果没猜错的话，这应该是章开鹏刚刚做出的决定。

"没错。"章开鹏将香港之行的计划大致说了一遍，又提醒道，"注意保密，千万不能走漏风声。"

晚九点，达利内部论坛上，出现了"黄卓群联合吴勇宏蓄谋夺权"的醒目标题。不到两分钟的时间，便引起轩然大波，点击量近5000。内容如下：

黄卓群和吴勇宏是一丘之貉，他们企图通过在董事会中占据的六票，把公司的元老一一赶下台。其背后，隐藏着不可告人的秘密，那就是将达利改朝换代，成为投资方的囊中物。今天下午的董事会上，他们已经对负责渠道研究的陈茂林陈总动刀子了。据可靠消息，陈总已经被踢出董事会。

发帖者，网名叫"自强不息"。

章开鹏得到消息时，正在市人民医院的特需病房。经抢救，老丈人已经脱离了生命危险，但身体依然很虚弱，仍需住院观察一段时间。手机响起后，他蹑手蹑脚地步向阳台，生怕打扰老人家休息。

"婉婷，即刻让负责网络后台的主管，删除这个帖子。还有，明天上午在公司的官网上发布茂林退出董事会的消息。理由嘛，就说他身体抱恙，无力兼顾非执行董事一职。"

"明白，我这就去办。"

许婉婷办事一向雷厉风行，两个月前，章开鹏的秘书吕雁君请了三个月的产假，她便兼起了"第一秘书"的角色。

许婉婷稍作犹豫，又说："章董，我认为应该找出发帖人，这个帖子，时间点选得这么巧，恐怕没那么简单。"

"算了，婉婷，多一事不如少一事。当务之急，是控制事态进一步恶化。"

屋漏偏逢连夜雨，船迟又遇打头风。

章开鹏暗自叹了口气，在黑暗中点上烟，发呆地望着猩红的火光一点点地向自己逼近。一股从未有过的危机感油然而生。危机，危机，危中有机。但想要把握细微的机会，转危为安，谈何容易。创业近20年，达利这艘业界的航空母舰，经历过不少大风大浪，每一次都能扛过去，继续扬帆起航。可是，也逃不开千疮百孔的事实。

眼下，章开鹏最担心的，不是达利会不会沉船，而是甲板上的旗帜，是否会易主。

他的脑海里，不自觉地浮现出郑荣恒曾经说过的一番话：开鹏，企业创始人和投资方的对弈棋局，很大，很复杂。最终的胜负，取决于这家企业姓什么。再往深处讲，这场对弈，没有赢家也没有输家。对双方而言，都是交一笔昂贵的学费，不得不交的学费。

排斥风投，就是在等死。引进风投，就等于在找死。离不开，又靠不住。这就是中国大多数大型上市公司的真实写照。

就在此时，iPhone手机振动了几下，是顾冉冉发来的短信，文字很长：

痴痴地守候在这夏月如水的夜晚，我在等待。夏，很快就要过去，斑斓的晚霞将天空拉得很长很长。悠长的月光中，一对相拥相抱的身影站在散落着落叶的小径上，小径上被脚步踩碎的树枝发出吱呀的声响。声响中，回荡着这对恋人呢喃的话语。话语中，有情深意长，有海誓山盟，一生相许的誓言不断地回响……

柔美的文字，如同夏日的清凉油，一扫章开鹏心底的阴霾。他猛然想起，昨天答应了顾冉冉，今天晚上陪她去看《泰坦尼克号》3D 版电影的。一忙，就把这茬抛至九霄云外了。

于是，他急忙回了条短信：宝贝，实在抱歉，忘了我们今天的约定。

没事，电影什么时候都可以看，我等你！

一个"等"字，让章开鹏更为内疚。

◎第五章◎

幕后力量

　　一个人，尤其是生意人，总会有属于自己的秘密。见人就掏心窝子，把全部的筹码押到某个人身上，那是愚蠢之举。

三天后，一颗重磅炸弹，毫无征兆地砸向达利总部。

这颗重磅炸弹，来自新浪微博，内容和之前内部论坛上的爆料大致相同，只是标题更为刺眼："时隔七年，达利集团再次上演内斗"。发文者昵称"金融虎刀"，原名程乾，知名经济学家，多家省级电视台财经频道特约评论员。在新浪微博，金融虎刀是一位大V，拥有近50万的粉丝。

因和金融虎刀有着不错的私交，彼此又是"互粉"关系，章开鹏第一时间看到了这条微博。此外，微博末尾，还附有一条链接，链接的地址是金融虎刀的博客，洋洋洒洒几千字，梳理了达利两场内斗的前因后果。并断言：此次由投资方挑起的战斗，规模要更大，战线要更长，后果要更严重。

看罢，章开鹏只觉得后背一阵阵发凉，当即，就拨通了金融虎刀的号码，接电话的是他的助理，称金融虎刀正在接受一家媒体的专访，暂时脱不开身。

这个老程，发微博前，怎么就不事先和我通通气呢。而且，许多论调也是有失偏颇，太不负责任了。达利内部本来就乱象丛生，如此一来，等于火上浇油。

章开鹏和程乾，相识于六年前的北京，欧阳卫红设下的饭局，郑荣恒也在场。程乾和他们二人都有交集，他除了在腾通集团担任独立董事，还在欧阳卫红的咨询公司任首席顾问一职。

博采众长，能言善辩，语言犀利，略有点一根筋，是程乾留给他的第一印象。饭局过后，不到一个月，郑荣恒亲自给章开鹏打了个电话，说程乾最近正在研究民营企业创始人"内斗"的命题，恰好，达利是个典型的案例。

倘若方便的话，程乾来趟南州，了解达利三剑客内斗的来龙去脉。章开鹏二话没说，便爽快答应。一来，郑老爷子的面子不得不给。二来，也算是给其他圈内人敲个警钟。

不到一个小时，微博的转发量和评论数皆过了1000。评论者个个身份显赫，不是投资人就是企业家。并且，自然而然地分成两个阵营，一方支持创始人，一方支持投资方，正较着劲，甚至还飙起了脏话。一时间，微博成了战场。

如果不出意外，这条微博很快就会成为业界的大新闻。局外人过把嘴瘾，骂骂娘，拍拍屁股就走了。摆在章开鹏面前的，却是一道难题，如果事态再恶化下去，达利的股价十有八九会下跌。这是他，也是所有的股东所不愿看到的局面。

必须尽快联系上程乾，说服他删除这条微博。

不过，凭自己和程乾的私交，恐怕有难度。通过欧阳卫红和郑荣恒，把握会更大些。联系郑荣恒，未免小题大做。主动找欧阳卫红，又开不了口。

说曹操，曹操就到！

章开鹏正思量着，欧阳卫红竟破天荒地打来了电话。

"开鹏，听说达利出事了？"

章开鹏反问道："老程发的微博你看到了？"

"我也是刚刚看到，这个老程的文章还是一如既往地有深度。"

有深度？欧阳卫红竟如此评价程乾的微博，着实让人啼笑皆非。

但他还是强忍住不快："卫红，抛开是否有深度，你就没觉得这条微博有些不妥吗？"

"不妥？有何不妥？"

"第一，这对达利而言，是条负面信息。第二，达利是家上市公司，坏消息只会导致股价动荡。第三，老程在圈子里说话很有分量，必然会引起轩然大波。卫红，你也是达利的股东。我想，你应该不想看到这种局面吧？"

"那是当然。我一直坚信一个观点，利益和欲望是人的本能，也是社会进步的驱动力。这个世界，没有人嫌自己的腰包太鼓，更没有人愿意眼睁睁地看着自己的利益受到损害，除非无能为力。所以，就算是为了我自己，老程那边，我也会搞定。"继而，欧阳卫红话锋急转，"不过开鹏，我觉得你应该把更多的精力，放在关注黄卓群和吴勇宏等投资方的一举一动上，千万不要重蹈七年前的覆辙。七年前是七年前，现在是现在，大家出牌的方式不同了，也更高明了。几天前，我和郑老爷子见过一面，据说你已经读了《门口的野蛮人》一书。你是聪明人，应该懂得其中的微妙关系。好了，不多说了，我还有事要办，你好自为之。"

章开鹏尚未缓过神来，电话那头已经传来"嘟嘟嘟……"的声音。这就是欧阳卫红，控制欲极强，言谈举止又让人吃不准，猜不透。

章开鹏依稀记得，欧阳卫红曾说过一番话：女人，别活得跟支烟似的，让人无聊时点起你，抽完了，又弹飞你。而要活得像毒品一样，要么不能弃，要么惹不起。

经过这些年的磨炼，这个女人越发地不简单。

想罢，章开鹏倒吸了口冷气。随后，看了一下时间，急忙起身出门。上午十点，他约了吴勇宏一起钓鱼。刚到门口，就撞见了行色匆匆的许婉婷。

"章董，金融虎刀的微博……"

"婉婷，微博我看到了，我会处理的。"章开鹏打住了话题，转而吩咐道，"对了，我老丈人、丈母娘和小姨子的港澳通行证要尽快办。实在不行，就找熟人特事特办。"

"章董，我会抓紧办的。"许婉婷有些犹豫，"章董，从三天前论坛上的帖子，到今天金融虎刀的微博，我总觉得这里面有蹊跷，好像幕后有股神秘的力量在操控着。"

许婉婷认为蹊跷，章开鹏又何尝不是。但幕后推手到底是谁，是黄卓群，还是另有其人，还要打一个问号。如果是黄卓群，局面要好处理许多，兵来将挡，水来土掩。倘若是其他人，那可就难办了。自己在明，对方在暗，暗箭和冷枪，才是最难防的。

刚才，欧阳卫红主动来电时，章开鹏心中的天平，开始向后一种可能性倾斜。莫非，欧阳卫红也在暗中布着局？就算是，目的又是什么？她在其中，又扮演着什么样的角色？

"婉婷，不管是否存在其他的势力，我们所能做的，就是以不变应万变。我约了吴勇宏去月亮湾钓鱼，时间差不多了，该过去了。"

没走出几步，章开鹏又回头道："婉婷，密切关注公司的股价。还有，这两天有冷空气，多注意身体。"

说完，他径直往吴勇宏的办公室走去。昨天下午，他约吴勇宏一起去垂钓时，吴勇宏倒也答应得爽快。爽快之余，又撂下一句颇让人咀嚼的话："章董，到时候月亮湾见。"按常理，彼此同在一个屋檐下，办公室又紧挨着，完全可以一道前往月亮湾。显然，吴勇宏是有意避开章开鹏，至少不希望在公开场合被人误以为他和章开鹏是同一阵营的人。

章开鹏的想法，恰恰相反。

他要在达利内部释放一种信号，自己和吴勇宏之间，依然是"盟友"，并未决裂，哪怕是假象也是好的。把准了吴勇宏的脉，他便特意绕到吴勇宏的办公室，邀他同坐一辆车前往月亮湾。吴勇宏进也不是，退也不是，实在找不出理由拒绝，只好就范。

月亮湾，全名月亮湾生态垂钓休闲中心，位于南州城的东北角，夹在北三环和北四环之间，濒临海边，距离达利总部约45分钟的车程。

一路上，车厢里的气氛都颇为怪异，两个人各怀心事，除了聊金融虎刀的那条微博，几乎没什么交流。吴勇宏神情紧绷，埋头刷着微博。累了，他就抬头看看窗外。章开鹏看在眼里，只是笑笑。他清楚，有些话、有些事，不能急于一时，什么时候说、什么时候做，要看场合。

四个月前，吴勇宏刚加盟达利不久，曾来过一次月亮湾。当时，正逢达利内部中高层一年一度的户外拓展训练。训练结束，几十名中高层分成两组，以章开鹏和黄卓群为首，举行了一次拔河友谊赛。黄卓群组最终赢得了比赛，不过，论人气，章开鹏组又是略胜一筹。仔细观摩，你还会发现，许多人谁也不支持，只保持中立，着实令人玩味。

冷空气南下，海风拂面，夹杂着阵阵凉意。

章开鹏换上"三叶草"运动套装，轻装上阵，往鱼塘的方向走去，吴勇宏紧跟上前。

不到 20 分钟，章开鹏就钓到两条大鱼，一条草鱼，一条黑鱼。反观吴勇宏，却是一无所获。越是钓不到，吴勇宏越是心急，索性将鱼竿搁到了一边。

见此场景，章开鹏也放下鱼竿，掏出烟递上："吴总，钓鱼拼的不仅是技术，更是耐性。"

"章董，你也知道，我们麦德逊是世界 500 强企业，拥有近 10 万的员工，竞争极为残酷。稍有不慎，就会被淘汰出局。因此，平时根本就没有闲情逸致来培养业余爱好。即便有，也是出于应酬。诚然，钓鱼需要耐性，但耐性对我而言，就意味着需要消耗更多的时间。"

吴勇宏的话，在暗示章开鹏，有事说事，没事的话，就不要浪费大家的时间了。

章开鹏淡然一笑："吴总，竞争再怎么激烈，也应该不会牵涉到你吧。作为麦德逊大中华区的掌门人，你的手上不仅操纵着几百亿美元的大生意，而且，还积累了深厚的政商资源。我实在是找不出任何理由，能让法国人换掉你这个一方诸侯。"

说者无心，听者有意。章开鹏的话，正戳中了吴勇宏的痛处。此次去法国总部汇报工作，吴勇宏挨了一顿痛批。

当初，麦德逊以策略性股东的姿态入股达利时，其实，内部是有争议的。焦点在于，达利的毛利不合格。一向好大喜功、刚愎自用的吴勇宏，拿着达利的渠道优势这张牌，多次奔赴法国，并立下军令状——借用达利的渠道，将麦德逊大中华区的销量提高 15%，这才得到多数股东的支持。但为了搞平衡，麦德逊总部最终决定，只收购达利 9.22% 的股份，而非控股。

半年下来，现实狠狠地扇了吴勇宏一巴掌。诚然，麦德逊获得了和达利共享渠道的机会，也发了不少的货，但现实是，有近 70% 的产品至今积压在渠道里头。在法国时，股东们向吴勇宏发出最后通牒：必须尽快让这 70% 变为零，否则，剩下来的一年半合同期一到，就卷铺盖走人。

卷铺盖走人，丢了饭碗是其次。往后，自己在圈子里可就名誉尽毁了，想要重新捧上新的饭碗，可就难了。

必须要有所行动，增加在达利的话语权。但贸然行动，只会适得其反。一项计划的成败，部署和决策往往比行动更为重要。显而易见，要想增加话语权，单凭麦德逊第三大股东的身份，还远远不够。因此，寻找盟友就成了这项计划的核心。不过，初来乍到，谁是盟友，谁是敌人，又该如何区分呢？

就在吴勇宏一筹莫展时，黄卓群竟主动找上门来谈合作。接下来针对章开鹏的计划，也就变得顺理成章。只是，吴勇宏从未在黄卓群面前提及过，自己真正想要的东西。

一个人，尤其是生意人，总会有属于自己的秘密。见人就掏心窝子，把全部的筹码押到某个人身上，那是愚蠢之举。想必，黄卓群对自己也应该有所保留。不说别的，金融虎刀发的微博，很有可能就和他有关，可是他事先也没有通知自己。

想着，吴勇宏暗自发笑，稍稍理了理头绪，又接着章开鹏的话题说："章董，让你见笑了。我呀，说白了，只是个职业经理人罢了，几百亿美元又不是我口袋里的钱。按时髦的话来讲，我是赚着卖白菜的钱，却操着卖白粉的心。跟你这样身家几十亿元的超级富豪相比，就是个笑话。"

"吴总，家家有本难念的经，你有你的苦衷，我也我的难处，咱们彼此彼此。达利创办十几年，我几乎是没睡过几个安稳觉。但以前再累，最起码局面还在我的掌控之中。自打融资上市后，形势就变得复杂了。我有我的规划，投资方有投资方的想法，谁为主谁为次，是个令人头疼的问题。许多事情，我也是心有余而力不足。当然，我和吴总合作半年以来，关系一直是不错的。"

"章董，上次董事会我和顾超那两票……"

"吴总，我理解你和顾总的决定。毕竟，麦德逊的利益对你们而言，才是第一位的。这样，有机会我再做做和事佬，约袁老大和你见个面，具体地商议商议利用好渠道一事，怎么样？"

"章董，那就太谢谢你了。"

"吴总，你言重了。"章开鹏摆了摆手，"不过，要过段时间，近几天，我要去趟香港。"

吴勇宏本能地问："去香港？"

"是的。我老丈人的身体一直不太好，南州的医疗水平又有限，所以，我就想着带他去香港观察观察。"

"应该的，应该的。"

一个半小时的垂钓，收获不少，两个人好好地享受了一顿全鱼宴。

回去的途中，吴勇宏接到一个电话，称有要紧事要办，半路上就下了车。他刚下车，章开鹏就掏出了手机。钓鱼时，章开鹏习惯把手机调成静音。刚才，起身从鱼塘到附近的农家乐时，他发现有两个未接电话，分别来自欧阳卫红和许婉婷。碍于吴勇宏在场，他并没有即刻回复。

章开鹏先是拨通了许婉婷的号码，许婉婷在电话里告知，达利的股价从4.23港元跌到4.09港元。如果没有利好消息的刺激，继续往下跌是必然的。

可怕的不是下跌，而是持续下跌，形成趋势，股价会一泻千里的。港交所可是没有跌停机制的，万一到一定的程度，就存在着停牌的风险。

到时候，他这个负责日常运营的董事长，势必会成为众矢之的，接受大小股东的问责。章开鹏顿时感到心中灌了铅似的，格外沉重，令人窒息。

十分钟后，欧阳卫红又给他带来了一条坏消息，称她已经联系上了程乾，删除微博问题不大。不过，程乾提了个小小的条件，要价100万元。章开鹏恼羞成怒，大骂了一声，让他滚蛋，便挂了电话。

知人知面不知心，没想到满口仁义道德的程乾，居然是个彻头彻尾的伪君子。

章开鹏原打算去趟香缇景苑，给顾冉冉一个惊喜，以弥补前些天的爽约。此刻，他却是心情全无，便掉转方向回公司。

◎第六章◎

反手一击

　　掮客，未必是个贬义词，更不是每个人想做就能做的。一是需要有深厚的人脉资源，二是需要有会"忽悠"的团队。

　　忽悠可是一门技术活，忽悠得好，你就是圣人；忽悠得不好，你就成了疯子。

天气初冷，章开鹏的心更冷。

短短一个星期的时间，达利的股价遭遇了重挫，如同泄了气的皮球一般，直降到 3.74 港元。再往下，一旦触碰了股东们的底线，那可是会出大事的。自己这个董事长兼创始人，就有被"弹劾"的风险。

局面岌岌可危！

令所有人费解的是，在此等危急关头，章开鹏并没有选择坐镇指挥，而是离开南州，远赴香港。此次香港之行，章开鹏对外宣传是带老丈人去看病，但圈子里却流传着另一种版本：带老丈人看病只是幌子，章开鹏在香港，将会有大动作。

到达香港后，章开鹏把老丈人安排在了治疗脑血管疾病最好的医院——以英王乔治五世的皇后的名字命名的玛丽医院。该医院环境清幽，景色怡人，位于薄扶林道与沙宣道对面的山麓，面临西博寮海峡。同时，也挨着章开鹏在香港的"家"，坐落在太平山山顶的独栋别墅。

同行的，除了丈母娘，还有他的小姨子，在达利人力资源部任职的郑慧菁。毕竟，丈母娘年事已高。而他自己，也的确有更重要的事情要办。

来港的次日下午，章开鹏去了一趟中西区的金钟道，他要见一个人，软盛资本的掌门人蒋柏林。现年 62 岁，身高不足一米六的蒋柏林，不仅在中国，甚至在华尔街也颇负盛名。此外，他的经历，也极为传奇。

20 世纪 70 年代末，蒋柏林是"逃港大军"中的一名，从珠江口游泳到香江，在海上漂了一天一夜，大难不死。之后，他从码头的搬运工开始做起，一直到创办庞大的软盛商业帝国，名列港城二十大富豪之一。

同时，软盛资本也是达利内部的"野蛮人"之一，持有达利4.87%的股份。在风投圈，蒋柏林无论名声还是能力，都远高于黄卓群，是和郑荣恒属于同一个级别的巨头。所不同的是，此人不好张扬，素有"低调的投资大鳄"之称。软盛资本投资达利四年以来，从未向达利派过一兵一卒，也从不干涉公司的决策。他们所需要的，是单纯的市盈率。即便是公司在香港召开的股东大会，蒋柏林也只是派代表出席。

创始人和投资方的关系，本该如此。

每年的冬天，章开鹏都会抽出五到十天的时间，来香港疗养。说是疗养，其实不比在南州时闲。几乎每一天，他都要见不同的人，港交所的领导，金融界的巨子，还有在港打拼的大学同窗文永达。拜访蒋柏林，更是雷打不动之事。

人在江湖，身不由己。生意场本就是个大江湖。

蒋柏林的办公室不大，甚至有点拥挤，纯中式风格。办公桌后方，是一个联排书柜，摆满了各类书籍，以史书为主。办公桌上有一台与众不同的电脑，屏幕上显示着股市K线图。读书和关注股市行情，是这位投资界大佬的主要工作。

"开鹏，你来得也算巧。五天前，荣恒兄给我打了个电话，约我去尼泊尔度假。我这几天身体有些不适，就推掉了。要不然，你可就见不到我了。"

祖籍上海的蒋柏林，依然是乡音未改，夹杂着浓浓的吴语味。蒋柏林和郑荣恒有着很深的交情。当初，软盛出资3500万美元入股达利，也是郑老爷子牵的线。

"蒋老，前段时间，我去北京出差时，见过郑老爷子一面。老爷子现在基本上已经处于半隐退状态，把集团事务交给了年轻人和职业经理人打理。"

"开鹏，急流勇进需要魄力，急流勇退更是一种智慧。中国内地的民营企业家，我钦佩的人不多，荣恒兄是其中的一位。"

"是的，郑老爷子在民企界的地位和威望，几乎是无人能及。像我这种小辈，更是望尘莫及。"

"开鹏，话也不能这么说，正所谓长江后浪推前浪。这个时代，始终是属于你们的。不说别的，达利创办不到 20 年，就有今时今日的成就，就足以说明你是一个优秀的掌舵者。"

"蒋老，可是……"

"可是问题不断，对吧？"蒋柏林一眼就看穿了他的心思，"这很正常，不同时期的阵痛，是每一家企业所必须经历的，这也是个优胜劣汰的过程。"

"蒋老，话虽如此，但关键在于，自从引进风投，上市以来，许多事情就超出了我的可控范围。如今的达利，就像一匹脱了缰的野马，不知要奔向何方。"

"开鹏，你这是在向我们这些搞风投的人兴师问罪啊！"蒋柏林半开玩笑道，"这几天，关于达利内部发生的一些事，我也略有耳闻。我不问，不代表我不关心，我是在观察，毕竟，软盛也是达利的股东之一。"

"蒋老，坦白地说，我怎么也没想到，我和其他投资方的关系，会恶化到今天这种地步。"

"天下熙熙，皆为利来；天下攘攘，皆为利往。利益，才是创始人和投资方冲突的根本原因，这也是大部分上市公司的普遍现象。其实，从你聘请欧阳卫红担任投资顾问起，导火线就已经埋下了。从之后的引进风投，再到逐渐放弃控股权，一切也就显得顺理成章了。不过，话又说回来，舍得，舍得，有舍才有得。放弃的同时，你的身家也从几十万元涨到几十亿元。另外，这和中国内地有着雄厚的游资也有关系。有了游资，就要去释放。释放的目的，是换取更多的利益。可问题在于，内地的投资渠道偏窄，或者炒房，或者炒股，或者干脆把资金流向风险极大的民间借贷市场。手段更为高明的人，则玩起了风险投资。尽管，他们中的大部分根本不懂什么叫风投，可他们手上有的是大把大把的真金白银。这批人玩风投，本质上不是投资，而是投机。投资和投机，一字之差，却有着天壤之别。投资，是拿风险投资作为一项事业来做；而投机，是抱着打一枪换一个地方的心理。互联网热，就扎堆互联网。智能手机新鲜，就跟着一拥而入。还有，这个圈子到处都有掮客，可谓鱼龙混杂。"

高瞻远瞩的蒋柏林，一针见血地做出了分析。成也欧阳卫红，败也欧阳卫红。提到欧阳卫红，章开鹏走了会儿神。从严格意义上讲，欧阳卫红并不是投资人，而是中介，也就是蒋柏林口中的捎客。可捎客，未必是个贬义词，更不是每个人想做就能做的。一是需要有深厚的人脉资源，二是需要有会"忽悠"的团队。

忽悠可是一门技术活，忽悠得好，你就是圣人；忽悠得不好，你就成了疯子。

"蒋老，道理是这么个道理，但不可否认的是，在投资方面前，创始人始终是弱势群体。再者，说句不中听的，他们中的大多数人只关注数据，根本就不懂企业管理。让他们主导企业经营，只会把企业搞死掉。数据漂亮，就当甩手掌柜，套现走人，至于引起股价下跌，根本就不管。数据一旦出问题，就抢着控制企业。我呀，每天都在如履薄冰啊！"

"开鹏，你这话就说错了。创始人和投资方谁也不是傻子，更不存在弱势群体一说。诚然，有一部分投资方，为了一己私欲，企图控制整个企业。但也有不少的创始人，将对赌条约视为废纸，一旦对赌失败，就带着嫡系部队另起炉灶。对赌赌的是什么？归根到底，是企业的未来。这就意味着，双方必须坐在同一条船上，绝不能三心二意。这里面，要讲究一个平衡。开鹏，我可不希望达利走到这一步。这只会导致一种恶果——两败俱伤。往后，也不会有机构再把钱砸向乱成一锅粥的达利。"

"蒋老，我也不希望。只是……只是我担心黄卓群等人会有此打算。你也知道，达利如今的第一大股东，是以他为首的富可亚洲。没有了控股权，我也就人微言轻了。"章开鹏逮住机会，顺势问，"蒋老，去年冬天，咱们见面时，你曾经说过，软盛有增持达利股份的意愿……"

去年在香港休假时，也是在这个办公室，蒋柏林曾主动提出，软盛将加大持有达利的股份，最终的持有股份，在 10% 上下。如果软盛能尽快出手，再加上自己手上 19.22% 的股份，就可以压制黄卓群，哪怕是他和吴勇宏联手，自己也可以重新掌控局面。

拉拢软盛，彼此结盟，这就是章开鹏此次登门拜访的主要目的。

"开鹏，你呀，是醉翁之意不在酒呀！"蒋柏林大笑了几声，"关于这个问题，我刚才已经回答过了，我正在观察中。时间到了，自然会有结论。"

"这种事情，是该慢慢来。"暂时吃了闭门羹，章开鹏也只好作罢，接着又说，"蒋老，我还有个不情之请。"

"开鹏，有什么事，但说不妨，我尽力而为。"

"近段时间，我可能会以个人的名义，召集公司的临时股东大会。到时候，希望您能出席。"

"开鹏，你也说了，是有可能。等时间定了，你再通知我。"

"蒋老，那我就先谢谢您了。"

根据在港上市公司的规定，超过 10% 股份的股东同意，就有权提议召开临时股东大会。拿股东大会打压黄卓群，是章开鹏手上的一张牌。不过，要出好这张牌，少不了未雨绸缪一番。最起码，要游说尽可能多的股东，加入"章派"的阵营。蒋柏林德高望重，倘若他能够出面摇旗呐喊，章开鹏的胜算也就大了。

离开金钟道，章开鹏去了趟皇后广场，打算给顾冉冉买份礼物。

爱美之心，人皆有之。

与大多数的女人一样，顾冉冉也喜欢奢侈品，但从不盲目跟风，也不会主动向章开鹏索要。现在社会上流传着一种观点，把女人购买奢侈品和恶俗，甚至是钱色交易画等号。对此，章开鹏一向是嗤之以鼻。在他看来，奢侈品是生活品质的象征。那些泼脏水之人，完全是抱着"吃不到葡萄说葡萄酸"的心态。等到他们吃了葡萄，也就不再说葡萄酸了。

经过挑选，他给顾冉冉买了一个普拉达的手提包。同时，他又给女儿章静雯购买了一条博柏利的围巾。

半个月后，将是章静雯的生日。都说女儿是爸爸的前世情人，此话不假。离开南州两年，章开鹏几乎每一天都会拿出章静雯的照片看看，隔三岔五就会给她打电话。如果没有章静雯，也许他和郑茹的婚姻，早就走到了尽头。

不知道小姑娘在加拿大生活得怎么样了？想着，章开鹏掏出手机，从通信录中翻出妻子郑茹的号码。

他尚未拨出，郑茹就先他一步打来了电话。

"我爸怎么样了？"

"都安排好了，明天下午动手术。"

"有风险吗？"

章开鹏本想说，任何手术都有风险之类的话，但稍一琢磨，还是打住了。

"手术由玛丽医院最好的脑科医生主刀。"

"那就好。"郑茹沉吟片刻，"谢谢。"

章开鹏有些恍惚，郑茹对自己说起了客套话，听着心里头怪不是滋味的。她身在国外，老丈人身体抱恙，于情于理，自己都该伸以援手。说到底，他是自己的岳父，女儿的外公。

夫妻俩的关系是一回事，老丈人是另外一回事。

"这是我的分内事。"许久，他才挤出这句话，随后又问，"对了，静雯在加拿大怎么样了？"

"你女儿谈恋爱了，对方还是个韩国人。"

"什么？！"章开鹏难以置信地问。

在他眼里，女儿章静雯一直是个未长大的黄毛丫头。一转眼，竟然恋爱了。仔细想想，也正常，小姑娘都快 17 岁了。至于哪国人，章开鹏倒没有偏见。恋爱啊，本该是自由的，不分年龄，不分国界。前提是，不要耽误学业。

"静雯平时最听你的话，我觉得你应该抽时间和她谈一谈，让她悬崖勒马。"

"悬崖勒马？没那么严重吧？"

"章开鹏，你觉得这还不够严重吗？那你就等着将来某一天突然做外公吧！你呀，真该拿自己的亲身经历好好说说她，异地恋是不现实的，异国恋更是愚蠢的！"

真是哪壶不开提哪壶！

话不投机半句多，章开鹏说了句"我会和静雯沟通的"，便挂断了电话。

一个人的皇后广场，格外冷清。章开鹏漫无目的地转悠了一圈，然后驱车前往玛丽医院。一直到晚上八点半，老丈人睡下，他才回到太平山别墅区。

冲完澡，章开鹏要做的第一件事，就是打开电脑，查看达利今天的股价K线图。收盘时，3.68港元，再次延续了跌的趋势。不过，奇怪的是，下午有一段时间，曾涨到4.12港元。

莫非，有机构正暗中在二级市场吸纳公司的股票？

20分钟后，他的猜测得到了印证，许婉婷从南州打来了电话，告知，一家名为华商投资的公司，正在大量买进达利的股票。截至收盘，华商投资已持有达利1%的股份。

华商投资？名不见经传，到底是何方神圣？

"婉婷，有没有查过这家公司的来路？"

"我已经托一位熟人在调查此事。一有消息，马上就通知你。"许婉婷如是说，紧接着又问，"章董，香港那边的情况怎么样了？见到蒋老和文总了吗？"

"今天上午，我去拜访过蒋老。至于文总，他临时有事去了澳大利亚，估计要两三天后才能见面。"

文总，全名文永达，章开鹏的大学同窗，现任香港某大型私人银行直投部副总经理一职。

"蒋老表态了吗？"

"婉婷，像蒋老这种高段位的老江湖，你觉得他会随便表态吗？"章开鹏反问道，"更何况，软盛在全世界有那么多的项目，达利只是其中之一罢了。显然，蒋老比我们站得更高，看得也更远。"

"那倒也是，风投圈一直流传着一条规律：一家合格的风投机构，三分之一的项目是亏本的，三分之一是不赚不亏的，剩下来的三分之一才是盈利或者赚大钱的。而我们达利，只是盈利的三分之一中的N分之一。"

"婉婷，情况也不至于那么糟糕。软盛能够增持公司的股份，成为平衡局面的第三股力量，是上策。蒋老出席临时股东大会，是中策。对于中策，我还是有把握的。实在不行，就请郑老爷子出面。至于上策，我现在也不好做出判断，得先好好消化蒋老的话。"

"那就好，那就好。"许婉婷缓了缓，但容不得她松一口气，接着又说，"章董，还有两条消息。"

"说！"

"第一条，宋子强又闹事了，这次的对象换成了黄卓群的部下。第二条，据可靠消息，黄卓群这两天一直在北京活动。听说……听说，他约了欧阳卫红见面。"

听罢，章开鹏惊愕不已："黄卓群动作越大，我们反击的力度也要越大。看来，我此次香港之行，是正确的。宋子强那边，你跟聂总商量商量，该警告警告，该处罚处罚。但也要注意火候。其一，他是我们阵营里的人；其二，他的身后站着宋庆生这号大人物。"

言语间，章开鹏有意避开了欧阳卫红。

"章董，我明白，我会注意分寸的。"

"婉婷，你办事，我放心。"

第七章

暗中过招

　　与人过招，手段无非两种，不明则暗。确切地说，没有真正的明，也没有真正的暗，阳谋方为王道。

"开鹏，你要的东西我已经带来了。"文永达将一份厚厚的文件放在桌上，"开鹏，容我再啰唆一句，非要这么做不可吗？难道就没有其他的权宜之计？"

　　"永达，这是最好，也是最无奈的办法。"

　　四天后，文永达从澳大利亚回港的当晚，便赶来和章开鹏见面。

　　同时，他带来了一份沉甸甸的合同，看涨股权衍生品交易合约。这也是章开鹏此次赴港的重头戏，拿自己手上达利的股份做质押，与文永达所供职的银行签订这份合约。再辅以孖展的方式，在二级市场增持达利的股份，以超过富可亚洲，夺回第一大股东的宝座。

　　时至今日，章开鹏深知，要想彻底击败黄卓群，最终还是要拿控股权说话。

　　"可是，面对瞬息万变的K线图，再优秀的操盘手，也没有百分之百的把握。你这么做，风险未免太大。"文永达品了一口章开鹏递上来的拉菲，"其实……其实，我觉得，你可以试着去找卫红谈一谈。据我所知，她手上还持有达利少量的股份。如果她愿意把股份以尽可能低的价格出售给你，你也就不需要冒这个风险了。"

　　"尽可能低？永达，你认为有这种可能性吗？"章开鹏表情复杂地笑了笑，起身走到书房的落地窗前，鸟瞰着维多利亚港。半晌，他才又说道："五年前，卫红抓住我急需资金的心理，在市盈率上做文章，联合'涌丰系'和几个投资人，乘人之危，几乎是以地板价购得达利30%的股份。此后，她又利用高超的财技，把她投资的几百万美元，变成了近1亿美元，整整20倍的回报。当时，我根本不知道什么叫市盈率，该怎么样和股权挂钩。永达，关于这些，我不愿意再去提及。我只想说，卫红已经不是当年的卫红了。又或者说，当年我对她的认识不够深刻。"

"开鹏，换个角度看，你的身家从几十万元到几十亿元，回报率更高。照我看，你和卫红之间，存在着不少的误会。再怎么样，大家都是大学同学。况且，你和她之间，还有一段情在。这样，抽个时间，我来做做和事佬，帮你们调解调解。"

"永达，算了吧，我们三个人可不能再次搅和在一起了。我再告诉你一个消息，这两天，我的死对头，富可亚洲的掌门人黄卓群正赶去北京，打算密会卫红。"

"再次"二字说明，三人曾有过共同的交集。

当初，在北京上大学时，章开鹏和来自广州的文永达，不仅同班，还住在同一个寝室，上下铺。起初，是文永达先看中了欧阳卫红。但他较为内敛，不敢表白。于是，就拉上和欧阳卫红同在话剧团的章开鹏壮胆，三个人在学校的第二食堂吃了顿晚饭。接下来的一个月，文永达使出浑身解数，对欧阳卫红展开了进攻。可是，欧阳卫红对他的态度，却依然是不冷不热、不咸不淡。更出乎文永达意料的是，最后剧情竟来了个大反转，欧阳卫红告诉他，她喜欢上了章开鹏，着实狗血。

以至于他在学校的操场上，和章开鹏干了一架。所幸大家都是男人，没过多长时间，也就和好了。

"物是人非哪！"往事涌上心头，文永达不无感慨。

"永达，你要是真心帮我，就好好地替我在二级市场操盘。"章开鹏上前拍了拍文永达的肩膀，眼神中透着信任，"好啦，先吃饭，老规矩，麻辣火锅。"

"人是铁，饭是钢，一顿不吃饿得慌。想当年，我们在北京上大学时，一到冬天，最大的愿望，就是吃上一顿火锅，既简单，又快乐。"

"忆往昔，峥嵘岁月稠啊……永达，今天咱们不醉不归！"

"要是卫红也在的话，美酒配佳人，就更完美了。"

"永达，你再提卫红，可就扫兴了。"

"好，不提，不提。"

章开鹏和文永达对酒当歌时，远在北京的欧阳卫红，叼着女士薄荷烟，正端坐在西二环附近的一家私人会所的 VIP 包厢里，手里翻着一本女性杂志。

五分钟后，一位中年男子进门，毕恭毕敬地唤了声："欧阳女士。"

"黄总，来啦，坐。"

欧阳卫红微微抬了抬头，示意对方坐下，并未起身。来者不是别人，正是从南州远道而来的黄卓群。

早在三天前的上午，黄卓群就已经到达北京，并约了欧阳卫红当天晚上见面。临了，欧阳卫红却放了他鸽子，理由也很简单：有事抽不开身。换作别人，黄卓群早就发飙了。但对方是欧阳卫红，他不敢，也不能这么做。其实，黄卓群和欧阳卫红并不熟悉，唯一的交集是，彼此皆是达利的股东。不过，他和欧阳卫红的老公在圈内素有"徐公子"之称的徐鸣春却关系匪浅。私底下，成员包括黄卓群的幕僚团，在徐公子身边，扮演着"白手套"的角色。

这是秘密，就连欧阳卫红也不知道的秘密。

欧阳卫红是京城数一数二的"白手套"，却不是徐鸣春的幕僚团成员。这一点，令黄卓群颇为诧异。时间久了，他也渐渐捕捉到一些风声，说是他们夫妻俩的关系，极为紧张，婚姻早已名存实亡。这是敏感话题，知道就行，少问为好。

徐鸣春把黄卓群介绍给欧阳卫红时，只说是他的朋友。其余的，并未透露。

至于欧阳卫红称有事抽不开身，也只是借口罢了。给黄卓群来个下马威，磨磨他的性子，才是她真正的用意。

"欧阳女士，实在抱歉，遇上晚高峰，迟到了。"黄卓群一脸的谄笑，"另外，非常感谢欧阳女士，能在百忙之中抽出时间见我一面。"

欧阳卫红气定神闲地掐灭烟，看着窗外的车水马龙。此刻的北京城，宛如一个大型的停车场。

"黄总，外面堵车，估计你的心更堵吧？"欧阳卫红微微一笑，把控住了局面，"最近一段时间，你和章开鹏那些事，我也听说了不少。"

黄卓群又奉承道："欧阳女士是圈子里出了名的'女诸葛'，果然是运筹帷幄之中，决胜千里之外。"

"女诸葛？我看还是算了吧。这女人哪，还是少折腾为好。"说着，欧阳卫红又续上烟，"再说了，黄总，在你面前，我可不敢自称诸葛。据我了解到的情况，富可亚洲去年的投资回报率，高达97%。这个数据，可不是一般的漂亮。"

一不小心，马屁拍到了马蹄子上，黄卓群颇为尴尬。

"欧阳女士，你过奖了。说到底，我也是帮别人打工，替背后的那帮人理财罢了。"

"黄总，你这话说到点子上了，人贵在有自知之明。任何圈子，因身份和地位不同，人也就分三六九等。"

"那是、那是……"

谈及人分三六九等，黄卓群记得自己曾对他的团队发表过一番有关上等人、中等人以及下等人的论调：上等人谈梦想，中等人谈事情，下等人谈是非。上等人付出，中等人交换，下等人索取。上等人有能力没脾气，中等人有脾气有能力，下等人无能力有脾气。上等人用心做事，中等人用脑算计，下等人用情绪处理。

成不了魔，自然也就入不了佛。

你有多少道行，决定了你在圈子里的等级和层次。再往深处说，人在不同的圈子，等级和层次也是不同的。比如说，黄卓群在风投圈属于上等人。但在欧阳卫红，尤其是徐鸣春面前，就未必了。充其量，只能算是中等人。

"黄总，你今天特意约我见面，不会就是为了聊这些吧？要真是这样的话，我想，我们的谈话差不多可以结束了。"

"欧阳女士，先喝杯茶，喝杯茶，再说正事。"

面对气势逼人的欧阳卫红，黄卓群表现出了足够的耐心和好脾气。不仅如此，来之前，他还花了不少心思，做足了功课。早在几天前，他就向徐鸣春打探过欧阳卫红的爱好。普洱茶、生猛海鲜和珠宝玉器，欧阳卫红的生活，离不开这三样东西。

投其所好，是一门技术，更是一门艺术。无形中，就拉近了彼此之间的距离。

为此，他特意选择了这家茶道考究、海鲜出名的私人会所。同时，他还带来了一块价值连城的和田白玉。

不过，欧阳卫红似乎不太吃这一套。

待她放下茶盅，黄卓群才开腔道："欧阳女士，既然我和章开鹏的一些事情，你已经知道了，那我就长话短说了。我希望，你能支持我，而不是章开鹏。"

"支持？怎么支持？"

"两种方式。第一种，据我对章开鹏的了解，他会选择伺机召开公司的临时股东大会来讨伐我。届时，还望欧阳女士能投我一票。"

"第二种呢？"欧阳卫红漫不经心地问。

"我们富可亚洲买下欧阳女士手上所持有的达利的股份，至于价格，绝对高于市场价。"

"黄总，看来你是有备而来啊！"

"欧阳女士，我是不想无功而返。"

"黄总，你就这么有把握？"欧阳卫红轻蔑地笑了笑，"第二种方式，我现在就可以明确地告诉你，机会是零。至于第一种嘛，我倒是可以考虑考虑。不过……"

黄卓群适时地掏出装有和田白玉的精致礼盒："欧阳女士，这是我上次去上海时，一位古玩圈的朋友帮我淘来的。听说欧阳女士对这一行颇有研究，小小心意，还望笑纳。"

"黄总，那我们今天就聊到这儿，临时股东大会上再见。但我必须要提醒你一句，我可什么都没答应过你。"欧阳卫红收好和田玉，打算离开，"黄总，最后再送你一句话。一只鸟，不能老捏在手里，捏在手里是会死的。要让它飞。不过，又只能让它在笼子里飞。没有笼子，它是会飞跑的。"

"多谢欧阳女士的指教！"黄卓群稍作咀嚼，紧跟着站起身，"欧阳女士，黄某还有一事相求。"

"黄总，看来这块和田白玉的分量还挺重的。说吧，什么事？"

"欧阳女士，实不相瞒，我一直有个愿望，想加入鼎尚俱乐部。你是俱乐部的资深会员，所以……"

"黄总，你应该知道，加入鼎尚的门槛极为苛刻。不过，本着投桃报李的原则，我也应该在下次的会员碰头会上推荐你。但最终的拍板权，掌握在郑老爷子手上。我尽人事，你听天命，怎么样？"

"欧阳女士，太谢谢你了。"

"黄总，今晚我们谈得够多了。我想，就到此为止吧。"

"那我送送你。"

"黄总，不必了，你留步。"

黄卓群正欲上前，欧阳卫红已出了门，扬长而去。

他只好重新退回到座位上，给自己添上茶，饶有兴致地品了一小口，仿佛一切都在他的掌控之中。的确，欧阳卫红什么都没答应自己。可只要她收下了这块和田白玉，就有戏。况且，像欧阳卫红这种段位的高手，岂能把话说死？只要没说死，就等于有了口子。有了口子，自己就有了撕开的机会。还有，她和章开鹏的那层关系，更是不确定因素之一，但有机会总要比没机会好吧。

正所谓"知彼知己，百战不殆"。章开鹏在董事会上败走麦城后，接下来一定会出召开股东大会这张牌。必须在他出牌之前，抢先一步，争取尽可能多的股东支持，特别是欧阳卫红和远在香港的蒋柏林。

加入鼎尚，继而攀上郑荣恒，再通过郑荣恒，去认识蒋柏林，这就是黄卓群心中的如意算盘。

章开鹏啊章开鹏，这场战争，我赢定你了！

想着，黄卓群抓起手机，拨通了吴勇宏的电话。

祸兮福之所倚，福兮祸之所伏。

他本想借机向吴勇宏自我吹捧一番，谁知，吴勇宏却告诉他，袁德奎下个星期将去趟澳门。袁德奎一向好赌，去澳门很正常。但据可靠消息，同行的还有六七个达利的经销商，这就不正常了。

"黄总，依你看，这帮经销商到底演的是哪一出啊？"

"吴总，经销商先放一放。我们的重中之重，是盯牢在香港的章开鹏。"

"黄总，章开鹏不是带着他岳父去香港治病了吗？这有什么好盯的？"

"吴总，你真觉得是看病那么简单？"

"那还会有什么？"

"吴总，想必明修栈道暗度陈仓的故事，你听过吧？我断言，章开鹏此次香港之行，必有大动作。"

与人过招，手段无非两种，不明则暗。确切地说，没有真正的明，也没有真正的暗，阳谋方为王道。

阳谋的背后，是一场情报战的较量。

"黄总，你的意思是说，章开鹏已经觉察到有什么地方不对劲？他不会是知道你我之间……"

"吴总，我想，他针对的只是我个人，你依然是他争取的对象。还是那句话，一切按原计划进行。我相信，接下来的这步棋，会逼章开鹏主动出招，乱了分寸。这样也好，那咱们就和他真刀真枪地干一仗！"

◎第八章◎

三宗罪

"都说对手是你的一面镜子，章开鹏就是我的镜子。换个角度看，人生有对手，也是一大快事。不然，太寂寞了。"

英属维尔京群岛！

听许婉婷提起这个地名时，章开鹏一脸的惊愕。没想到，在二级市场暗中增持达利股份的华商投资，注册地竟在这座神秘的小岛上。

对于英属维尔京群岛，也就是 BVI，章开鹏并不陌生，那里可是全世界最受欢迎的离岸金融中心。近些年，有不少的中国企业家，都在 BVI 注册了公司。并且，大多数只是空壳公司，旨在借壳运作，推动国内项目的上市。更有甚者，是为了洗黑钱。

就连章开鹏自己，在 BVI 也有一家公司，这是他的秘密，就连许婉婷也不知情。

"公司的法人和股东，都是些什么人？"

"法人是个女的，名叫肖雅丽，省城人士。至于股东，大概有十几个。章董，我所能了解到的情况，就是这些。你也知道，BVI 对客户资料一向有着很高的保密性。要想深入调查，估计还需要花费不少的时间和精力。"

"肖雅丽？"章开鹏沉思片刻，吩咐道，"婉婷，尽快调查一下这个女人的背景，看能不能找到一点线索。既然这家华商投资的注册地在 BVI，又突然对达利动手，其中定有蹊跷。"

"章董，我也是这么想的。"许婉婷又问，"章董，香港的情况……"

"不太理想。"章开鹏长叹了一口气，才道出真相，"正面临平仓亏损的风险，具体的，等我回南州再说。对了，袁老大那边都安排好了吧？"

"都安排好了。"

"一定要注意保密！"

挂了电话，章开鹏张罗了一番，准备去趟玛丽医院。今天中午老丈人要出院了。老丈人本打算下午就回南州，他苦口婆心地劝了一番，老丈人才决定先在太平山山顶住上几天，调养调养身体。

之所以劝老丈人继续留在香港，一是因为老人家的身体的确还比较虚弱；二是因为老丈人先回去了，而自己没回去，难免会招致黄卓群的怀疑，一怀疑，有些事就会败露。

等自己把该办的事情办好了，再和老丈人一道回南州，这才是万全之策。这里面，多少有利用老丈人的意思。想到这一点，章开鹏未免有些愧疚。

车子刚下太平山，手机再次响起，来电的是顾冉冉。

顾冉冉在电话里头说，受香港话剧团的邀请，近期她将带队来香港演出，估计要三五天。并提出，要和他同住。

老丈人、丈母娘，还有小姨子都在，再来一个人，又是名不正言不顺的小三，岂不是要乱成一锅粥。

自找麻烦之事，万万不行！

章开鹏花了近20分钟的时间，晓之以理，动之以情，总算说服了顾冉冉，把她安排在了太平山附近的一家五星级酒店。

饭后散步，是章开鹏多年以来的习惯。晚上八时许，他正绕着太平山闲庭信步，远在南州的许婉婷，再次给他打来了电话。

"章董，快看金融虎刀发的新微博。"

金融虎刀？新微博？章开鹏踉跄了一下，和许婉婷说了句"稍后再联系"，就挂断了电话。随后，他快速打开新浪微博，找到金融虎刀的链接。

呈现在他眼前的，是一段触目惊心的文字。

达利董事长章开鹏，极有可能被赶下台，将丧失对达利的控制权。据内部消息，章开鹏犯有"三宗罪"：第一，"私吞"2000万元政府奖励；第二，以个人证券账户代持员工股票；第三，以其岳父、岳母的名义开设公司，为经销商谋取福利。

看罢，章开鹏极为恼火，恨不得把手机砸掉，这个程乾，厚颜无耻，真他妈会扯淡。

程乾越是毫无根据地诽谤，章开鹏就越觉得这里面有鬼。他的背后必定藏着某个人或某个利益集团。

章开鹏边往回走，边拨打程乾的号码。电话通了，片刻，听到的却是"正在通话中"。显而易见，程乾是有意挂断。再次打过去时，手机已关机。

回到家，上了二楼，章开鹏径直进了书房。一支烟的工夫后，他给许婉婷打去了电话。

"婉婷，你现在就给袁老大他们打电话，通知他们提前到澳门，能有多快就有多快。"

"章董，不会是又发生什么事情了吧？"

"我越想越觉得金融虎刀最近的两条微博有猫腻，而且，这里面很有可能和黄卓群有关。所以，我们的动作要比他快，执行力要比他强。"

"章董，我这就办。"

的确，金融虎刀程乾是黄卓群手上的一把枪，而且是瞄准章开鹏的枪。

此时此刻，程乾和黄卓群正坐在北京三里屯的一家休闲酒吧里。

"程老师，两条微博，80万，钱我已经转到你的账户上。最后，还是要跟你道声谢。"

"黄总，拿人钱财，替人消灾，这是我的分内事。"说着，程乾吞下小半瓶喜力。

"程老师，恕我多言，你就不怕章开鹏将来找你的麻烦？"

"黄总，强龙压不过地头蛇，这是北京城，不是南州，谅他章开鹏也不敢动手。"

"那倒也是，那倒也是。程老师，你这个朋友，我交定了，希望日后咱们能继续愉快地合作下去。"

程乾吸了口烟，轻飘飘地说道："黄总，那是当然。咱们哪，谈感情不谈钱，谈钱忒俗。"

黄卓群暗自冷笑——做了婊子，还想着立贞节牌坊，你程乾这种人，我见得多了。平日里满口仁义道德，个个都自称经济学界的"良心"。背地里，却是一肚子的坏水，充当某些利益集团掮客的角色。台上台下，人前人后，完全是两副嘴脸。

这种人，只要你有钱，肯花钱，他就是你手上的工具。

就拿程乾来说，他和黄卓群，根本就没任何私交，这是他们第一次见面。大概在半个月前，徐鸣春徐公子托人找到了他，说是有一笔买卖，希望他能够考虑考虑。当天下午，他就和"买主"黄卓群通了电话。当黄卓群告知身份，并说明利用微博攻击章开鹏一事时，程乾有过一段时间的纠结和犹豫。毕竟，他和章开鹏也算是相识多年，如此落井下石之事，总觉得不地道。

为此，他还在一次私人舞会上，专门旁敲侧击地探过欧阳卫红的口风。其一，欧阳卫红是局外人，也是局内人，她的意见很关键。其二，她和章开鹏的那段往事，是绕不开的事实。尽管她和章开鹏多次撕破脸皮，但这一点还是不得不顾及。正所谓女人心，海底针，万一她念旧情，自己可就不好办了。

毋庸置疑，在黄卓群和欧阳卫红之间做选择，程乾心中的天平，是倾向于后者的。

欧阳卫红的回复，保持着她一贯的风格："程老师，这种事，还是你自己来做主吧。但也要把握度，过多的负面消息，会导致达利的股价下跌。别忘了，我也是达利的股东。"

程乾花了整整一个晚上的时间，琢磨欧阳卫红话里话外的意思，最终决定接下这笔买卖。一来，黄卓群开出的条件，着实诱人；二来，黄卓群背后的徐鸣春，他万万得罪不起。

既然如此，何不来个就坡下驴呢？

至于事情的真伪程度，不能去问。问了，就违反了职业操守。

"程老师，一话两说，咱们既要谈感情，也要谈钱。现在社会上不是流传着一句话，谈感情伤钱，谈钱伤感情吗？所以，我们两者都要谈。"

"精辟，黄总的话果然精辟。"程乾会心一笑，竖起了大拇指，"黄总，听说你前几天见了欧阳女士？"

"是有这么回事。欧阳女士既是达利的元老，又是达利的股东，我这个第一大股东的代表来到北京，于情于理，都要上门拜访她。"

"这……欧阳女士说了什么没有？"

第一条微博发出去不久，欧阳卫红曾给程乾来过电话，转达了章开鹏的话，希望他能删除这条微博。

其实，章开鹏是什么意思并不重要，重要的是欧阳卫红的态度。当即，程乾就做了试探，欧阳卫红回应道："程老师，既然发了就算了，别玩过了就行。章开鹏那边，我会解释的。"

"欧阳女士最大的希望，就是达利的股价涨上去。"

这个欧阳卫红葫芦里到底卖的什么药？这边任由黄卓群挑起事端，传播达利的负面消息，那边又想着股价上涨，两者可是矛和盾的关系。想着，程乾一脸困惑。他本打算往下问，可话到嘴边，又咽了回去。

这种事，还是少问为妙！

次日下午，黄卓群结束了北京之行，来到南州。不过，他并没有回达利总部，而是约了吴勇宏和顾超在洲际大酒店见面。毕竟，眼下的达利是块是非之地，能不去则不去。

晚七点，华灯初上。

不早不晚，吴勇宏和顾超如约到了洲际大酒店，黄卓群已在二楼的小包厢里候着。

进了门，吴勇宏啧啧称赞道："黄总，你给章开鹏安的这'三宗罪'，妙，实在是妙。"

"吴总，你这话我就不爱听了，什么叫我给章开鹏安的，是我们，你可不能把帽子往我一个头上戴。真要是这样，我可就成了孤军作战了。"

"黄总，抱歉，口误，是我们，是我们。"说着，吴勇宏递上烟，"不过，我比较感兴趣的是，所谓的'三宗罪'，到底有几分真，又有几分假？"

"吴总，假作真时真亦假，无为有处有还无。何为真，何为假，不要说是你我，就连章开鹏这个局内人，也不一定分得清楚。"

"黄总，我来南州虽不到半年，但有两样东西是我最讨厌的，一是南州的路，二是南州人的心思。确切地说，这路和心思是一回事，弯弯曲曲，让人琢磨不透。你在南州也待了不少年，都快成了半个南州人了。"吴勇宏半开玩笑道，"黄总，我这个人喜欢直来直去，既然咱们是同一条船上的人，有事可不能藏着掖着。"

"吴总，我黄某人是那种人吗？真要是那种人，谁还会愿意把钱交给我打理呢？"黄卓群信手打开一瓶飞天茅台，亲自为吴勇宏和顾超满上，"吴总，顾总，咱们先走一个。"

一番觥筹交错，黄卓群叼着雪茄，才打开了话匣子："要说'三宗罪'吧，先谈第一宗，稍微有点脑子的人，都能猜到是莫须有的罪名。章开鹏身家几十亿元，会私吞区区2000万？并且还是政府奖励？显然是不可能的。至于第二宗和第三宗嘛，就要仁者见仁，智者见智了。至少我认为是存在的，当然，你也不能说章开鹏中饱私囊。代持员工股票和为经销商谋取福利，说白了，是为了笼络人心。最值得玩味的，是第一宗带来的猜疑效应，有些事，越是悟不透，别人就越会去猜。猜的人多了，可以挖的料也就多了。"

"黄总，来的路上，我和顾总也在分析，这第一宗，是最有可能置章开鹏于死地的，乃'三宗罪'最妙的一宗。"

"吴总，非也非也。"

"非也非也？难道不是吗？"

"吴总，再怎么样，达利都是南州的明星企业，而章开鹏又是根基颇深的风云人物，手眼通天。只要不太张扬，不犯大错误，市里面是不可能对他动刀子的。动了刀子，就等于搬起石头砸自己的脚。这里面，关键的是那些头头脑脑的政绩。有了政绩，他们才有往上挪一挪的筹码。什么是政绩？太太平平才是最大的政绩。"黄卓群摆出一副高手的姿态，"不过吴总，这也不能怪你，这些年，你一直在外企待着，难免缺乏这方面的嗅觉。"

吴勇宏最看不惯的，就是黄卓群神秘兮兮、自以为是的嘴脸，但还是耐着性子问："黄总，既然如此，你的目的又是什么？"

"人心，让章开鹏逐渐丧失人心，众叛亲离。"

"黄总，如果我没记错的话，下一步棋，我们该会会许婉婷了。"

"少安毋躁，改天吧，改天我亲自和这个达利的女一号过过招。"

"黄总，你是这出大戏的总导演。来，我和顾总敬你一杯。"

三个人你来我往，一直喝到九点半，干掉了四瓶飞天茅台。

"吴总，顾总，你们来南州的时间也不长，人生地不熟的，有些东西，也难免会找不到门路。要说这南州城的'夜色'，在国内绝对是一流的。"黄卓群带着醉意，打了个酒嗝，坏笑着说，"今天……今天我带你们去个好地方。"

吴勇宏和顾超皆是见过大世面的男人，一听好地方，也就懂了。

"黄总，一切听你的安排。"

埋过单，三个人摇摇晃晃地出了门，拐了个弯，相互搀扶着进了电梯，黄卓群按下"-1"。

吴勇宏揉了揉发酸的眼睛，问："黄总，我……我没看错吧，去负一层？"

一般来说，大厦和酒店的负一层，均作为停车场之用。洲际大酒店和达利是协议单位，吴勇宏也来过几次，停车场明明在酒店的后院，怎么突然冒出个负一层来？

"吴总，到了你就知道啦。"黄卓群有意卖弄。

刚说完，电梯门就打开了。黄卓群轻车熟路地左绕右绕，约莫两分钟后，眼前突然呈现出一幢下沉式会所。里边灯光暖昧，春色撩人。

吴勇宏的眼中放着光："黄总，果然是别有洞天啊！"

"吴总，顾总，这里可是南州最有名的盘丝洞。各种类型的妞，各种方式的服务，只要你想得到，她们都会变着戏法满足你。而且……而且是每位客人一个 iPad（苹果公司旗下的平板电脑），套餐任你选。"

8106，是黄卓群事先预订好的豪华包间。

"吴总，顾总，咱们先做个足疗。做完足疗，接下来自由发挥。"

"黄总，行家一出手，便知有没有。你呀，肯定是这里的熟客，待会儿选哪一号，你可得给我和顾总推荐推荐，可不能一个人独享。"

"吴总，顾总，不瞒两位，第一次带我来的，不是别人，正是章开鹏。当时，富可亚洲刚刚和达利合作，我和他尚处在蜜月期。"说着，黄卓群压低了嗓门，"那次我叫了个俄罗斯妞，他章开鹏却坐怀不乱，我都怀疑他那方面有问题。"

"黄总，你对章开鹏了解得够透彻的。"

"都说对手是你的一面镜子，章开鹏就是我的镜子。换个角度看，人生有对手，也是一大快事。不然，太寂寞了。"

第九章

拉拢

　　为了突显富可亚洲第一大股东的地位，他一直"霸占"着一号楼。

　　名正，才能言顺！

　　一句话，一举一动，都带有很深的寓意，这就是中国为商之道的微妙之处。

程乾给章开鹏回电话，已经是两天后的事情了。接到电话时，章开鹏刚把文永达送回中环，在回太平山别墅区的路上。

　　一个小时前，章开鹏和文永达在铜锣湾的一家港式茶餐厅吃了晚饭，一顿颇为沉闷的晚饭。此次香港之行，章开鹏打的是股权质押和孖展这两张牌，试图通过二级市场，重登达利第一大股东的宝座。但计划是一回事，现实又是一回事。香港的金融机构，如同一台严密的机器，一切都按程序办事。再加上港交所的风险和操控的难度更大，即便是文永达，也难以有所作为。章开鹏也明白，文永达已经尽力了，不好怪罪。可错过了这次机会，往后想要对付黄卓群，可就更棘手了。

　　吃饭时，文永达也曾提议，通过配新股，募集资金的方式，引入新的风投，同时稀释富可亚洲的股份，以此形成多方角力的局面。的确，这是一种选择。可真的是明智的选择吗？未必。当初，麦德逊以战略性股东的身份入股时，章开鹏就有过类似的盘算，联手麦德逊这只老虎，钳制富可亚洲。

　　不过，既然是老虎，就有称霸森林的野心。为了称霸，老虎自然是不择手段。也就是说，你想联手麦德逊，同样，麦德逊也可以选择和富可亚洲结盟。

　　这是妙棋，也是险棋。

　　所以，章开鹏并未一口否决文永达的提议，只是说，局面尚未严峻到那步田地，等到了再说。临别前，文永达又说："开鹏，记住，一个生意人，无论什么时候，都需要给自己设定一个明确的底线，因为有些对手善于耗，他会一点一点地消磨你的底线。当你没有底线的时候，你就完全被别人控制了。"

底线？自己的底线到底在哪里？也许，从放弃控股权的那天起，自己就已经放弃了底线。

"章董，抱歉，实在是抱歉。这几天太忙，忘了给你回个电话。"

章开鹏一肚子的烦恼，不想和程乾多兜圈子："老程，忙不忙，其他的事咱们都先放一边去，还是谈谈两条微博吧。"

"微博？微博有什么问题吗？"程乾揣着明白装糊涂道。

"从评论老陈被踢出董事会到安在我头上的'三宗罪'，连续两条微博，你觉得没问题？"章开鹏彻底被程乾激怒了，反问过后，又说，"你这是把达利往火坑里推，懂吗？令我更没想到的是，你居然是个利欲熏心的伪君子，竟通过卫红向我漫天要价。你知道你的行为叫什么吗？勒索敲诈！"

章开鹏很清楚，从程乾开口要100万元的那一刻起，彼此的关系就已经终结了。对于这种人，必须要给他点颜色瞧瞧。至于程乾，他也是硬着头皮给章开鹏打这个电话的。前天晚上，他参加鼎尚俱乐部的聚会时，郑荣恒当面对他说，让他给章开鹏回个电话，能沟通最好，不能沟通也算有个交代。他也猜到，章开鹏会有此态度。不过，老爷子也没细问，自己到底是受了谁的指使。其实，也没必要问。在掮客这个江湖行走，今天是黄卓群手中的枪，明天就有可能是别人的，一切皆为利益。当然，只要愿意，自己永远是郑荣恒和欧阳卫红手中的枪，这一点是不变的。

"章董，你有你的愤怒，我也有我的苦衷，大家都是为了混口饭吃。"

"老程，人混饭吃和狗混饭吃是不同的。"说完，还没等程乾反应过来，章开鹏就挂了电话。

无缘无故地被比喻成狗，程乾是无奈多于愤懑。这种事，他也早就习惯了，不足为奇。狗就狗吧，有什么大不了的。

兵贵神速！

两天后的上午，以袁德奎为首的经销商代表，受章开鹏之约，在南州国际机场集合，开赴澳门。

许婉婷顶着重感冒，赶往机场相送。

一路上，到处都是车子，如同甲壳虫般塞满了大街小巷。许婉婷一边开车，一边想着自己就像是藏在甲壳虫中的一只更小的虫子，在南州城的喧嚣中飘荡着。

南州，是我的家吗？

见不到章开鹏的日子，她总觉得自己不属于这座城市。前面有人突然刹车，许婉婷不禁惊出一身冷汗。等缓过神来，她打开收音机，选择了一首梅艳芳的《女人心》。

"婉婷，你怎么就不跟我们一道去呢？"进候机室前，袁德奎拉着许婉婷的手问，"需不需要我帮你给章董带话？"

袁德奎直呼自己"婉婷"，听着怪别扭的。再说了，带话？能带什么话呢？有些话，别说是让袁德奎带，就算自己当着章开鹏的面，也不会去说。

许婉婷本能地将手缩回："袁老大，我的任务是留守南州。见到章董，你帮我问问他，什么时候回来。毕竟……毕竟达利需要他坐镇指挥。"

"婉婷，此话差矣，有时候遥控指挥比坐镇指挥效果更佳。"

"袁老大，时间差不多了，你们也该进去登机了。"

离开机场，许婉婷开车打道回府。

许婉婷的家，位于达利总部的后院。因达利总部远离主城区，大部分的中高层、非南州人士都居住在此。五年前，集团董事会决议，在总部的一片闲置的土地上建几幢别墅，用作中高层在南州的暂居地。共有 11 套别墅，从一号楼到十一号楼，职位越高，数字越靠前，以此类推，许婉婷住在四号楼。

回到四号楼，吃过药，许婉婷拖着虚弱的身体往卧室挪去。刚躺下，章开鹏的电话就打来了。

"婉婷，袁老大他们出发了没有？"

"应该已经登机了。"许婉婷边咳嗽，边有气无力地回应道。

"婉婷，你没事吧？怎么咳得这么厉害？"

"没事，习惯了，来南州五年了。每年夏秋换季的时候，都有这么一遭。"

"婉婷，实在不行，就去医院，千万不能硬扛着。"

"章董，我心里有数。"

章开鹏适时的关心，给许婉婷带来了一丝暖意。女人生病时，往往最为脆弱，也最需要人陪在身边。片刻，她隐约听到电话那头有女人的声音，心一下子又变凉了。

如果没猜错的话，这个女人应该是顾冉冉。

章开鹏和顾冉冉的地下情，知道的人并不多，许婉婷是少有的知情人之一。章开鹏还曾带着她去过几次市话剧团，观看顾冉冉的演出。私下，顾冉冉也约她逛街"血拼"过。在她面前，顾冉冉口口声声说，非常享受和章开鹏现在的关系，从未奢望过明媒正娶。

真是此地无银三百两！

在这个世界上，没有哪个女人是不注重名分的。而且，许婉婷隐约察觉到，顾冉冉把自己当成了潜在的竞争对手。越是如此表示，就越说明这个女人有心机，不简单。

有时候，许婉婷也在想，因对章开鹏的感情，自己是否对顾冉冉有偏见。往好了说，这是对章开鹏的关心。说难听点，是浓浓的醋意在作祟。

顾冉冉出发之前，给她打了个电话，大有耀武扬威之意。

想着，许婉婷只觉脑袋发涨。

"婉婷，怎么啦？你还有其他的事情吗？"

"暂时没有了。"

"好，那你保重身体！"

的确，接电话时，顾冉冉正在章开鹏的身边。

大概在一个小时前，顾冉冉带着十来个同事，抵达香港。为安置好顾冉冉，章开鹏把她安排在了中环金融街八号的四季酒店，豪华海景房。酒店离太平山不远，又紧邻中环商业区，是香港中西区少有的五星级酒店之一，位置极佳。

两个人有些日子没见面了，在肾上腺素的催动下，章开鹏把顾冉冉好好地“收拾”了一番。

云雨过后，章开鹏顿感神清气爽，问：“对了冉冉，你们的演出是什么时候？哪部剧？”

“明天晚上，还是我们的经典话剧《雷雨》。你在香港不是认识不少做生意的朋友吗？到时候叫上他们一起来给我们捧场。”

“明天晚上，明天晚上恐怕不行……”

“为什么啊？你可是答应过我的。”顾冉冉噘着个嘴，一脸的不悦。

章开鹏一把揽住她，笑着解释道：“明天我要去趟澳门，办点正事，后天才能回来。”

“我不管……”

“这样，等我回来，我再陪你一起看你们演出的录像，怎么样？”

“还能怎么样呢？只能这样了！”

次日下午，章开鹏坐船前往澳门，直奔袁德奎等人下榻的威尼斯人酒店。

“袁老大，各位，大老远的飞到澳门，辛苦，辛苦了。”进了袁德奎的总统套房，章开鹏和七位经销商伙伴一一打过招呼。

“章董，只要你一声令下，我们这些经销商自然是义不容辞。别说是来澳门，上刀山下火海都愿意。”袁德奎大义凛然道。

“袁老大，谢谢，谢谢大家这么多年对我章开鹏的支持和信任，尤其是你这个‘带头大哥’。”

“章董，咱们不扯闲篇，也没必要说客套话。”袁德奎直入正题，“说实在的，最近一段时间，黄卓群的戏是一出接着一出，搞得人心惶惶，连我们这些经销商都看不下去了。你呀，是该反击了。再不动手，局面可就更加被动了。”

“袁老大果然快人快语，不过，你是了解我的，我这个人喜欢……”

“喜欢忍，对吧？但忍也是要有限度的。说句不好听的，一味地忍让，是懦弱的表现。章董，你可是我们经销商的主心骨，你要是垮了，我们也得跟着完蛋。"

忍，是章开鹏为人处世的大原则之一，但并不是袁德奎所说的懦弱。他理解的忍，核心精神是韬光养晦。七年前对冯刚和李建辉的"以退为进"是韬光养晦，现在对黄卓群也是。韬光养晦不代表无为，不行动，而是该用阳谋的时候用阳谋，该耍阴谋的时候要阴谋。

"袁老大，经过几次股权变更，如今我已不是达利的第一大股东。所以，单靠我一个人的力量和投资方抗衡，那可就成了以卵击石，蚍蜉撼大树了。"

"章董，我们这些经销商又不是吃干饭的。你需要我们做什么，尽管开口。"

"带头大哥"发了话，其他经销商也一一响应。

"袁老大，我要的就是你这句话。"

继而，总统套房的客厅变成了临时会议室，经过两个小时的讨论，章开鹏和经销商一起制订了下一步的反攻计划。为以防万一，除了 A 计划，还有 B 计划。

来而不往非礼也！

经销商的鼎力相助，绝非出于念旧情。在生意场上，任何事情都是需要讲条件的。章开鹏向袁德奎等人许诺，一旦自己掌控住了局面，会把他们也放入一个箩筐，打包上市。

袁德奎等人在澳门只逗留了三天，便返回内地。

袁德奎的大本营，在浙江杭州。一下飞机，他就给许婉婷打去电话，邀起了功。说是在他的斡旋下，经销商已经决定和章开鹏再次联手，对投资方展开反攻。具体的计划，都已经制订好了。届时来个里应外合，一定能把黄卓群斩于马下，使他溃不成军。

许婉婷实在是没有心情，说了几句感谢的话，便挂断了电话。然后，她脱下睡衣，将自己好好捯饬了一番，准备出门。

昨晚，许婉婷高烧 39.5 摄氏度，只好去了趟医院打点滴。打点滴时，黄卓群居然破天荒地给她打来了电话，说是这几天正好在南州，想和她见见面，谈一谈。

许婉婷心想，谈就谈呗，谁怕谁啊，我也正好想会会你。

见面的地点，是与许婉婷的四号楼不远的一号楼，步行不到五分钟的时间。

不管是论身份，还是论地位，后院别墅区一号楼的主人，都该是章开鹏。不过，章开鹏却把它让给了黄卓群。一来，自己是土生土长的南州人，在南州有不少的房产，没必要干占着茅坑不拉屎之事。二来，也是对初来乍到的投资方的尊重。三来，也是麻痹黄卓群等人，让他们觉得自己并不是个争强好胜之人。麻痹对手，是为自己赢得更多的时间和机会。

实际上，黄卓群也就在一号楼住了一个多月，等到他的几个团队成员在达利站稳脚跟后，便回了上海。往后，顶多一个月回来住几天。但为了突显富可亚洲第一大股东的地位，他一直"霸占"着一号楼。

名正，才能言顺！

一句话，一举一动，都带有很深的寓意，这就是中国为商之道的微妙之处。

三号楼是许婉婷的必经之地，路过时，主人吴勇宏正埋头修剪花园里的花草。她本想快步避开，吴勇宏却抬起头，两个人的眼神，不偏不倚地撞在了一起。

"许总，听说你这两天生病了，没什么大碍吧？"

"重感冒而已，恢复得差不多了，多谢吴总关心。"许婉婷微微一笑，停下脚步，"吴总，这后院之中，就属你的花园最整齐。这说明，你比我们更讲究生活品质。"

"许总，你见笑了。什么生活品质不品质的，我这是没事找事做，纯粹是打发时间。"吴勇宏放下剪刀，继续说道，"许总，你别怪我多嘴。你说章董也真是的，近段时间公司如此不安宁，他倒好，跑去了香港，让你一个人顶着。"

"吴总，章董去香港并不是游山玩水，这你也是知道的。"

"那是当然，许总，你可千万别误会，我可没有挑拨你和章董之间的关系的意思。只是我们麦德逊也是达利的股东，公司的股价再这么跌下去，我这屁股下的位置也就不稳了。好了好了，不说这些了，也许是我杞人忧天了。"

说完杞人忧天，吴勇宏又自顾自地打理起了花园，也没问许婉婷要去哪儿。这吴勇宏今天是怎么了？说话阴阳怪气的，跟个事妈似的，这可不是他以往的风格。

许婉婷尚未琢磨透，脚已上了一号楼的台阶。

门虚掩着，她推门而入，黄卓群正坐在客厅的吧台上，翻着一份《国际金融报》。

"婉婷，来啦，坐，请坐！"

虽是邻居，但五年下来，这只是许婉婷第二次来到一号楼。第一次是在乔迁仪式上，当时，"章派"和"黄派"的关系，尚未剑拔弩张。住在别墅区的高层，有一条不成文的规矩，尽量少串门。串门事小，被人误认为搞派系事大。

黄卓群本想让许婉婷坐在自己的旁边，动作还没做出来，许婉婷就已经坐在了他的对面，并且，是半个屁股坐下。此举，是她在提醒黄卓群，彼此之间的关系。

黄卓群看在眼里，一笑了之。

"婉婷，听说你这几天患上了重感冒。"他边说边为许婉婷冲了一杯茶，"这是我特意为你准备的可乐姜茶，据说这个偏方对治疗伤风感冒极为有效，你试试看。"

"怎么，黄总也相信偏方！"

"许总，不管是黑猫还是白猫，能逮住耗子的就是好猫。是不是偏方也不重要，重要的是结果，我一直相信歪打正着的概率是存在的。确切地说，是相信运气的。"

"黄总，我不这么看，在我看来，人生可不是买彩票，不能光靠运气，还要靠实力。"

"许总，一个团队中，有不同的声音，只有好处，没有坏处。就拿达利来说，也存在着不少不同的声音……"

许婉婷打断道："黄总，也包括金融虎刀发的那两条微博吗？"

黄卓群预料到许婉婷会有此一问，面对她咄咄逼人的眼神，依然保持着淡定的姿态："婉婷，这两条微博我也看到了，客观地说，内容有真有假，水分大于事实。这金融虎刀不知道是吃错了什么药，居然把枪口对准了达利。据我所知，他和章董的私交，应该还算不错。最糟糕的是，两条微博直接导致了公司股价的大跳水，从四块多港币直接跌到了三块多。再这么下去，大大小小的股东可就要上门兴师问罪了。"

"黄总，我相信，明眼人都能看出来，金融虎刀的背后藏着某个人，或者某个利益集团，矛头直指达利和章董。"

"是吗？婉婷，我倒是没考虑到这一层，你觉得会是谁呢？"

黄卓群的反问颇具艺术，直接把许婉婷的话题抛了回来。

"黄总，你今天约我来，不会就是为了请我喝可乐姜茶的吧。真要是这样的话，茶我已经喝过了，谢谢你的好意，我先告辞了。"许婉婷佯装抬了抬屁股。

"婉婷，先请坐，先请坐。我呀，是想跟你谈谈心。"黄卓群再次为许婉婷倒上茶，"婉婷，如果我没算错的话，你跟了章董，应该有四五年了吧？"

"五年差两个月。"

"婉婷，你认为这五年的时间值得吗？"

"黄总，值不值得是我个人的事情，与其他人无关。更何况，五年来章董一直待我不薄，这也是有目共睹的。"

"待你不薄？婉婷，我看未必吧。除了300万元的年薪，你还得到了什么？作为投资方，我们富可亚洲和不少大型民企都有过合作。据我所知，有一大部分的企业创始人，都会在公司上市时或者上市后，拿出自己手上一小部分的股份，赠予公司的元老。他章开鹏这么做了吗？没有吧。"

"黄总，你到底想说什么？"

"婉婷，我黄某人一向是求贤若渴，惜才如金。如果你愿意加入投资方阵营的话，我保证，你将来得到的比现在要多得多。"

许婉婷不屑地问："黄总，你拿什么保证？"

"1%的股份，外加集团总裁的位置。"

"黄总，我怎么感觉你的话听起来像是天方夜谭呢？先不说1%的股份，单总裁的宝座，就极为不靠谱。"

说完，许婉婷又觉得黄卓群的许诺，是借题发挥，话里有话。达利的总裁一职，一向由章开鹏兼任。难道黄卓群是在暗示，迟早有一天，他会把章开鹏踢出局？

"婉婷，靠谱不靠谱，那要看你答不答应。"

"黄总，你觉得我会答应吗？"许婉婷嗤之以鼻地反问道。

"婉婷，你先不要急着答复我，我会给你足够的时间考虑。还有，我送你一句话：识时务者为俊杰。"

"黄总，谢谢你的可乐姜茶，我想，以后有什么事情，我们还是在办公室谈吧。"

看着许婉婷愤然离去的背影，黄卓群诡异地一笑。

章派的"四大金刚"中，许婉婷的忠诚度是最高的，或者说，她对章开鹏的感情是最深的。要想动摇她，谈何容易。不过，黄卓群也是醉翁之意不在酒。

他的真正用意在于：第一，向外界释放强硬的信号，自己要继续对章派的人动手，包括"四大金刚"；第二，只要许婉婷进了一号楼，不管自己和她谈了什么，结果如何，总归是一条大新闻；第三，也是最关键的，引起章派核心层的内乱，让他们互相猜疑。

至于股价下跌，那只是暂时性的。等到把章开鹏踢出局，黄卓群相信，靠着富可亚洲团队精湛的操盘技术，达利的股价肯定会上升。而且，会迎来新的历史最高点。

要想击败敌人，最有利的做法，是直刺其心脏，从内部瓦解他们。

在回去的路上，许婉婷给章开鹏打去电话，汇报了情况。

"章董，你再不回来，场面可真的要失控了。"

"我已经买了大后天下午回南州的机票。"

"那就好！"许婉婷欣慰地笑了笑，"袁老大他们呢，什么时候行动？"

"在我回去之前，等他们把戏演完了，演足了，我再回去。"

◎第十章◎

A 计划

　　生意场本就是大江湖，要想吃得开，混得好，就得深谙装的艺术，装腔作势、装模作样、装聋作哑……其精髓不在于装傻，而是要让对方觉得你真傻。

许婉婷醒来的时候，阳光已将窗帘照得通亮。她并没有马上起床，而是蜷在被窝，打了个哈欠。

一个人的被窝是冰凉的。

许婉婷极为讨厌南州的冷，这种冷，是一种湿冷，寒意无孔不入。要是身边有个人陪伴，那该有多好啊！这些年来，许婉婷从不缺乏追求者，有不少都是腰缠万贯的"土豪"。不说别的，死缠烂打的袁德奎，就是个典型。但从来没有人，入得了她的眼。

宁缺毋滥！

许婉婷要的是感觉，那种让她怦然心动的感觉。她知道，只有面对章开鹏时，她才能找到这种感觉。可是，章开鹏有家室，又有顾冉冉，何必把彼此的关系搞到不尴不尬的地步呢？

昨天晚上十点左右，袁德奎等经销商相继赶到南州。为尽地主之谊，许婉婷请他们吃了顿农家乐夜宵。吃完夜宵，袁德奎提出要送她回家。许婉婷虽心中一百个不情愿，也不好拒绝。所幸别墅区和达利总部隔着一道墙，被公司员工撞见的概率极小。否则，自己可就真是跳进黄河也洗不清了。到了门口，袁德奎又变本加厉，说是想进去坐坐。这回，许婉婷没多做犹豫，一口回绝了。

袁德奎声色犬马了这么多年，从来就只有他拒绝女人，没有女人拒绝他的事情发生。前些年，妻子在世时，他还算是比较收敛的。自从去年妻子因病过世后，他就更加肆无忌惮起来。

私生活乱得很！

可是，久而久之，他也厌倦了这种生活，他想找个真正能过日子的人。于是乎，他便打起了许婉婷的主意。

袁德奎有些尴尬，说："婉婷，我没别的意思，我就是想进去坐坐，喝……喝杯茶就走。你怎么……怎么防我跟防贼似的。"

"袁老大，我不是防你，是防我自己。"

"防你自己？"

"袁老大，时间不早了，你回酒店休息吧，明天还有硬仗要打呢！"

洗漱时，许婉婷又把昨晚发生的事情，在脑子里过了一遍。然后，她对着镜子中的自己发了会儿呆。

按照惯例，周一上午九点半，达利都要召开一周一次的中高层会议。因章开鹏不在，会议便由许婉婷和吴勇宏联合主持。

会开到一半，吴勇宏的私人助理贸然地闯了进来，在吴勇宏的身边耳语了几句，说完，又退了出去。

"许总，出事了！"吴勇宏面色凝重地转向许婉婷道。

许婉婷故做惶恐状，问："出事了？出什么事了？"

"袁德奎带着一帮经销商来了！"

"袁老大，他们怎么来了？人呢？"

"在六楼的小会议室，许总，来者不善，善者不来呀！"

"吴总，既然来了，章董和黄总又不在，我们几个现在就去会会他们。"

"也只能如此了。"

吴勇宏宣布散会，随后，他和顾超、"四大金刚"，一行六人，匆匆忙忙地赶去六楼。

进了会议室，见以袁德奎为中心，经销商们在会议室围了个半弧形的圈，气场强大，大有反客为主的架势。

"袁老大，是什么风把各位给吹来了？"吴勇宏毕恭毕敬地上前打招呼。

袁德奎吐了个大大的烟圈，反问道："怎么吴总，你就这么不待见我们这些经销商？"

许婉婷也笑着走上前："袁老大，能来，当然能来，就算大家天天来达利，我们也欢迎。"

"还是婉婷会说话，听着顺耳！"

被袁德奎将了一军，吴勇宏脸上的表情略显不自然。

"对了，婉婷，章董和黄总呢？"

"袁老大，实在是不巧，章董有要紧的事情去香港了。黄总基本上都在上海，平时很少来公司，"许婉婷配合着演戏，又问，"你找他们有事？"

"章董和黄总不在啊？这问题就有点棘手了。"袁德奎搓了搓手道，"不过，既然来了，该说的话我还是要说。但说之前，我要强调一点，我是代表所有的经销商，而不是我个人在说话。"

吴勇宏接过话茬："袁老大，有什么事，你尽管说。我们能办的，一定办。办不了的，也会马上请示章董和黄总。"

"吴总，那我就直说了，有四点。第一，上次的董事会，你和顾总联合黄总，把陈总踢出了局。达利的渠道营销这一块，一直是由陈总负责的。除了章董，我们在达利只认陈总这个人。现在倒好，他出局了，你让我们这些经销商怎么和达利对接……"

吴勇宏抢话道："袁总，关于这件事，我有必要跟你解释一下：其一，我和顾总投赞成票，是为麦德逊的利益考虑。其二，陈总是自愿出局的，不信，你可以问问陈总。"

"吴总，可事实是，陈总出局后，你立马安排了顾总来负责渠道营销，你是自以为太聪明呢，还是把我们当傻瓜呢？"袁德奎赤裸裸地挑衅着，随后，他给人群中的陈茂林递了个眼神，"老陈，有什么苦水你尽管吐，放心，有我们这些经销商给你撑腰。"

在"四大金刚"中，虽然陈茂林的资格最老，但他是个性最弱的，没棱没角，只会埋头干事。换作许婉婷和高伟业，一个是副总裁，一个主管人力资源，在达利内部深得人心，黄卓群和吴勇宏真要动手，也得掂量掂量。至于聂远方，他就更不敢了。聂远方不仅是子公司万通世纪的创始人，还是达利的股东，真要是和股东闹僵了，好棋可就变成臭棋了。

"袁……袁老大，我真是……真是自愿离开董事会的……"

"老陈，你怎么就……"

袁德奎"唉"了一声，不知如何往下说，许婉婷更是蒙了。

今天袁德奎带着众多经销商杀到达利，这原本就是章开鹏事先安排好的一个局。"四大金刚"的任务，是配合着演戏。该怎么演，扮演什么样的角色，如何做到位，昨天下午，在许婉婷的号召下，他们开过一次秘密会议。到头来，陈茂林怎么就变卦了呢？

他这一变卦，场面可就被动了。

"袁老大，我的话你可以不相信，陈总的话，你总该相信了吧？"吴勇宏抓住机会，冷嘲热讽道，"要不我和顾总先出去，回避一下，你们先商量商量，合计合计？"

说到"你们"时，吴勇宏加重了语气，很显然，他把"四大金刚"和经销商归成了一类人。经销商今天要来，包括之前他们去澳门干了什么，早在昨天晚上他就一清二楚了。知道了事情的来龙去脉，他心中也就有了底。刚才的惊慌失措，只是做给许婉婷看的。她不是要演戏吗？那就来场对手戏，看看谁的演技牛。

吴勇宏想到他最喜欢的那个字，装。

时下，社会上流传着一句话：人在江湖漂，哪能不挨刀。生意场本就是大江湖，要想吃得开，混得好，就得深谙装的艺术，装腔作势、装模作样、装聋作哑……

其精髓不在于装傻，而是要让对方觉得你真傻。对方认为你傻，也就放松了对你的警惕。一放松，你的机会自然也就来了。

不仅要在章开鹏面前装傻，面对"盟友"黄卓群时也要充愣，这就是吴勇宏的艺术。

许婉婷品出了他的弦外之音，笑着问："吴总，'你们'，多少有点含沙射影的意思吧？你这一棍子，可把我也打死了。"

"许总，口误，纯属口误。"吴勇宏也不多做解释，"袁老大，你刚才不是说四点吗，还有三点呢？"

"好，那我就继续往下说。"袁德奎的声音变得沉闷，一字一顿道，"第二，婉婷刚才说章董去香港出差了，我们这些经销商听到的却是另一个版本，说是达利内部有人企图篡位，想把章董赶下台。真要是这样，我袁德奎第一个不同意。吴总，你来达利不久，不过，相信你应该听说过，七年前，达利曾有过一次内斗，结果是，章董靠着经销商的支持，反败为胜。"

"袁老大，这压根就是捕风捉影之事……"

袁德奎质问道："吴总，你就不能让我一口气把话说完吗？"

"当然可以，袁老大，你继续。"

"这第三嘛，其实也算是老生常谈的问题了。关于渠道，达利和麦德逊有共享的合约。但问题在于，渠道是属于我们这些经销商的。因此，我认为再补充一个三方协议，是非常有必要的，所有的数据都该有上限和下限的规定。"

说完第三条时，袁德奎有意做了停顿，扫了在场的每个人一眼，脸上带着让人难以捉摸的表情。

上次章开鹏在喜来登摆下"和头酒"时，麦德逊和经销商的关系，得到了缓和，可那也只是暂时的。吴勇宏和袁德奎口口声声说，要买章开鹏的账，各自退一步，可真要往后退，两个人又不情愿。今天你做了让步，明天别人就会肆无忌惮地蚕食你的地盘。这点道理，两个人都懂。此后，袁德奎也联系过吴勇宏几次，希望双方能就让步达成具体的协议，最核心的，就是数据。吴勇宏却三番五次地找各种理由推托。袁德奎也就明白了，吴勇宏是有意躲着他。

气氛变得紧张起来！

随后，他掏出一支烟，却没点上，继续说道："第四，这些年，分布在全国各地的36个运营中心，跟着达利东征西讨，南征北战，也算是立下了汗马功劳。从某种意义上而言，我们经销商和在座的每一位都是自家人。章董在各种场合，也有过类似的提法。既然是自家人，那经销商就有参与处理达利家务事的权利。因此，我们希望经销商也能在达利的董事会中占有一席之地。"

袁德奎的声音虽轻，分量却极重，瞬间引起一片哗然。这其中，也包括许婉婷在内。

这袁德奎怎么就不按套路出牌呢？经销商进入董事会一说，根本就不在今天的计划之内，这不等于添乱吗？

稍作思忖，她觉得事有蹊跷。

合作这么多年以来，每年年底，章开鹏都会把36个运营中心的"当家"，请到南州，大家聚一聚，联络联络感情。前年年底，袁德奎上台发言时，曾说了一句意味深长的话，他向章开鹏提议，应该增加经销商在达利的话语权。当时，许婉婷以为他是喝高了，在开玩笑。

现在想来，袁德奎是借机道出了心里话，之所以一直未采取行动，是因为缺乏合适的机会。眼下，达利正陷入第二次大内斗，经销商成了一股不可忽视的力量，袁德奎也就有了"左右逢源"的资本。

与其说，袁德奎是在为经销商谋取福利，还不如说是在为自己争权夺利，他是经销商中的"带头大哥"。如果经销商真能在董事会中争取到位置，显然，这个宝座是属于他的。

天赐良机！

一向老谋深算的袁德奎，自然明白其中的道理。

想罢，她向袁德奎投去了埋怨的眼神，像是在说，袁老大，你这步棋下得也太狠了吧。

原本布好的局，顿时如同脱了缰的野马，跑偏了方向。面对袁德奎的早有预谋，许婉婷也一下子没了主意。

相同地，吴勇宏也颇感意外。

据他得到的情况，根本就不存在经销商扬言进入董事会的信息。莫非，章开鹏觉察到了什么，有所保留，联合袁德奎上演了一出"将计就计"？倘若如此，那可就难以收场了。

想着，他在心中责怪起了黄卓群，你黄卓群倒好，一口一个自己不方便公开露面，藏在背后遥控指挥，让我去冲锋陷阵。赢了，你是最大的功臣。输了，谁知道你会不会拍拍屁股走人，甚至把屎盆子扣在我头上呢？

确切地说，章开鹏是有所保留的，不过，不是吴勇宏猜想的"将计就计"，袁德奎会打出这张牌，并不在他的 A 计划之内。他的有所保留，是对袁德奎的许诺，打包上市。

"袁老大，公司要增加董事会的名额，我们说了可不算。需要召开董事会或者股东大会来讨论。毕竟，这是重大的人事问题。"

许婉婷的话，打消了吴勇宏心中的猜疑。他却越发想不透，许婉婷和袁德奎不是一伙的吗，怎么就公开叫板了呢？他们真要是事先商量好的，许婉婷完全可以保持沉默，把难题扔给自己啊……

乱，实在是太乱了。

"袁老大，许总说得没错。我们理解经销商的心情，不过，不管是再签渠道协议还是扩大董事会，我和许总都做不了这个主。"

"吴总，我所说的四点，是我们经销商的最终态度，和做得了主做不了主无关。简单地说，第一，凡是和章董作对的人，就是和我们经销商作对；第二，我们必须要在董事会上获得席位！"

双方对抗，变成了三方博弈。董事会席位一事，成了焦点之争。场面越是乱，越中吴勇宏的下怀。三方你来我往，持续了近一个半小时，也没有 PK 出个所以然来。

散会后，待到"吴派"的人离开，许婉婷终于将憋了一肚子的火气，发泄了出来："袁老大，你怎么就突然变卦了，去提什么经销商进入董事会一事？你看看，整个计划都被打乱了，往后，我们会变得更被动！"

"婉婷，一开始我就说了，我代表的不是我个人，是整个经销商队伍。这么多年以来，承蒙大家抬举，我成了这支队伍中的'带头大哥'。作为'带头大哥'，我自然要为经销商尽可能多地谋取福利。单就这一点而言，你们是你们，我们是我们。当然，在绝大多数时间，'章派'和经销商，是同盟军的关系。"

一位负责东北区的经销商即刻附和道："没错，经销商进入董事会，不是袁老大一个人的意思，而是我们全体经销商的心声。"

其余的经销商也纷纷响应，场面一边倒。

许婉婷轻轻地拍了几下桌子，示意大家安静："可是袁老大，这件事并不在各位和章董的计划之内。就算大家有这方面的要求，也不能当着吴勇宏的面，摆到桌面上去谈，这不等于让外人看笑话吗？"

"婉婷，现在木已成舟，我们还是想想解决的办法吧。要是你觉得为难的话，我直接和章董对话，怎么样？"

"袁老大，还是我和章董先沟通一下吧！就算章董同意，他也要拿着提案，上董事会讨论。"

"婉婷，我相信，只要章董点头，这件事就没有多大的难度。我想，投资方，也就是章董口中的'野蛮人'，不会愚蠢到公然和经销商唱对台戏，他们应该清楚和经销商作对的后果。"袁德奎又顺势打出了另一张牌，"婉婷，你再想想看，经销商在董事会谋得席位，其实是件大好事。有了席位，就有了表决权，往后，类似于老陈被踢出局的事情，也就不可能再发生。"

"袁老大，你说的固然没错，但是……"

"婉婷，你放心，我们会给章董足够的时间去争取此事，静候佳音。好啦，该办的事情办完了，我们就先撤了。有什么需要，只要你一个电话，我们就会赶到南州，随时听候章董和你的差遣。"

许婉婷呆望着袁德奎带着经销商们扬长而去，心中泛起丝丝寒意。

原本，A计划的主角是章开鹏，到头来，却被袁德奎抢了戏，还抢得如此堂而皇之，简直就是厚颜无耻。

快如风，烈如火。强弓弯刀，善骑善射，以一敌百，未尝一败。

许婉婷记得，酷爱历史演义小说的章开鹏，曾用《隋唐演义》中令人胆寒的魔鬼部队"燕云十八骑"来形容过达利的经销商。

所不同的是，燕云十八骑是纯粹的武士，而达利的经销商却是文韬武略兼备，更难对付。

他们将成为这场内斗的第四股力量！

◎第十一章◎

初恋

"卫红，一朝被蛇咬，十年怕井绳。今天我也跟你掏掏心窝子。经商这么多年，我悟出了一个道理，在你背后捅刀子的，往往是你身边最亲近的人……"

章开鹏从香港回到南州，只逗留了一天，又飞往北京。

一年四季中，北京的秋天，是最惹人爱的。有风，却是微风。有雨，也只是细雨。什刹海的轻波，香山的红叶，惬意又醉人。

郑荣恒的四合院，躲在皇城的深秋之下，显得格外静谧。

自打三年前，郑荣恒宣布辞去腾通集团董事局主席之日起，他就过起了闲云野鹤般的生活，品茶、读书，外加旅游，这些占去了他大部分的时间，羡煞旁人。

不过，这并不代表老爷子不再干涉腾通之事，许多腾通的重大决策，依然是老爷子在拍板。简而言之，小事放权；大事尤其是涉及集团发展方向的大事，老爷子还是那个一语定乾坤的掌舵者。

难得的好天气。

章开鹏和老爷子坐在院子里的槐树下，品着上等铁观音。

"开鹏，看来你是做了最坏的打算？"

"老爷子，达利的第二次内斗呼之欲出，实际上，已经爆发了。七年前的那次内斗，靠着经销商的力挺，我夺回了对达利的控制权。如今，经销商却来个趁火打劫，提出进入董事会的条件，我不得不做最坏的打算。"

"开鹏，恕我直言，其实是你养肥了经销商的胆。"

"老爷子，你说得没错。七年来，我对经销商的让步和妥协，换来的不是信任，而是他们的步步进逼，得寸进尺。"章开鹏做痛心疾首状，"再加上老程在微博上煽风点火，我都快被逼到悬崖边上了。"

章开鹏有意无意地将话题扯到金融虎刀程乾，是想试探一下郑荣恒的态度。既然程乾已经发了两条攻击自己的微博，那么，就有可能会发第三条、第四条，甚至有第 N 条的可能性。

并且，自己已经选择了和他撕破脸。虽然彼此的关系想要修补，不是没有可能，只要愿意砸钱，依然可以称兄道弟，之前的不快，也可以一笔勾销，可章开鹏实在不愿再和此类鼠辈打交道。但如果郑荣恒能出面打个招呼的话，也许，事情会有转机。

"开鹏，老程的那两条微博，我也看到过，的确是言过其实。前天晚上，我从非洲回来时，给老程打过一个电话，让他以后不要再发类似不负责任的言论。我也想过，如果让他删除微博，反而会适得其反，落下此地无银三百两的猜疑，等于是坐实了此事。另外，我也知道，你和老程因为此事，闹了些不愉快。"郑荣恒站起身，背着手，在院子里散步，"不过开鹏，要说老程微博里的内容，完全是捏造，那也不是事实。就拿你和经销商的关系来说，难道就真的那么干净吗？有些事情，只有你自己心里清楚。当然，这也是一种手段，一种策略。"

郑荣恒的话，说得滴水不漏。章开鹏笑了笑，表示赞同。

"老爷子，有时候我在想，要是当初腾通能投资达利就好了。"

时间再次回到七年前，达利经历了第一次内斗，元气大伤之时。

当初，郑荣恒是章开鹏寻找的第一个投资人，听完章开鹏的介绍，直觉和经验告诉郑荣恒，达利这家公司，尤其是章开鹏这个人值得投资。

风险投资，从表面上看，投资的是项目。实际上，投资的却是人，创业者或者创业团队。

这是郑荣恒的投资法则之一！

他原打算让腾通集团旗下的腾通资本入股达利，但考虑到腾通资本的决策周期比较长，解不了章开鹏的燃眉之急，只好暂时作罢。但老爷子也并没有把话说死，只要有了最终的决策结果，腾通也不会轻易放弃机会。与此同时，他又把欧阳卫红介绍给了章开鹏。

章开鹏清晰地记得，时隔多年，再一次和初恋情人见面，就是在这个四合院。当时，章开鹏狠狠地捏了一下自己的大腿，以为在做梦。

人生如梦，梦如人生。

此后，欧阳卫红先是自掏腰包，拿出294万美元借给章开鹏，用作资金周转。不到一个月，又拉拢"涌丰系"、凯勒资本以及个人投资者毛丽萍，共出资400万美元，砸向达利，占股30%。

"开鹏，这个世界上什么都有，就是没有后悔药可买。"紧接着，郑荣恒提出了不同的观点，"更何况，就算是腾通和达利合作，谁又能保证，咱们的关系就不会走到这一步呢？我早就说过，创始人和'野蛮人'的关系，是既棘手又微妙的关系。我可不想咱们把关系闹僵了，连坐在一起喝茶的机会都没有。"

章开鹏又是一笑，再次点了点头。

"老爷子，我明白对于这种假设性的问题，多谈无益。不过……"

"不过什么？"

"在达利的投资方阵营中，还有一股不可忽视的力量，那就是蒋柏林蒋老的软盛资本。"章开鹏字字斟酌，"软盛资本虽只是达利的小股东，但蒋老的号召力却是无人能匹敌的。还有，之前蒋老也曾表达过一个意愿，软盛会在适当的时机，增持达利的股份……"

"开鹏，你是想让我去说服蒋老，尽快完成增持股份一事吧。"

"郑老爷子，真……真能这样，最好不过。"

"开鹏哪，论及风投的技巧和手法，蒋老只会胜过我。所以，我相信他迟迟未出手，肯定有他的顾虑。另外，我不得不提醒你一句，达利再这么斗下去，不仅蒋老的顾虑会更重，也会吓跑其他风投者。"

"老爷子，我明白。"

少顷，郑荣恒看了一下时间，自言自语道："这个卫红也真是的，怎么还没到。"

来北京前，章开鹏曾联系过郑荣恒。一来，告知上门拜访的具体时间。二来，想通过老爷子这层关系，和欧阳卫红见一面，谈一谈。

说曹操，曹操就到。

郑荣恒话音刚落，四合院的铁门就打开了，一辆酒红色的帕纳梅拉缓缓驶了进来。

格子衬衫、束身裤、棕色的风衣，外加瀑布式的鬈发，这么多年以来，欧阳卫红一直走在时尚的前列。如果不仔细观察她眼角的鱼尾纹，根本就看不出她已经是四十好几的中年女士。

欧阳卫红摘下墨镜，先是和郑荣恒寒暄了几句，随后转向章开鹏："开鹏，上次你来北京时，我就说过，你一定会主动来找我的，没错吧？"

章开鹏尴尬地笑了笑，算是回应。

"卫红，我声明一下，今天请你来，一半是开鹏的意思，另一半是我的意思。其一，除了鼎尚的碰头会，你可是有好几个月的时间，没有单独来我这里坐坐了；其二，你和开鹏，毕竟是多年的老同学，眼下达利正面临着困局，你理应出手相助，就像七年前一样。"

"老爷子，第一，我得向您道个歉，最近确实忙，实在是抽不出时间来拜访您，是我的疏忽；第二，我离开达利也有不少时间了，就算是想帮忙，恐怕也是心有余而力不足啊！"

"卫红，忙是借口。至于能不能帮忙，该出多少力，我相信你心里自有一杆秤。抛开你和开鹏的私人感情，你也是达利的股东，总不想看着达利的股价一跌再跌吧。"郑老爷子打了个哈欠，"好啦，我的生物钟提醒我该午睡了，你们慢慢聊。"

待郑荣恒进了屋，宽敞的院子，只剩下章开鹏和欧阳卫红两个人。欧阳卫红是出了名的清高，章开鹏骨子里也是个倔强之人，谁也不愿主动开口，气氛沉闷，只听见树叶轻柔地敲打院子的声音。

"开鹏，既然老爷子睡下了，我们就不要打扰他了，还是换个地方吧。"良久，欧阳卫红打破了僵局。

章开鹏点了点头，起身蹑手蹑脚地进了屋，和王品文打过招呼，又小心翼翼地出了门，上了欧阳卫红的帕纳梅拉。

一路上，他依然保持着沉默，发呆地看着窗外，也不问欧阳卫红要带他去哪里。

皇城脚下，章开鹏曾在这里生活了四年，人生中最美好的青春时光。爱过，恨过，迷茫过，留恋过。这么多年过去了，他依然和北京有着不解之缘。

北京，注定是他避不开的城池！

上大学那会儿，章开鹏最大的愿望，是毕业了留在北京城打拼，因为平台，更因为欧阳卫红。

梦想终究敌不过现实。

金钱、人脉、背景，章开鹏要什么没什么，属于典型的"三无"人员。在北京挣扎了几个月，他不得不放弃，打道回南州。临别前，两个人在火车站的月台上相拥而泣，章开鹏许下诺言，等他站稳脚跟，会第一时间把欧阳卫红接到南州。

天各一方，再加上那个年代通信并不发达，彼此只能靠鸿雁传书来寄托相思之苦。苦涩的异地恋，维持了不到一年的时间，便画上了句号。提出分手的，是欧阳卫红。

"开鹏，我有多么爱你，你是知道的。可是，我真的忍受不了这种折磨。再这么下去，我会疯掉的。也许，我们注定是彼此生命中的过客。"

这是欧阳卫红写给章开鹏最后一封信里的一段话，无奈、悲凉，更多的是不舍。

相濡以沫，不如相忘于江湖。

"绝交信"的最后，欧阳卫红写了一个故事：

> 有两条鱼，生活在大海里。某日，它们被海水冲到一个浅浅的水沟里。两条鱼朝夕相处，动弹不得，互相以口沫滋润着对方，忍受着对方的吹气，忍受着一转身便擦到各自身体的痛楚。时间久了，它们便缅怀起昔日在江河湖水里各自独享的自由自在的快乐生活。世界上，只有两种情感，可以称之为浪漫，一种叫相濡以沫，另一种叫相忘于江湖。

往事历历在目，章开鹏的眼睛湿润了。他抬起头，从车内后视镜里看着欧阳卫红的脸，曾经是那么熟悉，此时此刻，却又是如此陌生。

香山，位于海淀区西郊。

欧阳卫红的帕纳梅拉，最终停在了香山脚下。

香山，对他们二人而言，有着特殊的意义。在那个娱乐方式匮乏的年代，他们最大的乐趣，就是深秋时，爬香山，看红叶。

重阳阁、知松园、眼镜湖、东门……每一处都留有他们昔日的脚印。

两个人各怀心事，拾级而上。

"开鹏，距离我们上次一起来香山，应该有 20 多年了吧？"

"是的，大四上学期的 11 月份，你、我，还有永达，一道爬的香山。"故地重游，触景生情，章开鹏的话也多了起来，"当时，永达在北京的一家银行找到了一份实习的工作，先是请我们下馆子吃了羊蝎子，吃完饭，又走了近十公里来爬香山，依旧是生龙活虎。换作是现在，身体肯定吃不消。"

"我还记得永达的人生格言，用现在时髦的话来说，就是当上总经理，出任 CEO，迎娶白富美，走上人生巅峰。"欧阳卫红停下脚步，喘了口气，"经过这么多年的奋斗，他也算是实现梦想了。"

"是呀，从北京到上海，从上海到美国，再从美国到中国香港，永达的奋斗史充满了正能量，是白手起家的经典案例。"章开鹏接过欧阳卫红递来的矿泉水，喝了一口，又道，"前几天我去香港出差时，和永达见过一面。他呀，现在是个彻头彻尾的钻石王老五。"

"我知道，你在香港的那几天，永达联系过我。"欧阳卫红嘴角微微上扬，似笑非笑道，"想当年，永达的口头禅是，男人 30 岁之前还不结婚，那是可耻的。不结婚一天，就会祸害越来越多的女人，未婚的、已婚的。时间一长，是会影响社会安定团结的。这种男人，应该拉出去枪毙。哪承想，他都四十大几的人了，还是孑身一人。有时候想想，他也挺可怜的。按理说，以他的条件，找个人过日子，那是分分钟的事情，真不知道他是怎么想的。"

昔日爱得死去活来的情侣，聊到了婚姻和家庭，话题自然也就变得沉重。

"在香港时，我问过他为何迟迟不结婚的问题，他的回答令我啼笑皆非：对女人不感兴趣。"

欧阳卫红扑哧一声笑了出来："这个永达，说话还是那么精辟。"

其实，章开鹏的话，只说了一半。另一半，是文永达让他保密的肺腑之言。

一个男人，对女人不感兴趣，大致有三种可能性。第一种，性取向有问题；第二种，身边的女人太多了，累了，倦了，麻木了；第三种，受过伤，心里有阴影，或者对某个女人念念不忘。

　　当文永达酒后告诉章开鹏，他依然想着念着欧阳卫红时，章开鹏惊呆了。

　　得不到的，永远是最好的。

　　文永达曾经苦苦追求过欧阳卫红，却无功而返。他对欧阳卫红的记忆，停留在了最美好的青春时代。而赢得美人归的自己，又是如何？从恋爱到分手，从分手到重逢，从重逢再到分手。留下来的，是赤裸裸的交易，满地的铜臭味。

　　早知今日，何必当初。

　　"卫红，其实，永达一直挺关心你过得怎么样的。"

　　"永达关心，你就不关心吗？"欧阳卫红苦笑了一下，"再说了，我还能过得怎么样？就那样呗，无所谓好坏。"

　　欧阳卫红坚强的躯壳之下，隐藏着一颗脆弱的心，无人可诉说。

　　其实，这么多年以来，她过得并不如意。都说婚姻是女人的第二生命，既然她选择了徐鸣春这样的纨绔子弟，就注定要为此付出代价。

　　结婚不久，欧阳卫红便怀上了徐家的骨肉。徐鸣春一向重男轻女，特意托一位医院的朋友，走了关系，给她肚子里的孩子做了B超，得知是女孩后，徐鸣春就对她爱搭不理。并且放出话来，必须把孩子打掉。否则，就滚出徐家。好在公公婆婆还算是明白事理的人，训斥了徐鸣春一顿，让她安心在家养胎。

　　那段时间，是欧阳卫红人生中最黑暗、最难熬的日子。更为不幸的是，她怀孩子六个多月时，洗澡时不慎摔倒，导致流产。并且，上帝还跟她开了个天大的玩笑，丧失生育能力。此后，她成了徐家可有可无的一部分，为了脸面，徐鸣春继续和她保持着法律上的夫妻关系。

　　不孝有三，无后为大。

　　对徐氏家族这样的名门望族而言，没有子嗣，是极不光彩之事。欧阳卫红只好认命，任凭徐鸣春在外寻花问柳。她所能做的，就是借助徐家这张

"虎皮"，为自己的事业开疆拓土。

有得必有失，这才是人生的常态。

欧阳卫红继续说道："开鹏，倒是你，该好好反省反省。我听说，郑茹和静雯打算定居加拿大了。男人再忙，也不能忘了家庭。再有钱，也不能忘本。"

欧阳卫红在达利待了不少年，也算是半个南州人。闲来无事时，会经常去章开鹏家里坐坐。或者，约上郑茹去逛逛街、吃吃饭。当然，身份是章开鹏的大学同学，而非初恋女友。

吃醋，是女人的天性。况且，自己和章开鹏之间，都是些陈芝麻烂谷子的往事了，没必要去提了。如果搅得人家两口子鸡犬不宁，就更于心不忍了。

说实在的，郑茹是极为适合做老婆的，上得了厅堂，又下得了厨房。一来二去，她和郑茹反倒成了好姐妹，颇为讽刺。关于郑茹带着女儿章静雯远赴加拿大的原因，欧阳卫红也略有耳闻。据说，是章开鹏在外面有人了。

"卫红，感情上的事情，谁也说不清楚。"

烟柳宽风临水前，桥边曾系紫骢三。

淡却长天青勾月，果是相思老少年。

提到感情，两人再次陷入沉默。

到了香炉峰，漫山的红叶，衬托着深秋的悲凉，带着昔日的恋人穿越到了年少轻狂之时。

章开鹏考量许久，开口道："卫红，想必你应该猜到了，我此次约你见面的真正用意。"

"开鹏，我们的话题，终究还是回到了现实。"欧阳卫红暗自沉吟，"的确，我很清楚你大费周章，通过郑老爷子来约我见面的目的。我也不妨告诉你，前段时间，黄卓群来找过我。而且，带着和你同样的目的。"

"我知道。"章开鹏抿了抿嘴问，"你答应他了？"

"你觉得呢？"

"我觉得在利益面前，任何人做出任何决定都是正常的。"

欧阳卫红心里头很清楚，章开鹏这是在借题发挥，说气话。

诚然，在自己扮演达利的"金融保姆"角色期间，曾因利益，和章开鹏发生过争执，甚至撕破过脸皮。但正所谓家家有本难念的经，章开鹏身后有他的利益群体，自己也有。

有些事，还是不做过多的解释为好。越是解释，就越解释不清。

"怎么，开鹏，还对当初的事情耿耿于怀？"

"卫红，一朝被蛇咬，十年怕井绳。今天我也跟你掏掏心窝子。经商这么多年，我悟出了一个道理，在你背后捅刀子的，往往是你身边最亲近的人。想当年，我和达利的另两个创始人，冯刚与李建辉，可是光屁股一起长大的。进军家居行业，也是我牵的头。结果呢，他们却联起手来赶我下台。好在有经销商的支持，我才夺回了掌控权。分道扬镳后，近半年的时间，我是到处求爷爷告奶奶，满世界地找钱，就差把身上的衣服也拿出去当了。好在天无绝人之路，经郑老爷子牵线，我再次遇上了你。是你帮达利渡过了难关，搭建了框架，引进风投，继而走上了上市之路。可以说，没有你，就没有达利的今天。但不可否认的是，我们的合作并不愉快。有时候我在想，在你眼里，我到底算什么？"借此机会，章开鹏将满腹的牢骚一并发了出来，"再说说黄卓群等投资人，我原以为企业的创始人和投资方，是利益共同体，是唇亡齿寒的关系。事实证明，是我一厢情愿。"

"开鹏，你还是没变，一个理想主义者。做企业，需要理想，但不是一味地幻想。"

看着眼前这个自己曾经深爱过的男人，欧阳卫红心中挺不是滋味的。

在那个传统的年代，她把女人最宝贵的第一次献给了章开鹏。她爱章开鹏，过去爱，现在依然爱。

爱在心里口难开！

欧阳卫红深知，这份沉甸甸的爱，只能深埋于心底，腐烂，变质，继而忘却。一开口，就打开了潘多拉宝盒，后患无穷。她需要感情，更需要利益。

她又问："开鹏，你希望我怎么做？"

"卫红，作为老同学，我不奢求你能支持我，不过，最好也不要支持黄卓群。作为合伙人，我想重夺达利第一大股东的宝座。如果你愿意的话，把你手上的股份出售给我。价格方面，我们可以好好谈。"

"开鹏，既然你跟我掏了心窝子，那我也就不拐弯抹角了。关于第一点，我想不出任何理由拒绝你。不过第二点，确实有难度。这里面，不是我愿意不愿意的问题。你也知道，其实我是个股权集中处。也就是说，我手上持有的 3.86% 的股份，不是我一个人的。'涌丰系'、凯勒资本以及毛丽萍的股权，都挂在我的名下。所以，就算我愿意卖，他们不同意，这笔买卖也做不成。"

"卫红，你能不能试着……"

"开鹏，试与不试，其实结果都是一样的，'涌丰系'和凯勒资本，包括毛丽萍个人，都不可能在这个时候出让达利的股份。现在达利正值动乱期，股价一跌再跌，也许在某些人看来，这是抛售达利股票，套现的最佳时机。可真要这么做，就显得鼠目寸光了。毕竟，达利的底子是好的，只要内斗结束，股价上扬，也是必然的趋势。谁能熬到最后，谁就是最后的赢家。更何况，他们个个不差钱，就更不会选择退局了。"

"卫红，我要的是你的态度！"章开鹏厉声道。

"开鹏，很抱歉，单就这件事，我和他们是一个利益共同体。有些话，我不想说得过于直白，免得再次伤害我们的感情。说句不好听的，对我而言，谁掌控达利不要紧，要紧的是达利的股价。"

"难道连一点商量的余地都没有？难道我在你眼里就这么一文不值吗？"

"开鹏，就让我们各自在对方内心留点美好印象吧。"

"你还是没变！"

"你也一样！"

第十二章

四大金刚

一个人想要成功，离不开"三种人"，一是高人指点，二是贵人相助，三是小人监督。

乘兴而去，扫兴而归。

两天后，章开鹏回到了南州。

一大早，他就在公司的办公大楼门口，撞见了宋子强。

"章董，你可算是回来了。你去香港的这段时间，公司都快乱成一锅粥了。前有投资方的围剿，后有经销商的紧逼，再加上'四大金刚'内部，也是暗生嫌隙，咱们现在的处境，用四面楚歌来形容，一点都不为过。"宋子强唠叨个不停，"我还听说，上次和经销商对峙以后，许总和陈总还吵了一架。"

宋子强声情并茂，表情夸张，但所说的基本属实。

让袁德奎出面向吴勇宏提陈茂林被踢出董事会一事，然后，"四大金刚"配合着演戏，给吴勇宏施加压力，这是澳门秘密会议计划中的一部分。

可计划赶不上变化！

陈茂林临阵变卦，出乎所有人的意料。上次在南州短暂逗留一天，章开鹏只见了许婉婷一个人。当着他的面，许婉婷直骂陈茂林是缩头乌龟，孬种。

"婉婷，一切等我从北京回来再说。"这是章开鹏给予她的回应。

想罢，章开鹏煞有介事地问："问题真有这么严重？"

"章董，你可别怪我危言耸听，直觉告诉我，达利将爆发一场大内斗。"

"子强，那依你判断，谁会是最后的赢家？"

"章董，这还用说吗，当然是您啦。反正不管怎么样，我都会第一个站出来支持您。"

"子强，谢谢你的支持。"章开鹏信任地拍了一下宋子强的肩膀，"不过，我也提醒你一句，有些事，不能自作主张，更不能过于鲁莽。"

"章董，我这不是……"

"好啦，子强，我还有事，你也忙你的去，下次再聊。"

不看僧面看佛面！

达利内部等级森严，一般的中层，很少有和章开鹏直接对话的机会，宋子强是个例外。章开鹏之所以耐着性子和他聊上几句，是因为他是宋庆生的侄子。

一个人想要成功，离不开"三种人"，一是高人指点，二是贵人相助，三是小人监督。

在业界，宋庆生可是个只手遮天的大人物，财力雄厚，人脉广阔。往后，也许会需要他出手相助。因此，宋子强万万不能得罪。得罪了他，就等于得罪了宋庆生。

上了楼，章开鹏特意绕到了吴勇宏的办公室。门虚掩着，吴勇宏正在修剪书柜前的一对君子兰。嘴里叼着烟，神情专注。

章开鹏推门而入，调侃道："吴总，我觉得公司内部应该办个园艺培训班，让你来授课，教大家种种花，这完全可以发展成咱们达利的企业文化。"

"哎哟，章董，你什么时候回来的？"吴勇宏抬起头，略显惊讶。

"昨天晚上刚到南州，这不，刚到公司就来你这里坐坐。"

"章董，请坐，请坐。"吴勇宏递上烟，又问，"茶还是咖啡？"

"还是咖啡吧，解解困，我呀，昨晚可是一宿没睡。"章开鹏边敲着烟蒂，边说道，"我一下飞机就听说了，我不在的这段时间，袁德奎带着经销商来示威了，还提出了不少条件。"

"是有这么回事，气焰极为嚣张。"

"吴总，当时你也在场，你怎么看？"

"章董，袁德奎居然要求经销商在董事会占有一席之地，简直就是狮子大开口。我个人的态度，是坚决不能同意。"

章开鹏巧妙地问："吴总，也就是说，你表明过自己的立场？"

吴勇宏暗想，你章开鹏也太狡诈了，居然挖了个坑，让我往里面跳。

"章董，我可不敢轻易亮牌，真要是亮了牌，他们来个一不做，二不休，把麦德逊彻底挡在渠道之外，你让我怎么办？再者，考虑到经销商和你的关系，我也不能火上浇油啊。更何况，这么大的事情，我人微言轻，做不了主啊！"

"那倒也是，等下次的董事会，咱们再去谈。"

说完，章开鹏看了下时间，8点50分。于是，他起身打了个招呼，打算回自己的办公室。

吴勇宏目送着章开鹏的背影，有些茫然。

刚才章开鹏说了什么不重要，重要的是，他摆出了一副"老子胡汉三又回来了"的姿态，气场强大，自信满满。

袁德奎带着经销商上门闹事的当天晚上，吴勇宏和黄卓群通过电话。此举，到底是经销商的"个体"行为，还是章开鹏做的局，两个人产生了分歧。吴勇宏认为，整件事是章开鹏在幕后指挥的。黄卓群却不这么看，如果真是章开鹏设下的圈套，袁德奎就不可能提出进入董事会的苛刻要求。

吴勇宏给出的理由是，一旦经销商在董事会获得席位，就等于和章开鹏形成了利益同盟，章开鹏也就有了和投资方抗衡的筹码。章开鹏的这步棋，妙不可言。

吴勇宏的理由，从表面上看，既合情又合理，但仔细一琢磨，也有致命的漏洞。章开鹏真要是这么做，那可就"很傻很天真"了。养虎为患，是再粗浅不过的道理。万一袁德奎的胆肥了，借机左右通吃呢？风险也太大了。

章开鹏和经销商，在澳门有过秘密会晤，吴勇宏是少有的知情者之一。不过，他却有所隐瞒，未告知黄卓群。更重要的是，会晤的大致内容，他也知道，根本就不包括经销商进入董事会。

还有另一种可能性，章开鹏和经销商闹掰了。但至少从目前的局面来看，这种可能性微乎其微。

一着不慎，满盘皆输！

棋局越来越乱，越来越复杂，接下来的每一步，都需深思熟虑。

章开鹏刚进办公室，就拨通了许婉婷的手机。

"婉婷，我到办公室了，你通知茂林、伟业，还有聂总，让他们过来吧。"

很快，"四大金刚"相继到来。

"都来了，先谈谈A计划流产的原因吧。"

章开鹏的表情看似温和，说话却是掷地有声。

把握轻和重之间的火候，是企业掌舵者成熟与否的重要标志之一。把握不好，充其量只能算是个一般的生意人。游刃有余，则为真正的企业家。区别在于，生意人往往是举轻若重，而企业家却是举重若轻。

一重一轻，道尽经商的哲学。

与平常不同，一向沉默寡言的陈茂林首先开了腔："章董，A计划流产，我应该承担主要责任。要不是我主动承认自愿退出董事会，也许袁德奎就不敢趁火打劫，提出经销商加入董事会的无理要求。"

"老陈，你觉得这是也许吗？"许婉婷冷笑着反问，"依我看，正是你的退缩和软弱，给袁德奎添了把火，他才会摊牌。否则，他不可能置章董的A计划于不顾。这么快和我们摊牌，对经销商而言，只有坏处，没有好处。一句话，是你为袁德奎制造了顺水推舟的机会……"

"婉婷，注意你的用语。"章开鹏适时地出面打断道，"袁德奎这个人，一向老奸巨猾，一肚子的坏水。别人不知道，我们还不清楚吗？他觊觎董事会的名额，已经不是一天两天的事情。之前没说，是时机尚未成熟。这里的时机，是达利正面临着的第二次内斗，绝非茂林的一句话。而且，我相信，茂林这么做，一定有他的理由。"

攘外必先安内！

一直以来，"四大金刚"是章开鹏手上最为精锐的主力军。如果说，经销商扮演着"燕云十八骑"的角色，那么"四大金刚"就是皇城禁卫军。在这个紧要关头，如果他们内部爆出不和，闹了矛盾，对达利才是最为致命的打击。

这是章开鹏最不愿看到的局面。

但他又隐隐感觉，这种可能性不是没有，甚至情况会恶化。在外人看来，

"四大金刚"是一个凝聚力极强的团队。只有章开鹏清楚，这只是假象。一个团队，不管大小，没有纠纷和冲突，那是不现实的。拉山头，搞派系，才是常态。自然，"四大金刚"再团结、再忠诚，也不能免俗。

四个人，基本上可分为三个阵营。

许婉婷和高伟业是激进派，陈茂林属于保守派，而聂远方，大多数时间，选择中立。斡旋，尽可能地安抚各方情绪，是章开鹏绕不开的一道弯。

有争执，有派别，未尝不是一件好事。章开鹏记得，他和郑荣恒讨论过类似的问题：一家企业，掌门人到底该如何处理公司内部的争权夺利，相互厮杀？老爷子套用一部电影的台词，给出了答案——让子弹飞会儿。首先，下面斗得热火朝天，就没有人有精力来针对你。其次，斗也是一种竞争。当然，任何事情都是需要底线的，子弹是不长眼睛的，可以飞，但不能乱飞。

许婉婷又逼问道："理由，什么理由？大家都在场，不妨说出来听听。"

就此事，她曾请示过章开鹏，章开鹏的回复是，大家都先冷静冷静，不要去火上浇油。

陈茂林做着惯有的动作，推了一下鼻梁上的眼镜："我还是那句话，以和为贵。既要处理好和'野蛮人'的关系，也不能得罪经销商。"

"老陈，这就是你给出的理由？不等于没说吗？"高伟业也把矛头指向了陈茂林，"一味地求和，就等于丧权辱国！"

"我同意伟业的观点。"许婉婷附和道。

"婉婷，我……我这完全……完全是为了大局。"陈茂林据理力争道，"达利要想进一步壮大规模，就避免不了新一轮的增资扩股，寻找新的风投机构。试问，咱们内部乱象丛生，还有谁敢投资我们？"

陈茂林是"四大金刚"中的好好先生，但凡事都有例外，他最受不了的，就是许婉婷的指责。

他未娶，许婉婷未嫁，彼此又共事多年，渐渐地，他对许婉婷就产生了感情。可是，在感情方面，他的智商几乎为零，不知如何去表达，也不敢去表达。而且，他感觉得到，许婉婷的心中早已有人。这个人不是别人，正是章开鹏。

佛曰：不可说，不可说。一说即是错。既然如此，就更没必要去捅破了。

"聂总，谈谈你的想法。"章开鹏并没有急着下结论，而是问起了聂远方的态度。

"那我就说几句，中听不中听的，大家都别放在心上，仅供参考。"聂远方从容一笑，整了整身上的衣服，"我觉得吧，事情到了这个份上，咱们就不要去讨论谁对谁错了，既浪费时间，也于事无补。还不如多去想想，讨论讨论如何解决问题。"

聂远方总算是把话题带到了点子上。

"聂总，你认为该怎么解决？"章开鹏追问道。

"顺水推舟，我同意经销商加入董事会。"

章开鹏疑惑地瞟了聂远方一眼，这么久以来，这还是他第一次如此爽快、如此明确地亮明态度。

"我不同意！"

"我也不同意！"

"我同意。"

聂远方和陈茂林同意，许婉婷和高伟业不同意，两票对两票。

"不管如何，既然经销商提出了这方面的要求，我们就不能置若罔闻。下次的董事会，我会提交这个议题。董事会解决不了的，再上股东大会。"章开鹏做了最后的拍板。

四天后，晚上六点，阴雨蒙蒙。

许婉婷代表"四大金刚"，去探望章开鹏的老丈人。

老人的家，位于南州的老城区。房子不大，却收拾得格外干净。郑茹去加拿大之前，和许婉婷也算是知心姐妹。章开鹏的丈母娘拉着许婉婷，一个劲地跟她说，让她抽时间劝劝郑茹，别在加拿大待着了，尽快回国。夫妻俩分居两地，长此以往，是会影响感情的。再怎么样，她也要为女儿章静雯考虑考虑，脾气别那么倔强。我和她爸都这把年纪了，最大的希望，就是子孙后代，平平安安、快快乐乐地过日子。钱多钱少，都不打紧。

说到动情处，老人家还流下了眼泪。这原本是章开鹏的家事，许婉婷不好插手，也没资格去管。但看老人家如此伤心，她只好说："阿姨，我抽时间一定好好劝劝郑茹姐。"

章开鹏在一旁看着，也不好插话。他明白，丈母娘的话，其实是说给自己听的。

待了四十来分钟，许婉婷起身道别。

"开鹏，你去送送小许。"

因是老小区，没有电梯，楼道里的灯又坏了，两个人只好借助若隐若现的月光摸黑下楼。

雨停了。

刚出单元楼的门，许婉婷就打了个冷战，哆嗦了几下。

"婉婷，昼夜温差大，快披上。"章开鹏脱下外套，递上前，"别把身体冻坏了，身体可是革命的本钱。接下来这场大革命，缺了你可不行。"

不知为何，许婉婷今天不想和章开鹏谈公事。

"章董，刚才阿姨跟我说的话，想必你也听到了……"

"婉婷，我丈母娘这个人一向爱唠叨，你可千万别放在心上。"

"章董，我觉得阿姨说得挺对的。人这一辈子，最大的事业，是经营好婚姻和家庭。要不然，再有地位，钱赚得再多，也是个失败者。"许婉婷有感而发，"我就是个负面例子。"

"婉婷，你不一样，你是……"

章开鹏一时语塞，不知道该拿什么话来安慰许婉婷。

"章董，三年前，我妈妈患上了胃癌。临终前，她唯一的遗憾，就是没有亲眼看到我出嫁。"许婉婷的眼中泛着泪水，她微微抬了抬头，尽量不让眼泪流下来，"我记得，她对我说过一番话：小婷，多年前，我迎接你来到这个世界，是为了多年后你送我去另外一个世界。我不想在去另一个世界前，还有心事未了。答应妈妈，尽快找个爱你疼你的人嫁了吧。等你结婚的那天，一定要告诉妈妈一声。"

不愧是搞文学的，虽带着凄凉，但也不乏诗情画意。

章开鹏对许婉婷的家境知之甚少，只知道她爸爸是一名大学教授，妈妈为某诗社的主编。

"婉婷，你是该为自己找个伴了。"

章开鹏发现，自己在说这句话时，声音有些颤抖，带着莫名的言不由衷。

"章董，说着说着你怎么就跑题了呢？我们现在讨论的，是你和郑茹姐。刚才阿姨可是向我下达了指示，让我去劝劝郑茹姐，你看……"

"婉婷，你这是打算把皮球踢给我这个当事人啊。"章开鹏叹了口气，"我会抽时间和郑茹联系，说实在的，她们娘儿俩在加拿大，人生地不熟的，我也放心不下。"

许婉婷半开玩笑道："章董，这可是你说的，我可没逼你。"

爱一个人，是自私的，也是无私的。

无数个夜晚，许婉婷憧憬着自己走进章开鹏生命的场景。但理性也一而再，再而三地提醒她，这只是水中捞月。这段情，注定是有缘无分。

那么，就祝福他，为他祈祷吧。

章开鹏一直把许婉婷送到了小区门口，上车前，许婉婷突然停下脚步，转身道："章董，我总觉得我们内部出了问题，也许……也许是我太敏感了。"

第十三章

内部出了问题

富人买房，一是买舒适感，二是买安全感，三是买圈子。

龙庭花园的业主，非富即贵。邻里间混熟了，许多大宗买卖，在家门口就可以谈。

内部出了问题！

章开鹏心里清楚，许婉婷所指的"问题"是什么问题，"四大金刚"中，某人的忠诚度值得怀疑。

某人，点破了，即陈茂林。

章开鹏低头皱眉，感觉脑子里一片混乱。

从情感上而言，他不想，更不愿去质疑陈茂林的忠诚度。作为"四大金刚"中资格最老的成员，自打达利创立之初，陈茂林就鞍前马后地跟着自己打天下。可以说，没有陈茂林，就没有达利今时今日的渠道优势。换言之，在达利尚未引进风投时，陈茂林是名副其实的二号人物。

再者，陈茂林性格内向，做人做事从不锋芒毕露。要说野心，就更谈不上了。他这个人，几乎不与人去争，去抢。

不过，正因为沉默寡言，忍气吞声，"四大金刚"中，陈茂林是最令人难以捉摸的。此外，陈茂林对许婉婷有意，章开鹏也是知道的，这也是他和许婉婷刻意保持距离的原因之一。

正值兵荒马乱之际，内部相互猜疑是大忌！

章开鹏暗自下了决心，找个时间和陈茂林好好地谈一谈，交交心。

但在这之前，他要和袁德奎过过招，打一场心理战。

上次的闹剧之后，章开鹏没有联系过袁德奎，袁德奎也没有主动找过他。对于袁德奎的出尔反尔，章开鹏心里是有气的，你袁德奎"抢戏"也就罢了，还导致了 A 计划直接流产，这不摆明了想把我往墙角里逼吗？

况且，你袁德奎的胃口，也太大了吧？

澳门秘密会议时，章开鹏先是大打感情牌，希望经销商们能像七年前一样，帮自己打赢这场内战。但袁德奎等人根本就不吃这一套，无奈之下，他才做出了将经销商打包上市的许诺。章开鹏的让步，已经是最大的限度。再往下，就等于是在践踏他的底线。

他之所以不急着联系袁德奎，一是有意晾着他，看看他接下来到底还会出什么招；二是他还在想对策。

必须要给袁德奎施施压，给他点颜色瞧瞧。

以彼之道还施彼身，围剿与反围剿，这就是章开鹏的对策。

毋庸置疑，袁德奎是经销商36个运营中心的"带头大哥"，但这并不意味着所有的经销商都是他的人。林子大了，什么鸟都有。经销商队伍中，不乏唯袁德奎马首是瞻的。不过，也有一部分根本就不买他的账。

马首是瞻也好，不买账也罢，根源在于袁德奎能给他们带来多少利益。而袁德奎的利益，基本上都出自达利。这也就意味着，只要摸准了脉，章开鹏亦可拉拢一部分经销商，对袁德奎形成"反围剿"。

36个运营中心，从何处下手，是一门大学问，至关重要。第一步棋走对了，接下来就好走了。否则，就会陷入一步错，步步错的局面。别说是对付袁德奎，反而会被他耻笑。

章开鹏书房的墙上，挂着一幅偌大的中国地图。地图上散布着众多红色的小旗帜，共36枚，这就是达利引以为豪的渠道网络。

连续三支烟，章开鹏依然在地图前伫立着，一脸专注。约半个小时后，他将目光停在了西安。

西安，是达利西北区的大本营，"西北狼"马锦胜的地盘。

这个马锦胜，偏居一隅，再加上性格孤僻，极少与其他经销商来往。不过，一年一度的经销商答谢会，他从未缺席过。而且，他地位显赫。答谢会上一般西马东袁，袁德奎坐在章开鹏的右手边，而左手边的位置，正是留给马锦胜的。

按照中国的传统礼仪，以左为尊。马锦胜的分量，可见一斑。

拿定主意后，章开鹏即刻拨通了马锦胜的手机，称这几天要去西安出差，届时，将登门拜访。马锦胜回应道："来吧，近一个月我都在西安。"

箭在弦上，不得不发。

当晚，章开鹏就订了飞西安的机票。

订完票没多久，顾冉冉就打来了电话，吵着嚷着要跟他见一面，说是有要事商量。

"冉冉，有什么事，就不能在电话里说吗？"

章开鹏发现，自打从香港回来后，顾冉冉就变了，开始变得无理取闹。没错，女人撒娇也是一种美，但也要把握好分寸。过了，味道就变了，容易令人反感。另外，昨天晚上他答应了许婉婷，近期就联系郑茹，劝她带着女儿回国。郑茹会不会回国，关键在于顾冉冉。如果自己再和顾冉冉纠缠不清，藕断丝连，肯定会再次气走郑茹。郑茹走了事小，恶化了他和章静雯的父女关系事大。

在这个世界上，没有哪个女人，能取代女儿在他心目中的地位。

"就不，我现在就要见你一面。"顾冉冉又哭又闹，像是受了很大的委屈。

章开鹏平生最扛不住的，就是女人的哭。一哭，他就没了办法。

只好问："你现在在哪里？我过去就是。"

"你们家对面的 OPPO（欧珀）咖啡厅。"

"什么？ OPPO 咖啡厅。"章开鹏大呼，"我马上过去。"

这顾冉冉也太不分轻重了，居然跑到了自己家门口示威。

章开鹏住的小区，在南州的北郊，名为龙庭花园。一听名字，就知道是高档住宅。这里，是南州的富人区，单价最为昂贵的别墅区。此外，这里的安保设施，堪称一流，每个路段都装有摄像头，保安 24 小时轮班巡逻。

富人买房，一是买舒适感，二是买安全感，三是买圈子。

龙庭花园的业主，非富即贵。邻里间混熟了，许多大宗买卖，在家门口就可以谈。

令章开鹏感到恼火的是，自己有不少生意上的朋友，都住在龙庭花园。而对面的 OPPO 咖啡厅，又是他们的主要聚集地之一，在此聊聊当下的经济形势，商议业务上的合作。顾冉冉千不该万不该，也不该选择在 OPPO 咖啡厅见面。万一撞上个熟人怎么办？总归不是什么好事。

章开鹏开着奥迪 A8，火速赶到 OPPO 咖啡厅门口。

"我已经到咖啡厅门口了，换个地方。"

"换地方？换什么地方，这里……"

顾冉冉尚未说完，章开鹏就已经挂了电话。她只好埋单，出了门，上了奥迪A8的副驾驶。

"这里的环境不是蛮好的吗？你干吗要换地方啊？"顾冉冉不依不饶地问。

"这里正对着龙庭花园，进进出出的都是熟人，你觉得环境很好吗？"章开鹏闷声质问道。

"那……那就得换地方吗？"

又过了20分钟，奥迪A8进了一条小巷子，停靠在一家名为"一鸣"的茶社门口。

章开鹏在前，顾冉冉在后，坐在了一个靠窗的卡座。

"到底发生了什么事，你非要大晚上的约我见面？"

"不行吗？"顾冉冉噘着嘴，"我怀孕了。"

"什么？！"章开鹏差点叫出声来。

他自认，在这方面，自己一向是做足了安全措施，极为小心谨慎的。玩归玩，玩出"人命"，那就是愚蠢之举了。

自己有章静雯这个女儿就足够了！

"看把你紧张的，逗你玩呢。"顾冉冉忍俊不禁道，"看来，我还是没法和正房比。"

章开鹏的心情，如同坐了云霄飞车，好在是虚惊一场。

"好啦，玩笑也开过了，有事说事吧。"

"你今天是怎么啦，一副愁眉苦脸的样子。我发现你从香港回来后，就跟变了个人似的。"

"没事，年底了，公司比较忙而已，赶快说说你找我到底什么事。"章开鹏没心情和顾冉冉开玩笑、兜圈子。

"我想换个工作，不想在话剧团待了！"

"换工作？为什么？"章开鹏不解地问。

"南州不像北京和上海，懂话剧、看话剧的人少得可怜。我们话剧团虽是文化局底下的机构，但早就自负盈亏了。没人看，门票卖不出去，哪儿来的收入？我都两三个月没拿到一分钱的工资了。再说了，我可不想一辈子都当戏子。"

"我给你的钱，足够你衣食无忧了，又何必在意那么点死工资呢？再者，三百六十行，行行出状元。还有，那不叫戏子，叫艺术家。"

在金钱方面，章开鹏自认从未亏待过顾冉冉。除了给她一张额度过百万的信用卡，还会不定期地往她的借记卡上打钱。顾冉冉买了什么，花了多少，他也几乎不过问。每次出差，或逢年过节，基本上都会给她捎礼物。

这些，都是顾冉冉应得的。

"我已经决定了，而且……而且今天上午，就跟我们团长说过要辞职了。"

"你怎么事先都不跟我商量一下，说辞职就辞职？"

一听顾冉冉要放弃话剧，章开鹏就急了。当初，正是因为他的话剧情结，才和顾冉冉结缘，在她的身上找到了欧阳卫红的影子。这些年，他和顾冉冉一直维持着关系，除了有日久生情的成分，更多的是对话剧的热爱，是对初恋情人欧阳卫红的缅怀。

顾冉冉倒好，说摞摊子就摞摊子。

"你……你是做大生意的，我不是想着，这种……这种小事，就不用打扰你了嘛。"顾冉冉一脸的茫然，她没想到章开鹏的反应会如此大，便嘀咕说，"不就是想换个工作吗？"

"这不是换不换工作的事情，你应该知道我对话剧的感情……"章开鹏顿了顿，不知从何说起。

"你也不能因为自己对话剧有感情，就硬让我留在市话剧团吧？那样你也太自私了！"

看顾冉冉楚楚可怜的样子，章开鹏又于心不忍："那你倒是说说看，你想做什么样的工作？"

"你的秘书不是请产假了吗？正好，干脆把她辞掉，让我来做你的秘书。"

"你确定你不是在开玩笑？"

"我说的是真的，这样一来，既可以帮你分忧，又可以天天和你在一起。"

"不行，坚决不行。我30号要去趟西安，你工作的事情，等我回来再说。"

章开鹏万万没想到，顾冉冉居然提出这样既可笑又无理的要求。是该说她幼稚呢，还是有城府呢？自己还没蠢到脑袋被驴踢了的地步，让小三来做自己的秘书，一家上市公司的董秘，这不等于在自己身边埋一颗定时炸弹吗？

女人心，海底针。此话不假。

他原打算近期和顾冉冉摊牌，结束彼此不明不白的关系，哪怕是支付一笔昂贵的青春损失费，也认了。只要顾冉冉开口，自己都会给。可是，机会摆在眼前，他又开不了口，舌头直打结，只好作罢。

先缓一缓，找个合适的机会再谈。

次日，秋日的阳光斜斜地刺进窗户，照着烟圈，一圈一圈荡漾，随即散破。

烟圈散尽，章开鹏掐准了时间差，拨打了远在加拿大的国际长途。郑茹和章静雯这对母女，生活在加拿大的第一大城市多伦多，北约克的跑马地富人区，章开鹏多年前在加拿大购置的房产。章静雯就读于名校——约克坊中学。

半晌，才有人接起电话，是女儿章静雯的声音。

"雯雯，吃晚饭了没？加拿大应该很冷了吧？在那边还习惯吧？"章开鹏连珠炮似的发问。

"老爸，您可是好久没给我和老妈打电话了。"章静雯埋怨道，"加拿大早就下雪了，老妈正在做饭，我在这边都挺习惯的，和同学相处得也蛮好的。"

"雯雯，爸爸最近比较忙，一忙，就忘了给你打电话。但爸爸发誓，爸爸每天都在心里面念叨着你。等爸爸有空了，就飞去加拿大看你。"

章静雯调皮地问："老爸，您就光念叨我，难道就不念叨我妈，您夫人吗？"

章开鹏一时语塞，不知该如何作答。不管自己和郑茹的感情是好是坏，是深是浅，但至少有一点，他要感谢她。她从未在女儿面前提及远赴加拿大的真正原因，只是说，加拿大教育资源好，环境也不错，适合读书，更适合生活。

她的出发点，是为女儿着想。但有些女人，发现丈夫出轨时，会采取挑唆子女这一招，旨在报复。

仔细想想，结婚这么多年，自己和郑茹的感情，算是不错的了。相敬如宾，几乎没红过脸。走到今时今日的地步，感情淡了，性格不合，其实都是借口。

用男人有钱就变坏来解释，是最为贴切的。

章开鹏承认，这些年，亏欠郑茹的，太多，太多。

"老爸，您到底有没有在听我说话啊？"章静雯不悦地打断了他的思绪。

"你一个小姑娘家，懂什么。"章开鹏苦笑了一下，又突然想起了什么，"对了雯雯，我听说你谈恋爱了，还是个韩国人……"

"没错，肯定是老妈向您打了小报告，您说这个郑茹同志也真是的，都在资本主义国家生活两年了，思想怎么还这么保守呢？"章静雯倒也坦诚，没藏着掖着，"再说了，韩国人怎么啦，爱情无国界。"

"我和你妈不是担心你，怕你吃亏吗？……"说到吃亏，章开鹏又停了下来，这种事，让做爸爸的跟女儿去说，总觉得怪怪的，"好啦，让你妈接电话。"

"算您有良心，还记得老妈。"

片刻，郑茹的脚步声靠近，章开鹏的心跳随之莫名地加快。

"有事快说，我正在做饭。"

章开鹏隐约听到一旁的章静雯说："郑茹同志，您什么态度，居然这样跟我老爸说话。"

"我……其实……也没什么事……"章开鹏语无伦次，"对了，昨天我在爸那里，爸和妈都说了，挺想念你和雯雯的，要不……"

稍作思考，章开鹏打出了老丈人和丈母娘这张牌。他不能在电话里直接说，郑茹，我希望你能带着雯雯回南州。一来，他说不出口。二来，郑茹肯定会暗示他，先把屁股擦干净，解决好顾冉冉的问题再说。三来，女儿就在她的身边，有些事也不方便说。

等她们母女俩回来，再请老丈人和丈母娘做说客，如此，希望就大了。

"我和雯雯圣诞节前后会回去。"

"好好好，到时候，我去接你们母女俩。"

"好啦，就这样，锅里还炖着咖喱牛肉呢。"

第十四章

心理战

　　"章董，这人是会变的，无时无刻不在变，跟着环境变，跟着对手变。最高的境界，是跟着自己变……"

五天后，下午四点半，章开鹏到达西安咸阳国际机场。

一东一西，温差足有十摄氏度。

风大雨大，加剧了冷意，彻人心骨。

马锦胜亲自带着运营中心的两位高层来接机，一男一女，一位副总，一位办公室主任。办公室主任捧着一束鲜花，见面时，满脸微笑地将花递给了章开鹏。

"马总，你亲自来接机，受宠若惊，受宠若惊哪！"许久未见面，章开鹏主动上前拥抱了马锦胜一下。

"章董，有朋自远方来，不亦乐乎。欢迎，欢迎你来西安视察工作。"

"马总，你言重了。一直以来，达利和经销商之间，都是合作伙伴的关系。既然是合作伙伴，那就谈不上什么视察不视察的。更何况，我又不是什么领导干部，那就更谈不上。"

一旁的女办公室主任插话道："章董，按渠道来说，达利在上游，我们经销商在下游。既然是'上下级'的关系，那么，用视察来形容，也是恰当的。"

一行四人有说有笑地出了机场，上了马锦胜的路虎揽胜。

"马总，像你我这种年龄的，开路虎的可不多。"

马锦胜要大章开鹏十岁左右，奔六的年龄了。

"章董，我们西北人讲究粗犷，没你们南方人那么细腻。一个大老爷们开着个屁点大的小轿车或者跑车出门，那还是爷们吗？"

"马总，这就叫一方水土养育一方人。"

"章董，别人不了解，你还不了解我马锦胜吗？我这个人，做人做事，没那么多的讲究。"

了解，章开鹏的确是了解马锦胜的。马锦胜是达利的第一个经销商，南州之外的第一笔生意，就是马锦胜帮他做成的。从这个角度而言，马锦胜也算是达利的"开国功臣"，只是他不好沽名钓誉那一套罢了。

这就是马锦胜和袁德奎最大的区别！

章开鹏打趣道："马总，你最讲究的就是喝酒。"

两个人相视一笑，仿佛回到了十几年前。

达利创立之初，章开鹏和另外两个创始人冯刚、李建辉，已经意识到渠道网络的重要性。但如何开拓渠道，从哪个区域入手，该找谁发展渠道，曾经的"三剑客"既无人脉，更无平台。

大概在 15 年前，也是在深秋。

经一位在西安经商多年的朋友牵线，章开鹏来到了这座西北重镇，十三朝古都。在饭局上，他认识了马锦胜。当时，马锦胜正在搞房地产生意，手上有着大把的资金。并且，是个黑白两道都吃得开的人物。于是，章开鹏就壮着胆子，道出了开拓西北市场的设想，请马锦胜出面扛大旗。

马锦胜什么话都没说，只见他倒了满满三大碗西凤酒，说："章董是吧，先把酒喝了，咱们再谈生意。"

章开鹏酒量平平，顶多三两。三大碗酒，足足有一斤。他也不知道自己打哪儿来的勇气，回应道："马总，我酒量三两，舍命陪你喝。"说完，他就一口气干掉了一斤白酒，胃里顿时翻江倒海。

马锦胜也极为豪爽，拍着他的肩膀说："章董，你这个朋友，我认了。往后，我会帮达利在西北打下一片江山。"

君子之交淡如水，浓如酒。

时隔多年，一斤酒的友谊，依然被两人经常提及，津津乐道。

路虎穿过市中心，钟楼、鼓楼、大雁塔，如同无声的历史，在诉说着这座古城的沧海桑田。暴雨如注，更添厚重。

"章董，今天咱们还是喝酒，老规矩，老地方。"

老地方是西安"回民一条街"附近的一家羊肉馆子，老字号，颇有些年头。

"章董，这瓶西凤酒我可是珍藏了好些年了，一直舍不得喝。今天你大驾光临，我才忍痛割爱，拿出来和你一起分享的。"马锦胜边笑边为章开鹏倒上满满一杯白酒，"不过章董，我也知道因为身体的原因，你基本上是滴酒不沾。这样，咱们随意就行。"

马锦胜是出了名的好酒之人，酒量深不可测。

"马总，还是那句话，我酒量三两，舍命陪你喝。"

"章董果然豪爽，那咱们就先走一个。"马锦胜先干为敬，"章董，这些年我算是悟出了一个道理，这人哪，可以与天斗与地斗，就是不能和时间斗。放在十年前，别说一斤白酒，就是干掉两斤，我也不含糊。现在不行了，身体扛不住了。酒要喝，但不能贪杯。"

浓烈的西凤酒，配着地道的羊肉，章开鹏浑身直往外冒汗，冷意全无。

酒过三巡，章开鹏哀叹道："马大哥，我这次来西安，是无事不登三宝殿啊！"

"开鹏老弟，咱们之间，有话直说。的确，是我帮你建立了达利西北地区的销售网络。但当年我落魄时，也是靠着你的资助，才逃过一劫，转危为安。有什么事，你尽快开口，我定当尽力而为。这朋友之间，锦上添花者，一抓一大把；雪中送炭者，就未必会有了。"

人生在世，谁没遇到过几个坎。马锦胜最大的坎，发生在三年前房地产泡沫破灭之际。当时，马锦胜的手上囤了不少地，但因政策的变动，地价下跌，又不能仓促开发，这让他面临资金链断裂的恶性循环。最后，马锦胜求到了章开鹏的门上。章开鹏二话没说，就借给了他5000万元，雪中送炭，解了燃眉之急。

章开鹏借着酒劲，将事情的来龙去脉和盘托出。

听罢，马锦胜将碗扣在桌子上，愤愤不平道："这个袁德奎，也太不是东西了，不但不知恩图报，还趁火打劫！没有达利，他哪有今天？"

"马大哥，不是我挑拨你和袁老大之间的关系，我和经销商在澳门召开秘密会议时，本打算把你请过去的，不过，袁老大却放出话，如果你去，他就不去。所以……"

"袁德奎那点心思，我岂能不知？再说了，我和他之间本来就没什么交情。"马锦胜向前靠了靠，"开鹏老弟，我在经销商队伍中，说话还是有些分量的，自认为不输给袁德奎。你放心，我会出面帮你吆喝几声，治治袁德奎。"

"马大哥，一切尽在酒中，谢谢你。"

章开鹏心中暗喜，这趟西安算是没白来，有了马锦胜的支持，先不说能不能打垮袁德奎，至少经销商内部有了不同的声音，这是好事。

第二天，章开鹏收到黄卓群暂时有事要办，董事会延后的消息。于是，他又有选择地见了一部分经销商。最后一站，他落脚袁德奎的根据地，浙江杭州。

到了萧山国际机场，他才拨通了袁德奎的电话。

"袁老大，我出差路过杭州，有时间见个面吗？"

"章董，我正在运营中心等着你呢！"

高手过招，点到为止。

袁德奎耳目众多，早在几个小时前，他就知道章开鹏的航班时间。既然章开鹏事先没打算让自己知道，那就没必要去机场接，搞不好，还会闹出热脸贴冷屁股的笑话。

至于章开鹏，只不过是想和袁德奎玩一次不大不小的心理战而已。

西北粗犷，江南柔和。西安和杭州，皆为古都，却是韵味完全不同的两座城市。西安像是威严魁梧的汉子，杭州更像是风情万种的女子。

唯一相同的是，杭州也在下雨，淅淅沥沥，连绵不绝。

每座城市都有其独特的味道，在途中，在小巷子里，在每个人的身上。

出租车沿着西湖边飞驰着。

袁德奎的办公地，挨着西湖，一座 5A 甲级写字楼的 21 层，整个西湖的美景尽收眼底。

章开鹏刚出电梯，走廊里就弥漫着一阵阵茶香。

他稍稍放缓脚步，不紧不慢地到了袁德奎的办公室门口，门虚掩着。袁德奎正背对着门，俯瞰着西湖。

章开鹏轻轻地叩了几下门，片刻，袁德奎才转过身，皮笑肉不笑地说道：

"章董，来啦，我特意准备了上等的西湖龙井，等你来一起分享。"

"袁老大，没打扰你欣赏西湖的景色吧。"章开鹏笑着坐下，品了一口醇香的上等龙井。

"章董，你就别拿我开涮了，我一个大老粗，哪懂得欣赏西湖啊。不过，我最近倒是心血来潮，参加了一个商会组织的诗社。就在昨天晚上，我刚学会了一首和西湖有关的诗，还热乎乎的。"说着，袁德奎有模有样地吟诵起来，"水光潋滟晴方好，山色空蒙雨亦奇。欲把西湖比西子，淡妆浓抹总相宜。"

章开鹏拍手称赞道："袁老大，士别三日，你可是成了儒商了。"

"章董，这人是会变的，无时无刻不在变，跟着环境变，跟着对手变。最高的境界，是跟着自己变。这生意人哪，不能太粗暴了，太粗暴了，就显得没涵养。你再有钱，在别人眼里也只是个暴发户。所以，不管你是不是儒商，只要会装就行了。装的时间久了，再进入某些圈子，不是也就变成是了。"

袁德奎一向好讲歪理，最牛 × 之处，是能凭着三寸不烂之舌，把歪理讲成真理。

"不过袁老大，万变不离其宗，以不变应万变，才是王道。"

"章董，你是高级知识分子，我目不识丁，论口才，我自愧不如。"袁德奎蓄势待发，直奔主题，"章董，我听说你最近一个礼拜，去了不少地方，见了不少老朋友。"

"袁老大，最近一段时间我正好比较闲，所以，就到处转转，有选择地走访了达利的几大运营中心。一直以来，由你带领的经销商队伍，都是我们达利坚强的后盾，我得知恩图报啊！"

"章董，你别笑我小心眼，既然我是经销商中的'带头大哥'，你的第一站为何选择西安，而非杭州呢？"占着主场优势，袁德奎把话说开了。

章开鹏巧妙地回应道："袁老大，我这不是想让你来压轴吗？"

"章董，你这么说，我心里也就平衡了。"袁德奎又顺势问，"这一圈转下来，应该有不少收获吧？"

"袁老大，经销商是达利的盟友，我从来不谈收获，只谈感情。"章开鹏回味了一下茶香，故作不以为然道，"况且，A 计划不幸流产了，我得出面安抚安抚大家的情绪，给大家打打气。我可不想因为这么点小事，让咱们彼此之间互相猜疑，互相埋怨，失去了信任。"

骂人的最高境界，是不带脏字，又实打实地戳中对方的痛处。

袁德奎撇了撇嘴，暗想：你章开鹏这不是拐弯抹角地指责我趁火打劫，背信弃义吗？

老子不在乎！

正所谓人不为己，天诛地灭。这么好的机会摆在眼前，我岂能说错过就错过？袁德奎原以为，自己完全可以凭借经销商的实力，和章开鹏及投资方相抗衡，异军突起，成为此次内斗的另一股强劲力量，借机谋取更多、更大的利益。

然而，章开鹏如此神速，如此密集地拜访经销商，完全出乎他的意料。这是最笨，也是最聪明的办法。最笨在于，如此公开的行动，肯定会传到自己的耳中，万一自己联合其他的经销商变本加厉，继续对抗，场面就不好收拾了。最聪明在于，章开鹏亲自出马，经销商们多少会给他几分面子，再加上有马锦胜的助威，形势就更不好说了。

显然，章开鹏是在和自己玩心理战，一场招安戏。

结果，他赌对了！

据说，有不少经销商都收回了加入董事会的条件，甚至还有一部分人把责任推到了自己的头上。

岂有此理！

不怕神一样的对手，就怕猪一样的队友。这帮狗崽子，也太没出息了。这么一大块蛋糕摆在面前，居然说认怂就认怂了。既然形势有变，自己的策略也应该跟着变。要继续和章开鹏维持着表面上的一团和气，不能撕破脸皮或者抬杠。当然，该暗示的还是要暗示，该强硬的还是要强硬，这叫软硬兼施。

"章董，A计划的流产，我这个'带头大哥'要负主要责任。不过，我必须解释一下，提出进入董事会的条件，不是我一个人的决定，而是到场的所有经销商的意思。既然他们提出来了，我总不能置之不理吧？现在倒好，我倒成了猪八戒照镜子——里外不是人。"

"袁老大，你在经销商中一向德高望重，极具威信。我也明白，你有你的难处。可是，在澳门的时候，我已经说得很清楚了，眼下的大局，是你们助我一臂之力，击败投资方，就像七年前一样。这关乎我的利益，也关乎你们的利益。"章开鹏因势利导，"袁老大，我向你保证，等大局稳住了，该谈的我们都可以摆到桌面上去谈，关起门来慢慢谈，包括经销商加入董事会一事。"

"章董，这是你的心里话？"

"袁老大，既然我能做出将经销商打包上市的承诺，那么进入董事会又有何不可呢？"

章开鹏的话，言外之意很明显，如果你袁德奎胆敢继续和我耍花招，别说是进董事会，就连打包上市的承诺，我都将收回。

"章董，你果真是大智慧，大智慧啊！"

尽管章开鹏的许诺，带着"画饼充饥"的意思，但有饼总比没饼好吧。他们一个个都成了缩头乌龟，那自己就更没必要做出头鸟。否则，章开鹏手中的枪，就会第一个对准自己。

既然老虎屁股暂时摸不得，那就好好地与虎为伴吧。

"袁老大，咱们彼此彼此。"

"章董，还是那句话，我们这些经销商随时听候你的调遣，配合你的行动。"袁德奎信誓旦旦道，"章董，既然 A 计划失败了，那接下来的 B 计划……"

"不急，看机会再出牌。"

"对对对，伺机而动，以静制动。"袁德奎边附和着，边阴笑了一下，"章董，还有件事，我认为有必要跟你提一提，上次见面时，我总觉得'四大金刚'内部的气氛，有些怪怪的，或许是我想多了。"

"是吗，有这回事？"章开鹏假装惊愕，却没再往下说。

次日下午，章开鹏便返回南州，是许婉婷来接的机。

"婉婷，董事会的具体时间确定下来了没有？"刚上车，章开鹏就问。

"今天上午，我刚刚联系过黄卓群，他说手头上的事情尚未办完，让我们再等等。"

按程序，就算是黄卓群缺席。作为董事长，章开鹏也有权力召开董事会。但如果黄卓群不参加，董事会也就没意义了。

"这只老狐狸，一而再，再而三地拖，到底在搞什么鬼？"章开鹏扬了扬眉，继续说道，"不过也好，等过了'双十一'，再开董事会。否则，会影响到'双十一'的促销活动。"

"章董，你这次出去转了转，效果怎么样？真的要把经销商的条件，拿到董事会上去讨论吗？"

"效果还算不错，袁德奎暂时性地做了妥协。不过，越是如此，我越要把他们进入董事会的条件拿来做文章！"

"为什么？"

"其一，萝卜加大棒，是我们对经销商的一贯策略；其二，试探黄卓群和吴勇宏的态度。"

许婉婷眼珠子转了转，觉得在理。尤其是吴勇宏，此人埋藏得太深，谋略和黄卓群相比，有过之而无不及，决不能掉以轻心。

他的态度，直接决定着这场内斗大战的走向。

车子刚出机场，许婉婷又闪烁其词道："对了，章董，三天前……三天前顾冉冉来找过我，她……"

"什么，她去找过你？"章开鹏愠怒道。

"没错，她……她说她想换份工作，看达利内部有没有合适的机会……"

"简直荒谬！你别理她就是，我会处理。"章开鹏强压住火气，"对了，郑茹和雯雯圣诞节的时候，会回南州一趟。届时，你帮我劝劝郑茹，让她们就别再回加拿大了。"

"我尽力。"

◎第十五章◎

自己人

　　商场沉浮，这些年身边值得信任的人越来越少，背叛自己的人越来越多。一个人独处时，章开鹏经常会想，其实自己对别人，也未必是百分之百地信任。根源何在，左思右想，还是印证了一句极为世俗的话……

"双十一"，11 月 11 日，光棍节。

因日子特殊，几乎所有的商家，都会利用这一天，通过大型的互联网电子商务网站，来进行大规模的打折促销活动，以提高销售额度。

实业出身的章开鹏，一向对互联网并不感冒。去年年初，去北京出差时，经郑老爷子点拨，他开始尝试着接触互联网，并在集团内部成立了网购运营中心，由陈茂林主抓。去年 8 月，达利和腾通签署了战略性合作协议，搭建了网络渠道的雏形。

去年"双十一"，36 个小时，达利的销售额达到了 7000 万元。数字惊人，与前年 11 月整个月的销售额持平。

知耻而后勇！

这是个购物虚拟化的时代，章开鹏总算是咀嚼出了其中的味道。

今年年初的中高层会议上，章开鹏定下过"双十一"的销售目标，突破一个亿。

11 月 9 日，晚 6 点。

章开鹏带着集团的中高层，在达利的食堂开席三桌，给即将战斗在销售一线的员工打气。

相关人员到齐后，章开鹏说起了开场白："在座的各位，都是我们达利的销售精英。去年的'双十一'，正是在大家的努力下，众志成城，公司的销售额才取得骄人的成绩。前些年，我一直在思考一个问题，我们传统行业该不该与互联网接轨。事实证明，这是大势所趋。在此，我要做自我批评，正是我个人思维方式上的滞后和保守，才导致我们错过了先机。所以，去年至今，我所思考的，是传统行业如何和互联网接轨的问题。一年多的时间，在陈总的带领下，以及腾通集团的技术支持下，我们的网购运营中心发展迅速，成了一支奇兵。今年，我希望各位能够齐心协力，完成'双十一'一个亿的销售目标。"章开鹏再次破例，举起酒杯，"我敬各位一杯，代表达利谢谢大家。"

掌声雷动，激情澎湃。

此刻，没人知道章开鹏心中的压力。因市场大环境不景气，如果不出所料，达利今年的销售额将迎来历史新低。在香港拜访蒋柏林和在北京见欧阳卫红时，两位股东都提到了这一点。销售额的下滑，势必会影响投资人的信心。对大多数的投资人或机构而言，他们要的是结果，不是过程，也从不过问原因。再这么下去，那就不能排除投资方撤资的可能。

前景堪忧！

内斗尚未白热化，金融虎刀的两条微博，就已经激起了千层浪，引起达利股价的动荡。好在郑老爷子出面打了招呼，金融虎刀才收了手。新闻成了旧闻，股价再次上升到四块多港币。到了年底，万一有人抓住"销售额"大做文章，股价肯定会再次受挫。

"双十一"是次机会，必须借此扭转颓势。

晚宴一直持续到九点，散席时，章开鹏叫住了许婉婷，示意她先留步。

人员陆续离开，章开鹏才走上前，轻声道："婉婷，送我去趟香缇景苑。"

香缇景苑，许婉婷愣了愣，这不是章开鹏和顾冉冉的爱巢吗？

昨晚，章开鹏可是亲口对自己说过，等郑茹和章静雯母女俩圣诞节回来时，想方设法，竭尽所能把她们留下来。现在倒好，刚喝了点酒，就迫不及待地要去找顾冉冉。

男人是下半身思考的动物，这话果然不假。

想着，许婉婷又自嘲地笑了笑，上半身也好，下半身也罢，跟自己好像没什么关系吧？

出了门，寒意逼人。

上车前，章开鹏又说道："半个小时前，顾冉冉给我发了条短信，说是她的工作有戏了……"

"这不是挺好的吗？"许婉婷笑了笑，应付道。

"关键是她的这份工作和达利有关。"

许婉婷吃惊地问："不会吧，和达利有关？"

看来，这顾冉冉也不是什么省油的灯。一个女人，不可能傻到什么都不要，甘愿扮演小三的角色。之前不要，是为了迷惑男人，继而拴住男人的心。当然，男人能对她动情、动心是最好的。

这叫什么，这叫放长线钓大鱼。

"具体的，她也没说，所以我得赶过去问问她。在这个节骨眼上，她可不能添乱。"章开鹏闭上眼睛，倚靠在座椅上，"我个人的压力已经够大了，内忧外患、业绩下滑、股价暴跌，如同三座大山压在我身上，让我难以喘气。"

许婉婷安慰道："章董，'双十一'过后，形势会有所好转的。"

"婉婷，说实话，我真的是心里没底……"章开鹏无望地叹了口气，表情有些痛苦。

许婉婷看在眼里，心里五味杂陈。

约莫 25 分钟，车子到了香缇景苑。

"婉婷，你在这里等一下，我谈完事就下来。"

说完，章开鹏快速进了小区，熟门熟路地绕到 15 幢 2 单元，乘电梯上了 6 楼，通过指纹验证进了门。

顾冉冉正蜷缩在沙发上，追着肥皂剧。

见章开鹏进门，顾冉冉从沙发上蹦了起来，挂在他的脖子上。

"坐下，我有话问你。"章开鹏毫无心情，一把将她推开，"你工作的事情，到底是怎么回事？"

"不就是沾你的光找了一份工作吗，用得着对我吹胡子瞪眼吗？"

"什么，沾我的光？你今天必须把话说清楚！"

交往这么久以来，顾冉冉从未见过章开鹏发这么大的火。她嘬了嘬嘴，道出了实情。

五天前，顾冉冉和一位在市电视台做主持人的闺密一道参加一个饭局。在饭局上，她认识了聂远方和宋子强。得知聂宋二人的身份后，顾冉冉向他们暗示了自己和章开鹏的关系。此外，还提到自己正处于无业的状态。听罢，宋子强跟聂远方耳语了几句，随后说："顾小姐，聂总的公司正缺个办公室主任，如果你不觉得屈才的话，就来试试，权当体验体验生活。"

顾冉冉原以为这只是聂宋二人酒后的玩笑话，并没有放在心上。谁知，第二天上午，聂远方亲自给她打了个电话，让她有空就来上班。

"办公室主任，那可是万通世纪的大管家。据我所知，前几年，有几个博士来应聘，都被挡在门外了。你一个普通的本科生，何德何能，能担此要职？"章开鹏简直不敢相信自己的耳朵，"你有没有想过聂远方为什么会请你去那里上班？"

"这还不简单吗？他们买你的面子呗。我听说了，这家什么万通世纪，是达利旗下的子公司。"顾冉冉玩着手机，像什么事情都没发生一样。

她越是如此，章开鹏越是来气。

"你……你怎么会变成这样！"章开鹏恼羞成怒，将手机拍在了茶几上，"从一开始我就跟你说过，我们之间的关系只能在地下发展。你现在倒好，居然告诉了我身边的人，还嚷嚷着要进万通世纪上班。往后，你让我怎么去面对聂远方和宋子强！"

"你左一句右一句地说，好像我们的关系有多见不得人一样，不就因为我是小三吗？"顾冉冉也不甘示弱，叫道。

章开鹏意识到自己有些失态，缓和着情绪："冉冉，你能不能替我想一想？"

"那你能不能也替我考虑考虑？"

"好啦，好啦。"章开鹏边说，边坐到顾冉冉的身旁，"你去万通世纪上班可以，不过，得答应我一个条件。"

"什么条件？"顾冉冉察觉到事情有转机，语气也变得柔和了许多，"你有高血压，动怒对身体不好。真要有个三长两短，我会心疼的。"

"不能张扬，也不能因为我们之间的关系，向聂远方要这个要那个，安安分分、踏踏实实地工作。"

了解情况后，章开鹏就琢磨是否能阻止顾冉冉去万通世纪上班，思来想去，觉得把握不大。

其一，这么好的工作摆在面前，顾冉冉不可能主动放弃。你硬要拦着她，只会激化彼此间的矛盾。矛盾深了，就容易演变成仇恨。一旦激起女人的仇恨，那是你日后用多少爱都挽回不了的。这话，不是章开鹏说的，是欧阳卫红曾经对他说过的。兔子急了都会咬人，何况是顾冉冉呢？

其二，跟聂远方打个招呼，断了顾冉冉的念头。但问题在于，这不等于不打自招，承认自己和顾冉冉之间的关系吗？有些事尽管是公开的秘密，还是不要捅破的好。最好的办法，就是先让顾冉冉在万通世纪待上一段时间，等自己有空了，再帮她物色一份好差事。

"我听你的，什么都听你的还不成吗？"说话间，顾冉冉又娇嗔地揽住他的脖子，"今晚不要走了好不好？"

"婉婷还在楼下等着呢，马上就要'双十一'了，公司上上下下的人都处于备战状态。我这个做董事长的，更要做个表率。"

南州的夜色，很黑，很沉。

因长期劳累，许婉婷竟趴在方向盘上睡着了。章开鹏重重地敲了几下玻璃，才把她惊醒。

"婉婷，咱们回去吧，回去后你也赶紧休息。"看着许婉婷憔悴的神情，章开鹏的心中，说不上来是什么滋味。

许婉婷边用手抚摸着脸，边问："章董，都处理好了？"

问完，又觉得自己过于多嘴，管得太多。

章开鹏倒也不在意，将事情的前因后果简明扼要地说了一遍。

"又是宋子强的提议，又是聂远方的万通世纪。章董，我总觉得怪怪的。聂远方这个人，到底在出什么牌？"

"不管如何，老聂都是自己人。"

说到自己人时，章开鹏迟疑了一下。聂远方是"四大金刚"中角色最为模糊的一个人，既是局内人，也是局外人。至于到底是不是自己人，就连章开鹏自己都吃不准。

商场沉浮，这些年身边值得信任的人越来越少，"背叛"自己的人越来越多。一个人独处时，章开鹏经常会想，其实自己对别人，也未必是百分之百地信任。根源何在，左思右想，还是印证了一句极为世俗的话，利益才是感情的排头兵。

11月10日晚上，"双十一"大战即将打响，达利总部灯火通明，严阵以待，章开鹏亲临现场督战。出乎他意料的是，黄卓群也来了。

他们是在网购运营中心的门口撞见的，章开鹏正欲出门，黄卓群正想进来。

两个人都出于本能地往后退了退，好在身后热火朝天的激情，掩盖住了他们之间的尴尬。

时间在这一刻，仿佛停滞了。这是上一次的董事会之后，时隔两个多月，章开鹏和黄卓群的再次见面。

良久，章开鹏才开口道："黄总，你这么忙，没想到也会来。"

"章董，你这个做董事长的都亲临现场，我岂能不来？我可不想让人在背后戳我的脊梁骨。况且，'双十一'所带来的趋势，会影响到我们投资方心中的天平，我自然要来把把关了。"黄卓群趾高气扬地笑了笑，话里有话，"不过章董，最近一段时间，你好像比我更忙，大半个中国都被你跑遍了。"

"黄总，你不是也没闲着吗？"章开鹏反唇相讥道，"前几天，我在北京和欧阳卫红见了面，她可是提到了你。"

"是吗？难得欧阳女士还把我挂在嘴边，诚惶诚恐啊！"

黄卓群嘴上虽笑着，心里却犯起了嘀咕。章开鹏去北京，包括见郑荣恒和欧阳卫红，他都一清二楚。只是没想到，欧阳卫红会道出她和自己会面一事。随后一想，又觉得自己多虑了。凭欧阳卫红的老到，即便是说，也应该是有所保留。什么该说，什么不该说，她心里自然比谁都清楚。

做最坏的打算，就算章开鹏完全知情，那又如何？欧阳卫红是个精明的生意人，演技高超。章开鹏想出钱买她手上的股份，富可亚洲也可以。并且，富可亚洲完全有实力把价格出得更高。

有些竞争，到了明处，反而更好办了。

"黄总，你不会是想收购欧阳女士手上的股份，稳定富可亚洲第一大股东的地位吧？"章开鹏单刀直入地问。

"章董，是又怎么样，不是又怎么样？"黄卓群反问道，"难道你去见欧阳女士，不是这个目的？难不成，是单纯的叙旧？真要是叙旧，你们好像也没什么好叙的吧？当初，欧阳女士可是在背后连续捅了你好几刀。不对，我差点忘了，你们还有大学同学这层关系，应该叙旧，值得叙旧。"

黄卓群越是添火，章开鹏却越是不急。

"黄总，你就这么有把握拿下欧阳女士？"

"章董，我黄某人做任何事，都是志在必得。更何况，我没把握，莫非你就有把握？欧阳女士的为人，你应该比我更清楚，金钱和利益，才是她生活的核心。其他的，连个屁都不是。"紧接着，黄卓群又嘲讽道，"章董，你觉得在金钱方面，你有实力和富可亚洲比拼吗？"

"黄总，你说得没错，金钱和利益才是关键。对欧阳女士来说，达利这个局，最大的利益是股价。股价的背后，是谁能控局。谁能控局，欧阳女士就会支持谁。你觉得呢？"

"章董，富可亚洲是达利的第一大股东，以及陈茂林被踢出董事会，这是不争的事实，你认为谁能笑到最后呢？"

"黄总，那咱们就走着瞧！"章开鹏往前迈了一步，又回头道，"对了，黄总，在北京时，欧阳女士还跟我说了不少和你有关的事情。"

说完，章开鹏出了门，留给黄卓群无限的遐想。

上下齐心，经过36个小时的厮杀和鏖战，达利的"双十一"促销活动，销售额达到了1.1亿元。

既可喜又可悲！

可喜的是，结果略高于预期。可悲的是，达利失去了头把交椅的宝座，取而代之的是省城的另一家家居企业，美星隆集团。

在省内的家居行业，达利可谓一家独大，而美星隆一直扮演着"千年老二"的角色，无论规模还是实力，和达利相比，都差着好几个档次。因此，此前章开鹏压根就没把美星隆放在眼里。他所着眼的，是全国，乃至全球市场。

美星隆去年"双十一"的销售额，区区 3000 万元，只有达利的三分之一左右。整年下来的量，更是被达利甩出好几条街。

不鸣则已，一鸣惊人。

一年，就一年的时间，美星隆"双十一"的销售额，竟从 3000 万元飙升到 1.2 亿元。

整整四倍，这不能不说是一个奇迹。

众所周知，家居行业和房地产是息息相关的。近两年，房地产市场的不景气直接导致了家居行业的萎靡不振。不少中小家居企业正面临着资金链断裂，濒临破产。而美星隆的销售额居然不降反升，异军突起。

章开鹏对美星隆，从未有过过多的关注，只知道美星隆这几年在搞什么智能家居项目。

轻视你潜在的竞争对手，势必是要付出代价的。

当天晚上，章开鹏就给省城投资圈的一位朋友打了个电话，摸了一下美星隆的底。结果更是出乎他的意料，原来，早在两年前，美星隆就引进了外部投资。当听到投资人的名字时，他更是吓了一跳，大股东竟是宋庆生的独女宋敏洁，持股近 70%。

难怪，有了华丰集团在背后撑腰，美星隆的步子完全可以往大了迈。

前所未有的危机感，涌上章开鹏的心头。

◎第十六章◎

控制权

"黄总，我同意这个观点。"吴勇宏娴熟地掰下蟹脚，"说穿了，要想在一个环境中活得有滋有味，如鱼得水，关键还是要看话语权。再进一步，决定话语权的是控制权。"

"没错，有了控制权就有了一切。"

顾冉冉上班的第一天，聂远方就把她带到了达利的总部。

来的路上，他给章开鹏打了个电话，说是向他汇报汇报工作上的事情。章开鹏倒也没多想，只说了句，我在办公室等你，见面聊。

到了总部大楼，章开鹏却不在办公室。聂远方刚想掏手机，就看见走廊上的许婉婷，她脚步匆忙，正埋头看着文件。

"婉婷。"

许婉婷循着声音看去，惊住了，半晌都说不出话来。

聂远方是子公司的负责人，来趟总部，很正常。但带着顾冉冉来，就不正常了。

这个聂远方，又不是不清楚顾冉冉和章董的那档子事情，怎么就这么不知轻重呢？

"聂总，你们怎么来啦？"冷静下来，许婉婷一语双关道。

"我来跟章董谈点事情，对了，章董人呢？"

"应该在宋子强的办公室。"

聂远方"哦"了一声，表情淡定，丝毫不惊讶。随后，他又说："婉婷，忘了给你介绍了，万通世纪新招的办公室主任，顾冉冉。冉冉，这位是我们达利集团的副总裁，许婉婷许总。"

场面颇为尴尬，按理说，许婉婷和顾冉冉早就相识。但当着聂远方的面，该不该捅破这层窗户纸，谁也拿不定主意。僵持了一会儿，两个人相视一笑，算是打过了招呼。

"聂总，要不我给章董打个电话，告诉他你来了？"

"不用了婉婷，你忙你的，我去宋子强的办公室找他就行。"聂远方刚走出几步，又回头道，"婉婷，总部'双十一'打的这一仗，真是太漂亮了。遗憾的是，我当时正在省城出差，看不到这激动人心的一幕。"

漂亮，真的漂亮吗？至少章开鹏不是这么认为的。

"聂总，美星隆打的这一仗比我们更漂亮。明年吧，明年我们绝不能再输给美星隆了。"

"婉婷，明年太远了，谁也说不准。"

聂远方留下这句意味深长的话，便扬长而去。

宋子强的办公室，位于12楼走廊的角落，是一个小隔间。

"章董，我所知道的，就是这些。如果你还想了解其他情况的话，我再找人帮你问问。你可千万别觉得麻烦，只要你下命令，我宋子强上刀山下火海都愿意。"

章开鹏微微点了点头："子强，暂时还不需要。等我想到了，再找你。"

据宋子强所说，宋敏洁，34岁，七年前从哈佛学成归来，进入华丰集团。在基层锻炼了三年，便被宋庆生安排在了集团副总裁的位置上。两年前，宋敏洁在华丰旗下组建了一家名为永华的投资公司，由她全权负责。

美星隆，正是永华投资的第一个项目。

"章董，我这个堂妹，可不是个简单的女人。"

的确，女人不简单起来，比男人更可怕。吕雉、武则天、慈禧……历史上的例子，不胜枚举。

"子强，当初老聂把你推荐给我时，曾说过原因，说是你伯父不希望把你留在华丰。不过，既然你堂妹那里有这么好的平台，你完全可以去她那边锻炼锻炼，何必来达利看这么多人的眼色呢？"

"章董，得了吧。你是不知道，我这个堂妹，喝过几年洋墨水，就自认为多了不起，跟有多牛 × 似的。说话的时候，还时不时地蹦出几句英语，我可受不了她那一套。"宋子强越说越来劲，"况且，她哪能跟你比呀！章董，坦率地说，我这个人没多大的本事，但也极少崇拜人，你和我伯父是其中的两个。也就是说，你和我伯父是属于同一层次的高手。她一个黄毛小丫头，跟你们差远了。所以，跟着你才能学到真本事。"

宋子强的话，虽带着奉承，听着却格外顺耳。章开鹏曾听过一个词，捧杀，吹捧也是一种谋杀。但在他眼里，宋子强的吹捧是善意的。

"子强，你们毕竟是堂兄妹，你迟早也是要回到你伯父身边去的，该处理的关系还是要处理好。处理好了，对你而言，只有好处，没有坏处。将来，也许也有我求你帮忙的那一天。"

"章董，看你说的，什么求不求的。将来我真要是有什么出息，只要你下命令，不管什么事，我都照办。"

"子强，过了过了，犯法的事你也干？咱们啊……"

章开鹏正欲往下说，手机震动了两下，一看，是许婉婷发来的短信：章董，聂远方带着顾冉冉来公司了，现在他们二人正在去宋子强办公室找你的路上，估计很快就会到。

章开鹏尚未回过神，聂远方和顾冉冉就已经一前一后进了门。

碍于场面，他不好发作。于是，他只好干瞪了顾冉冉一眼，像是在说，你怎么来了，不是让你安安分分地在万通世纪待着吗？

"这不是顾主任吗？怎么样，在万通世纪还习惯吧？"宋子强上前嘘寒问暖，就跟他和顾冉冉很熟似的。

在达利内部，宋子强是出了名的话痨、万能胶。不管是集团的高层，还是普通员工，只要见上一面，聊上几句，他就能与对方混熟，人缘好得很。

用章开鹏的话来说，宋子强就是一只十足的蟋蟀，瘦小、机灵，上蹿下跳。

"章董，这是万通世纪新招聘的办公室主任，顾冉冉。因为……"

"老聂，这种小事就没必要跟我细说了。"章开鹏制止了他，又说，"你不是找我有事吗？去我办公室谈吧。"

"章董，跑来跑去也麻烦，就在这里吧，子强也不是外人。"

以往，"四大金刚"中的某一位单独向章开鹏汇报工作的情况极少，除非是特殊情况。一般而言，章开鹏会不定期地和他们见个面，吃个饭，聊聊公司的近况。

如果没有记错的话，聂远方还是头一次这么干。

虽说万通世纪是达利的子公司，但一向是自负盈亏，独立核算。章开鹏基本上不过问聂远方的决策，就更别提插手了。论独当一面的能力，聂远方在"四大金刚"中绝对排第一，超过许婉婷。

"章董，今年年初到现在，万通世纪的日子不好过啊！临近年关，会更难过。"聂远方刚坐下，便唉声叹气。

万通世纪的主营业务是民间金融。追根溯源，被达利收购之前，聂远方所从事的，是一个游走于黑白之间的行业——地下钱庄。几年前，南州市政府对这个行业动了次大手术，谓之金融改革。此后，地下钱庄彻底退出历史舞台。取而代之的，是小额贷款公司。

民间金融，可是块香饽饽。

经运作，章开鹏先是收购了万通世纪。紧接着，又借着金融改革的东风，动用他在南州的资源，帮万通世纪争取到了小额贷款公司的牌照。

有了合法的外衣，万通世纪的业务蒸蒸日上。但也有隐患，这个隐患，是一开始就埋下的。小贷公司有别于银行，面临着"只贷不存"的缺陷。换而言之，小贷公司充其量只能算半个金融机构，不伦不类。

只贷不存，就意味着需要储备大量的现金流，并且，是个无底洞。

"老聂，年关到了，随着银行银根的紧缩，大家的日子都不好过。就连集团总部的现金流，也并不充裕。"

"章董，只贷不存带来的将是恶性循环。再这么下去，我怕万通世纪会很难撑下去。我也是束手无策了，才来找你的。"

"老聂，既然来了，相信你也是有备而来，说说你的想法。"

"章董，小贷公司虽不能吸收存款，但增资扩股……"

章开鹏打断道："老聂，你这是在打增资扩股的主意。"

"章董，这也是没有办法的办法。"

"老聂，办法总比问题多。咱们一家人不说两家话，作为万通世纪的母公司，达利是不会袖手旁观见死不救的。"

一朝被蛇咬，十年怕井绳。

增资扩股，就等于稀释达利在万通世纪的股份。股份稀释，就有控制权旁落的风险。在这方面，章开鹏已经吃过不少亏，绝不能再重蹈覆辙，这是大前提，也是底线。至于用什么办法去解决，先拖着。聂远方的话，未免有夸张的成分在里边。据自己了解到的情况，万通世纪的现金流还算充裕。说捉襟见肘，为时过早了些。

更何况，事有轻重缓急。

眼下，达利的重中之重，是和投资方较量，和经销商周旋。另外，还不能忽视了幕后存在的那股力量。

当然，聂远方心中的担忧，章开鹏也很清楚。他是怕达利为顾全大局，舍弃万通世纪这个包袱。万通世纪是达利在金融业的一扇窗户，不到万不得已，绝不会关上。

"章董，可再拖下去，我怕……我怕把万通世纪的资金链拖垮了。"聂远方有些急了，"养好了，万通世纪将来可是只会下蛋的鸡。而且，下的还是金蛋。"

"老聂，我明白。不过，我也希望你能够明白达利目前的处境，要先做什么，后做什么。归根到底，我们是一条船上的人，一荣俱荣，一损俱损。"

"聂叔，单就章董的大局观，也值得我们唯章董马首是瞻。"宋子强插话道。

聂远方思索片刻，暗自叹了口气："章董，接下来的每一步棋，我都会竭力配合你。"

"老聂，董事会近在咫尺，这是非常重要的一步棋。"章开鹏顿了顿，"下得好不好，将影响到整个局势的走向。上次的董事会，老陈被踢出董事会，我们已经很被动了。这一次，绝不能再落入下风，必须要给出强硬的反击。"

宋子强又说："章董，有经销商的支持，我们根本就没什么好怕的。"

章开鹏笑着摇了摇头。

"子强，经销商的支持是一把双刃剑。"聂远方接过话茬，"用好了，经销商就是我们手中的剑。用不好，他们手中的剑，就会对准我们。"

"四大金刚"中，聂远方是城府最深，也是道行最高的。和其他三人不同，他和章开鹏之间，更多的是利益，而非感情。这一点，彼此心照不宣。

从始至终，顾冉冉活像个花瓶，干站着，面带微笑。章开鹏出门前，看了她一眼，也不说话。

章开鹏刚进电梯，手机就响了，是吴勇宏的来电。愣了一下，他才接起。吴勇宏告诉他，大概在十分钟前，黄卓群给他打了个电话，说是手头上的事情已经忙完了，随时可以召开董事会。不过，黄卓群提出，在董事会召开之前，三个人先碰个头，谈一谈。

"吴总，我这个人一向很民主，既然黄总有这方面的要求，那就照他的意思办。"章开鹏边琢磨，边问，"时间？地点？"

"明晚七点，滨江路上的渔港小镇，8201包厢。"

"好，没问题。"

接完电话，电梯也到了。

黄卓群为何会提议在召开董事会之前，来个三巨头间的碰头会？这在富可亚洲入主达利后，还是第一次。他到底想出什么牌？出牌的套路又是什么？章开鹏在心中画了一个个问号。进了办公室，思忖良久，也没想出个所以然来。

想着，他的脑海里又浮现出几天前和黄卓群在网购运营中心碰面的场景……

不管如何，正式会一会黄卓群，未尝不是好事。关于双方的矛盾和分歧，谈得拢，再好不过；谈不拢，也算是有个缓冲。上了董事会，再对症下药。

下班前，章开鹏收到顾冉冉发来的一条短信："亲爱的，我今天的表现怎么样？"章开鹏想了想，回复道："还行，但以后能不来总部就不要来。"

说实在的，顾冉冉上午能保持沉默，已经是最好的表现了。就怕她瞎说话，乱插嘴，坏了规矩。毕竟在达利内部，她只是一个小小的子公司办公室主任，连中层都算不上。不过，自己和顾冉冉的关系，聂远方和宋子强已经知情。顾及顾冉冉的这层身份，哪怕她失言，他们二人也不会追究。单就这一点，顾冉冉还是有分寸的。但为避免她翘尾巴，惹出乱子，于公于私，都不能给她戴高帽。

既然聂远方知道自己和顾冉冉的地下关系，为何又把她带来，这不明摆着制造尴尬吗？

章开鹏尚未想透，顾冉冉又发来短信："我只是个小小的办公室主任，一切行动听从聂总的安排。对了，今天晚上来我这里吧，我想你。"

换作以前，听到顾冉冉说我想你，章开鹏必定会怦然心动，血脉贲张。此刻，他却全无心情。其一，顾冉冉越发地有恃无恐，促使他不得不提防，疏远彼此间的距离；其二，老婆和女儿圣诞节就要回来了，这才是他生活的真正重心。

于是，章开鹏简单地回了几个字："今晚有事，改天吧。"

没想到，顾冉冉的电话又追了过来。

"你今晚到底有什么事？我们都好些日子没见面了。"

章开鹏冷冷地回应道："公事。"

"公事，大晚上的能有什么公事？难道比见我还重要吗？"

"冉冉，从一开始我们就有过约法三章，但凡是我工作上的事情，你都不能过问。"章开鹏的声音虽轻，却透着不容置疑的坚定。

另外，他确实是有事，打算去许婉婷的四号楼坐坐。一来，许婉婷最近身体状况欠佳，以表慰问；二来，诸事不顺，心里总觉得空落落的，想找个人说说话，许婉婷是最好的选择。

许婉婷注定成不了他生活上的伴侣，但能扮演工作上"伴侣"的角色，章开鹏也就知足了。许多时候，你妄想着鱼和熊掌兼得，到头来，只会什么都得不到。

生活如此，生意也是如此。

次日，章开鹏忙完手头上的事情，差不多已经是晚上六点。奥迪 A8 出了达利总部的门，便直奔滨江路。

滨江路一带，是南州城最繁华的街区。奥迪 A8 刚到滨江路路口，就汇入茫茫车流，艰难地往前挪动着。从滨江路的最东边到最西边，不到 2000 米，却足足走了大半个小时。

快到渔港小镇时，章开鹏给吴勇宏打了个电话，通知他自己快到了。吴勇宏笑着说："章董，我和黄总已经恭候多时，就等你了。"听罢，章开鹏看了下时间，六点三刻。也不急，他稳稳地停好车，随后，点上一支烟。

吴勇宏和黄卓群先到，而且，极有可能是一起来的。这就说明，他们两个人的关系越来越近了。吴勇宏和黄卓群的关系近了，和自己的关系也就远了。既然如此，也就有必要摆一摆姿态，让他们明白，自己才是达利的一号人物。

连续两支烟过后，章开鹏掐准时间进了门。

黄卓群和吴勇宏正攀谈着，见他进门，便打住了。

"章董，我正和吴总说着，怕你不来，那我们两个可就没劲了。"黄卓群掐灭烟，也不起身，冷笑道。

"黄总，既然我答应了吴总，就一定会来。"章开鹏笑了笑，在吴勇宏的身边坐下，"况且黄总，咱们相处了这么多年，你应该清楚，我章开鹏一向是重信用之人，绝不会出尔反尔。"

黄卓群续上烟："章董，生意场上谈信用，难哦。你信任别人，别人未必信任你。举个简单的例子，一直以来，你都在和经销商谈信用。可是，他们真的和你讲信用吗？我看也未必吧。再举个例子，麦德逊和达利签订了共享渠道的协议，可到头来，经销商还不是排斥麦德逊？信用是死的，人才是活的。归根到底，所谓的信任是建立在利益之上的。信任是变化的，只有利益才是不变的。只有二者兼顾，才能既做婊子又立贞节牌坊。"

黄卓群的话，从表面上看，是在大谈厚黑学，实际上，是在暗讽章开鹏被最为亲密的战友经销商摆了一道。

"黄总说得是，说得是。做婊子又立贞节牌坊。"

章开鹏咀嚼出话里话外的意思，淡淡一笑，也不在意，顺带着又讽刺了黄卓群一番。眼下，黄卓群的诸多行径，不正是既想做婊子又想立贞节牌坊吗？意欲夺权，十足的婊子行为；以董事会和股东大会的名义夺权，就是在立贞节牌坊。

"章董，黄总，咱们边吃边聊，边吃边聊。"吴勇宏闻到火药味，打起了圆场，"我来南州差不多也有半年的时间了，这渔港小镇的海鲜火锅还是百吃不厌，味道一级棒。"

"吴总，你就不怕水土不服？"黄卓群话里有话地问。

"黄总，一个好的职业经理人要学会在各种环境下生存；否则，只会被环境所淘汰。再说了，我们麦德逊是一家跨国企业，今天我在中国，明天就指不定被派到非洲了。融入环境，是我的生存之本。"

"在理！"黄卓群喝了口清酒，又道，"前段时间，我在上海见了一个从华尔街来的朋友，关于环境，他说过一句颇具深意的话：如果你不喜欢周围的环境，你可以直接离开。当你离开的时候，别让门砸到你的屁股。章董，吴总，这句话值得我们细细地去品味。"

"黄总，我同意这个观点。"吴勇宏娴熟地掰下蟹脚，"说穿了，要想在一个环境中活得有滋有味，如鱼得水，关键还是要看话语权。再进一步，决定话语权的是控制权。"

"没错，有了控制权就有了一切。"

黄卓群和吴勇宏一唱一和，话题转到了控制权。章开鹏也渐渐明白了这场鸿门宴的用意，暗想，必须要给予强烈的反击。不过，这种反击又不能赤裸裸，最好是暗示。

在吴勇宏表明立场前，彼此最好不要撕破脸皮。吴勇宏终归是一个生意人，也许他现在从黄卓群身上看到了利益，但这并不代表这种利益会一直存在。今天他和黄卓群结盟，明天就也有可能加入自己的阵营。吴勇宏是个聪明人，不会选择在一棵树上吊死。

因此，即便是反击，也应该是针对黄卓群个人的。

◎第十七章◎

逼宫

"章董，马云是说过一句话，哪怕他手上只有阿里巴巴 1% 的股份，照样可以控制整个阿里巴巴。但马云只有一个，是特例……更何况，马云为了控局，也是经过一番较量的。只不过，马云赢得了这场战争而已。"

"黄总，我不仅被门砸过屁股，现在屁股还被门夹着呢。"章开鹏揶揄道，"七年前，因经营理念不同，我和两个合伙人一拍两散。一气之下，我铤而走险，选择了离开，这就是被门砸了屁股。之后发生的事情喜忧参半。喜的是，在经销商的支持下，我重新掌控了达利。忧的是，为了解决现金流危机，达利打开了门，让'门口的野蛮人'进入，我手中的股份一步步被稀释。我这屁股，至今还被门夹着。当然，企业引进风投是大势所趋。我也坚信，达利是我一手养大的孩子。再怎么样，也不会不认我这个亲爹。"

章开鹏的话，包含着三层意思。第一层，对于引进风投，多少有些后悔。第二层，表明态度，不管怎么玩，达利依然在自己的掌控之中。第三层，虽对风投有微词，但也没有把话说死；否则，一个炮弹可就同时打中两个人了。

黄卓群暗笑，这章开鹏玩起以柔克刚和绵里藏针来，还真有两下子。不过，光耍嘴皮子，逞一时之快，根本就不足为惧。富可亚洲是达利的第一大股东，再加上麦德逊这个第三大股东，谁掌握控制权，一目了然。至于那帮经销商，正和章开鹏闹不和，未必会像七年前那么忠诚。

既然如此，那我今天就和你好好地谈谈控制权。

"章董，你这么说，我和吴总可就成了一丘之貉了！"黄卓群也不甘示弱，同时，又把自己和吴勇宏绑在了一起，"不过，话又说回来，做生意本就是你情我愿，各取所需之事。达利需要风投，风投也需要达利。但还有一个问题，达利离开了风投，日子就难过了。而风投没了达利，依然可以投资其他的项目。"

章开鹏直截了当道："黄总，照你的意思，如果控股权掌握在 VC 或者

PE 手上，他们就该凌驾于企业之上？我看未必吧，众所周知，马云只是阿里巴巴的小股东，却依然能够牢牢掌控整个阿里巴巴集团。"

"章董，马云是说过一句话，哪怕他手上只有阿里巴巴 1% 的股份，照样可以控制整个阿里巴巴。但马云只有一个，是特例，不代表行业现状。章董，你该不会是拿自己和马云比吧？达利虽是上市公司，但在阿里巴巴面前，根本就不值一提。双方不是一个重量级的，也就没有可比性。"黄卓群叼着雪茄，又说，"更何况，马云为了控局，私下也是经过一番较量的。只不过，马云赢得了这场战争而已。"

"黄总，怎么样叫赢，怎么样又叫输呢？"章开鹏追问道。

"章董，那咱们就拿达利来做个例子吧。"黄卓群反问道，"依你看，达利如今的局势，是哪一方赢了，哪一方输了呢？"

"黄总，彼此双赢才是最好的局面。倘若非要分出个胜负，不是你说了算，也不是我说了算。这里面，经销商和其他股东的态度都很重要。"

"章董，你这是在拿经销商压我吗？"黄卓群把话挑明了，"经销商也好，其他股东也罢，其实，他们都是一类人，逐利的生意人。对他们而言，谁执掌达利并不重要，重要的是谁能够给他们带来更多的回报。从今年的数据来看，股东们难免会对现在的领导班子失去信心和耐心，尤其是在经销渠道方面，我们正一步一步被美星隆蚕食，无论是线上还是线下。"

"黄总，这就是你对老陈动刀子的理由吗？"

"章董，我要澄清一下事实。"说着，黄卓群搁下筷子，"第一，不是我对陈总动刀子，而是董事会的决定。第二，这些年下来，陈总在处理和经销商的关系方面，的确存在着很大的失误。我相信，董事会做出这样的决定，是正确的。吴总，你说是吧？"

章开鹏到之前，黄卓群和吴勇宏商议了对付他的策略，两个人轮流上阵，和章开鹏过招。哪承想，吴勇宏竟玩起了装傻充愣，只顾着埋头吃海鲜。如此一来，就成了自己和章开鹏单独 PK 的局面。

"是是是，企业的高管，特别是元老，适当的时候挪挪位置，对企业来说，只有好处，没有坏处。"吴勇宏继续打着马虎眼。

黄卓群有自己的如意算盘，吴勇宏也有。吴勇宏心里的如意算盘有个大前提，那就是不能被黄卓群当枪使。

诚然，将"章派"的人逐出达利，麦德逊就能玩转经销渠道。至于袁德奎之流，章开鹏给的好处，自己照样能给，甚至更大，摆平不是难事。但问题在于，章开鹏赢了怎么办？章开鹏赢了，黄卓群肯定会出卖自己。届时，章开鹏势必会大开杀戒，孤立麦德逊。麦德逊被孤立，自己就没法向法国总部交代。交代不了，位置就肯定不保。

最好的处理方式，就是表面上保持和黄卓群一个鼻孔出气，背地里和章开鹏玩暧昧。

其实，往深处想，"章派"赢"黄派"输，对麦德逊更有利。以黄卓群的个性，一旦输了，富可亚洲就极有可能撤资。富可亚洲一撤资，麦德逊就从第三大股东变为第二大股东，章开鹏不可能傻到既驱逐富可亚洲，又赶走麦德逊。真要是如此，达利将元气大伤。只要和章开鹏维护好关系，共享渠道一事，完全有商量的余地。

渠道，才是麦德逊真正想要的。

甚至，还可以借机游说法国人，趁着达利内部动荡，增持股份，坐上第一大股东的宝座。

黄卓群有意敲打着桌子，提醒吴勇宏别光顾着打马虎眼，要拿出点手段对付章开鹏。吴勇宏故装不知，继续埋头吃着火锅。

"黄总，老陈出局后，董事会的创始元老可就只剩下我和婉婷两个人了。接下来，你不会是打算对我们两个也动刀子吧？"章开鹏冷冷地问。

关于黄卓群招揽许婉婷一事，章开鹏从北京回来的当天，许婉婷就如实交代了。黄卓群此举，并非真正笼络许婉婷。如果说，在达利章开鹏有百分之百信任之人，许婉婷是一个，也是唯一的一个，黄卓群的用意，是想造成"四大金刚"内部混乱，让他们互相猜疑。

人心，是最难揣测的，尤其是生意人的心思。以至于大多数的企业掌门人本末倒置，一味地琢磨人，而非琢磨事。

别的不说，近两天，公司内部，从高层到基层都在传，许婉婷脱离"四大金刚"，加入"黄派"阵营。

"章董，真要是动刀子，我今天也就不会把你约过来谈了，直接董事会上见不就完了吗？"

"黄总，那咱们就不要绕圈子了，太累，也太费时间，开门见山吧。"

"章董果然爽快，那我就直说了。"半支雪茄的工夫，黄卓群亮出了手中的牌，"章董，既然创始团队不能很好地管理达利，那就让我们这些'野蛮人'试试看。"

听罢，章开鹏大为诧异，脸色极为不好看。看来，黄卓群是想来个赶尽杀绝，将自己这个创始人也踢出局，占领整个达利。这胃口，未免也太大了吧！

七年前，"三剑客"内讧时，章开鹏选择了主动离开。在外人看来，是冯刚和李建辉逼迫他下台。其实，这是一招以退为进。那个时候，他坚信，没有了他，没有了他一手构建的渠道，冯刚和李建辉根本就玩不转达利。结果，他赢了。现在，内讧的双方，变成了他和投资方，故技重施，未必能奏效。一来，黄卓群的话，虽刻薄，充斥着阴谋论的味道，但也不无道理。的确，近两年，达利的各项数据，都出现放缓，甚至倒退的状况。追根溯源，这是受市场大气候的影响。经济不景气，尤其是房市泡沫，对传统的制造业造成了极大的冲击。别说是持续增长，能活下去就算是不错了。可对创始 VC 和大部分股东而言，他们痴迷于数据分析，只会把经营不善的帽子，戴在创始团队的头上，章开鹏首当其冲。章开鹏深知，哪怕是你说破嘴，也难辞其咎。二来，经销商不再是七年前的经销商。七年前，他们选择把赌注押在章开鹏身上，有感情的成分，但更多的是因为利益。袁德奎等人明白，只有跟着章开鹏，才能把蛋糕越做越大。如今的局势很微妙，"章派"和"黄派"，谁能笑到最后，别说是经销商，就连章开鹏和黄卓群，也没有十足的把握。于是乎，经销商就有两种选择。第一种，坐山观虎斗，伺机而动，等到形势明朗，再选择和哪一方合作。第二种，趁势搅局，为经销商赢得更多的话语权。

第一种并不可怕，可怕的是第二种。而且，有袁德奎这个"带头大哥"在，第二种的可能性要远大于第一种。

"黄总，如果我不同意呢？"章开鹏语气沉闷地反问道。

"章董，我想我有必要声明一点，我之所以有这样的提议，不是针对某个人，而是出于对公司利益和大局的考虑。如果你同意，最好不过。倘若不同意，那就上董事会解决。董事会解决不了，那就再上股东大会。我相信，大部分股东都会支持我，这个世界上，没有人嫌钱太多。"

虽不情愿，但吴勇宏还是象征性地插话道："章董，我个人觉得，黄总的建议，也不失为一条路子。最近一个多月，达利的股价忽上忽下，够悬的。与其让其他股东联手起来弹劾我们，还不如主动求变。和气生财，和气生财嘛。"

"黄总，吴总，看来目前创始团队和投资方的矛盾，已经不是单靠董事会就能解决的了。看来，只能搬到股东大会上去解决了。"

"章董，别怪我没提醒你，届时上了股东大会，落个颜面扫地，可就不好收场了。"

"黄总，我还是那句话，咱们骑驴看唱本——走着瞧吧。"说罢，章开鹏站起身，"两位慢用，我先告辞了。"

出了门，寒意阵阵，章开鹏不自觉地打了个冷战。与之前的车水马龙不同，此时的滨江路鲜有人烟。

最能代表一座城市经济活力的，是其购买力和消费水平。夜生活，是重要的衡量指标之一。

曾几何时，南州城的夜生活极为绚丽，在全国都排得上号。如今，一到晚上，仿佛成了一座"死城"。

究其原因，是三年前的那次金融风暴。

三年前，南州市的经济遭遇了一场大危机，民间借贷崩盘，导致一大批中小企业倒下。一时间，风声鹤唳，实体经济萎靡不振，第三产业深受其害。单是滨江路上，就有超过一半的餐厅、酒吧和夜总会，因顾客锐减，不得不关门大吉。

民间借贷崩盘、企业倒闭潮、银行收紧银根、老板跑路……如同倒下的多米诺骨牌，三年下来，对南州城而言，每一天都是寒冬。

想着，章开鹏身上寒意倍增，直钻进每一个毛孔。所幸，达利的现金流还算充裕，熬过寒冬，问题不大。但内部的明争暗斗，是更大的隐患。

人心不足蛇吞象！

再这么闹下去，股价继续往下跌是必然的。更可怕的是，竞争对手虎视眈眈，个个盼着达利栽跟头。其中，实力最为强劲的是美星隆。单一个美星隆，不足为惧。但美星隆的背后，站着永华投资。永华投资的掌门人，是宋庆生的独女——宋敏洁。

论实力，达利要胜于美星隆。不过，和宋庆生执掌的华丰集团相比，却是一个地下一个天上。如果美星隆联合同行业巨头，或者外部资本，围剿达利，天平势必会向美星隆倾斜。

前有神秘的华商投资，现在又冒出个永华投资。华商投资趁机在二级市场吃进达利的股份，永华投资是劲敌美星隆的幕后推手。

一个又一个风投机构纷至沓来，随时准备咬上达利一口，防不胜防啊！

回去的途中，章开鹏接到许婉婷的电话，问起三巨头会面的情况。章开鹏先是无奈一笑，随后道："电话里一时半会儿说不清楚。你在家吧？在家的话，我到你那边坐坐。"

挂了电话，许婉婷愣了半晌，才搁下手机。根据章开鹏的语气，此番三巨头之间的会晤，十有八九是闹翻了。至于闹翻到什么程度，只有等见到章开鹏，才能询问明白。

章开鹏和黄卓群之间，早有嫌隙。因此，作为三巨头之一，吴勇宏的立场很微妙，直接影响到局势的走向。在这之前的几次交锋中，吴勇宏大多是采取模棱两可的态度，不支持任何一方。即便是上次董事会，他赞成将陈茂林踢出董事会，也是师出有名，打着为麦德逊和全局的旗号。三巨头中，论实力，吴勇宏是最弱的。不过，当章开鹏和黄卓群摆好阵势，楚河汉界分明时，吴勇宏选择把票投给谁，极为关键。

谁也不是吴勇宏肚子里的蛔虫，他心里到底怎么想的，也许只有他自己清楚。

许婉婷边思考边快速进了衣帽间，仔细挑选一番，脱掉睡衣，换上一套略带休闲的职业装。

章开鹏上门，穿着睡衣迎接，显然是不合适的。一来不尊重，二来过于轻佻。尽管自己和章开鹏有着很深的私人交情，但远未到穿着睡衣促膝长谈的程度。那种场景，只存在于他和郑茹或者顾冉冉之间。

许婉婷记得，章开鹏上次来四号楼，已经是半年前的事情了。当时，恰逢麦德逊向达利抛出橄榄枝，章开鹏正犹豫该不该接。那天晚上，章开鹏和"四大金刚"在四号楼彻夜长谈，这期间发生多次争执，好在最后达成了一致意见，引进麦德逊，作为战略性股东，钳制富可亚洲。

正巧，那段时间，她和章开鹏间的暧昧关系，在公司上下传得沸沸扬扬。之后，为了避嫌，章开鹏就再也没有踏足过四号楼。

许婉婷拾掇完，下了楼，泡上一壶普洱，坐在客厅里静静地等候着。

她看着墙上的时钟的指针一分一秒地走过，直到门铃声响起。她明知章开鹏找他谈的是公事，心跳却还是不自觉地加快，如同马上要见到许久未见面的恋人。

章开鹏进了门，有些不自然地笑了笑，发了会儿呆，才在许婉婷的对面坐下。

"婉婷，实在抱歉，占用你的私人时间了。"

"章董，跟我你还客气什么。再说了，现在形势危急，我是时时刻刻都准备着进入战斗状态。"看章开鹏脸上乌云密布，许婉婷满上茶问，"章董，是不是出什么状况了？"

章开鹏抽出烟，想了想，又重新放了回去。然后，他将事情的来龙去脉和盘托出。

"章董，黄卓群此举的意图，就如同秃子头上的虱子般明显，即联合麦德逊，向你施压，逼迫你下台。"许婉婷拍了下桌子道，"这黄卓群简直是欺人太甚！上次董事会，他趁机把老陈踢出董事会。为了大局，我们忍了。这一次，他居然把枪口直接对准你。章董，是可忍，孰不可忍哪！"

"婉婷，我和黄卓群走到这一天，几乎是可以预见的。"章开鹏扬了扬手，示意许婉婷不要过于激动，"我最担心的，还是吴勇宏的态度。"

许婉婷尽量心平气和道:"章董,都到这个时候了,你还对吴派的人抱有希望?如果说,上次董事会吴勇宏投赞成票是为麦德逊的利益考虑,我理解。可是,这次他又和黄卓群预谋好似的,比你早到达渔港小镇,商量对策。难道,这不值得怀疑吗?不管如何,我认为,我们都有必要盯着吴勇宏的一举一动,看他私下和黄卓群有没有不正常的来往。"

"婉婷,我相信今晚的'鸿门宴'是黄卓群设下的,吴勇宏只是配合着演戏罢了。至于配合的原因,无非为了利益。吴勇宏迟迟没有明确表态,说明他们在利益分配上,是存在分歧的。因此,还是那句话,不到万不得已,我们还是不能轻易把吴勇宏当敌人。否则,我们当初引进麦德逊制衡富可亚洲的目的,就失效了。"章开鹏顿了顿,又说,"不过,你提出的派人盯住吴勇宏,我赞成。知己知彼,方能百战不殆。"

"章董,B计划呢,何时执行?"

"不急。经过今晚的碰头,我深刻体会到,达利的许多问题,尤其是由谁来掌舵,已经不是董事会所能解决的。既然董事会解决不了,那就不得不上股东大会了。"章开鹏把烟放在鼻子底下闻了闻,又说,"从另外一个角度来说,黄卓群没有把逼宫的意图,直接摆到董事会上,而是选择事先通气,这说明,他心中是有顾虑的⋯⋯"

"章董,你的意思是说,尽管私下展开了密集的公关,但黄卓群对有些股东心里的底牌还吃不透?他不想主动引爆这个炸弹,万一几个有威望的股东倒戈,就等于把自己逼到了绝境。如果是股东大会的一致决议,那就不同了。既名正言顺,又能借刀杀人。"

"完全正确。"

说话间,章开鹏和许婉婷的手机,几乎同时响起,电话分别来自聂远方和高伟业。约一分钟,两个人得到同一条消息,美星隆正筹划着上市。

在这之前,美星隆从未喊出过上市的口号。一来,还差点火候,主要还是因为实力不济。二来,一般而言,上市都需要引进外部投资。作为传统行业,即便是实力再强劲,也很难吸引风投的眼球。如今的风投,大多在互联网等高科技产业扎堆。

这么多年以来，达利也从未把美星隆放在眼里。

但从去年开始，美星隆的发展速度，呈现出了火箭式增长的趋势，这主要得益于两个方面：其一，美星隆提出了智能家居的概念；其二，永华投资财力上的支持。现在，美星隆又嚷嚷着要上市。那么，达利就不得不关注这个潜在的劲敌。

一种前所未有的威胁感，直戳章开鹏的后背。

"婉婷，我原以为，达利内斗，最大的受益者是袁德奎等经销商。现在看来，大错特错。经销商再怎么闹，纵使有孙悟空的本领，也逃不出我的手掌心。最可怕的是美星隆的趁乱起兵，打我们一个措手不及，甚至，威胁我们头把交椅的地位。"

"没错，外敌才是最可怕的。"许婉婷也跟着倒吸了口凉气。

"兵来将挡，水来土掩。唯有如此呀。"章开鹏说这句话时，没有了以前的从容和信心。

"章董，只要我们坚持，会挺过这一关的。"

长时间的沉默。

许婉婷转移了话题："对了，章董，过几天就是圣诞节了，郑茹姐和静雯要回来了。恕我直言，到时候，你还得要花不少心思到家务事上。"

"分身乏术啊，走一步算一步吧。"

◎第十八章◎

绝境

"卫红，我记得你曾经说过，不想成为别人砧板上的肉，就要努力让自己变成一把锋利的刀，先下手为强。"

"开鹏，你知道你最大的弱点是什么吗？优柔寡断，感情用事。对一个想干一番大事业的企业家来说，这是致命的弱点，我很高兴看到你能做出改变。"

章开鹏刚离开四号楼，顾冉冉的电话就追了过来，说是天气冷了，又来大姨妈，痛经，焐了半天被子，不仅肚子疼得要命，还全身冰冷，哭着闹着让他过去一趟。章开鹏实在是受不了她的软磨硬泡，只好说："你在家等着，我这就过去。"

　　自从顾冉冉入职万通世纪后，章开鹏去香缇景苑的次数，越发地少了。万通世纪是达利的子公司，如此一来，他和顾冉冉除了情人关系，还多了一层上下级关系。平日里，章开鹏极为厌恶员工在公司内部乱搞男女关系，一派乌烟瘴气。为此，他还在公司不同层次的会议上，三令五申，予以禁止。现在倒好，他这个董事长却带头破坏规矩。再者，根据顾冉冉之前的描述，他们之间的地下情，聂远方和宋子强皆知情。聂远方知情，倒也无所谓。聂远方是"四大金刚"之一，虽心思重，但毕竟跟随自己多年。更何况，见惯了世面，不会到处去说。宋子强就不同了，在公司里头，他可是出了名的大喇叭。这种事，可大可小。等忙过了这阵子，还是尽快给顾冉冉安排个好去处吧。还有，顾冉冉的得寸进尺，让章开鹏渐渐觉得，她是个有心机的女人，之前的嘴脸，是装出来的。真要是如此，那就太可怕了！

　　章开鹏选择顾冉冉，是因为她的身上有欧阳卫红当初的影子，单纯、天真。如今，顾冉冉变了，或者说，露出了本来的面目。那么，所谓的爱，也就淡了。可人非草木，孰能无情。几年相处下来，要说他对顾冉冉一点感情都没有，那是假的。

　　感情这东西，还真是剪不断，理还乱。

　　次日上午，吃过顾冉冉精心准备的早餐，章开鹏驱车前往万通世纪。为了避嫌，他还特意嘱咐顾冉冉，让她迟于自己半个小时出发。昨天晚上在许婉婷的四号楼接到聂远方的电话时，聂远方问起了他下一步的对策，是否该执行 B 计划。情况棘手，对着手机一时半会儿也说不清楚。除此，聂远方还说，最近几天，万通世纪内部提议增资扩股的声音，一浪高过一浪。再这么下去，他这个总经理，都快控制不住局面了。章开鹏本想说：老聂，关于增资扩股，上次在总部时，我就已经明确告诉过你，免谈。在这方面，达利已经吃过亏。而且，现在还在吃哑巴亏。想了想，他又忍住了，便回应："老聂，明天我去趟万通世纪，到时咱们再细谈。"

章开鹏刚下车，就撞见了宋子强。

"章董，你怎么来万通世纪了？"

达利收购万通世纪后，章开鹏一年基本上只过来两次，年初和年末。这是对聂远方的信任，也是对他能力的肯定。相对应地，万通世纪在聂远方的打理下，也是蒸蒸日上。仅两年的时间，不管是量，还是质，都是业界的龙头。所谓的量，比较容易理解，那就是万通世纪的贷款总额，是最大的。而质，就涉及收回利息和本金的比例，这才是真正产生利润的数据。简单地说，就是如何把控风险。

高利润就意味着高风险。

根据相关法律，小额贷款公司的贷款利率应在银行基准利率的四倍以内，超过了四倍，就是犯规。犯了规，就要被停牌。贷款利率是小贷公司赚钱的王牌，可不能说停就停。可问题在于，近两年经济形势如此惨淡，万一放出去的贷款收不回来，赔了夫人又折兵，该怎么办？对规模不大的小贷公司来说，稍微几笔大额的贷款收不回，就极有可能被其拖死。

好在聂远方在这方面道行颇深，万通世纪的不良贷款率在同行中，是最低的。

万通世纪日子再难过，也还是可以熬的，只是没有以前那么滋润罢了。达利内部一团糟，才是最要命的。

章开鹏之所以一大早跑到万通世纪见聂远方，是因为他还有另一番用意。聂远方虽然手上持有的达利股份不多，却是与他关系最近的股东。关系最近是否就意味着最为紧密？先前，章开鹏从未质疑过这一点。可最近几次接触下来，章开鹏发现，聂远方变了，变得越发让人难以捉摸。尤其是谈到公司内斗时，他要么打马虎眼，要么干脆撇开话题。

当面临利益抉择时，所谓的战友和同盟，未必坚不可摧，"四大金刚"也不例外。

"最近万通世纪内部不太和谐，我就过来转转。"说完，章开鹏又问，"子强，你怎么也跑万通世纪来了？"

宋子强是聂远方介绍过来的人，彼此私下有来往，是正常之事。不过，最近一段时间，他们碰头的次数要比以往频繁许多。有几次，聂远方一来总部，就往宋子强的办公室跑，一待就是个把小时，这就不正常了。

直觉告诉章开鹏，他们两人似乎在商量什么重大之事。而且，不想让自己知道。

"我正好在附近办点事，就来聂叔这边坐坐，聊一聊。"

章开鹏本想追问聊什么，稍作思忖，他又觉得没必要。倘若宋子强有意瞒着自己，完全可以随便搪塞过去。

约五分钟后，章开鹏在前，宋子强在后，进了聂远方的办公室。聂远方正坐在沙发上，边抽着烟，边对着手机大发雷霆，时不时还冒出几句骂娘的话。章开鹏一听，大致清楚了是什么事情，聂远方又在催收贷款。经济状况如一潭死水，万通世纪放出的不少贷款变成了坏账，甚至死账。贷款收不回，存款量又是固定的，再这么下去，万通世纪就会陷入恶性循环。

万通世纪有难，达利作为母公司，不可能坐视不管，舍弃这么大一块蛋糕。想要出手相救，唯一的办法就是增资。可真要把这件事摆上董事会或者股东大会，势必会成为黄卓群攻击自己的武器。况且，现如今，自己这个创始人正腹背受敌，地位岌岌可危。

乱，简直乱透了。

等了一刻钟，聂远方才算打完电话。

"章董，这些欠债的，当初求我放贷款时，死乞白赖地装孙子，现在倒好，一个个都变成了爷。"说着，聂远方苦笑了一下，摊了摊手。

"老聂，大环境如此。最起码，和其他同行相比，万通世纪的日子还是要好过许多的。"

"可章董……"

"老聂，我今天来，不是和你讨论万通世纪的。"章开鹏扬了扬手，打住了话题，"眼下，对你我而言，重中之重，是打赢和投资方之间的这场战争。昨天晚上，我和黄卓群，还有吴勇宏，见过面……"

"见过面？"聂远方惊疑地问，"都谈了些什么？"

"黄卓群话里话外的意思很明确，逼我下台。"

"简直欺人太甚！"聂远方捶了下桌子，"章董，这两天不是要开董事会吗，万一……"

"开董事会，我看没必要了。我和投资方的矛盾，看来只能上股东大会去解决了。"章开鹏接过聂远方递来的烟点上，"老聂，我打算近期，一个月之内吧，提议在香港召开股东大会。"

"章董，上了股东大会，矛盾一旦公开化，问题可就严重了。"聂远方观察着章开鹏的表情，又问，"章董，别怪我问得过于直白，你有这个把握吗？"

"老聂，这有没有把握，可不是我说了算的。天平最终会往哪一方倾斜，决定权在股东手上。从某种意义上而言，股东大会就像是一场审判，我们和投资方都是当事人。谁将被送上断头台，是一个相互博弈的过程。"

搁在以往，聂远方肯定会拍着胸脯说，章董，你放心，我手上持有的股份虽不多，但百分之百会支持你。此时此刻，他却犹豫了半响，才开口道："章董，达利的股东中有我们的拥护者，也不乏投资方的追随者。这段时间，为尽可能地拉拢几个有影响力的股东，你和黄卓群私下都有不少动作。但从目前的形势来看，双方是势均力敌，胜负难分。还有，这里面最关键的是两个人的态度，一个是蒋柏林，另一个是欧阳卫红。"

章开鹏心中暗笑，直截了当地问："老聂，那你的态度呢？"

"章董，这……这还用说吗，我们是什么关系啊？可就凭我手上这么点股份，是影响不了大局的。"

章开鹏听出来了，聂远方这番话，是给自己留后路。

"老聂，这不是持有股份多少的问题，而是态度的问题。"

"那是，那是……"聂远方有些心虚地笑了笑。

一直保持沉默状的宋子强，插话道："章董，一直以来，在公司我只认你一个人。聂叔就更不用说了，他可是你麾下的'四大金刚'之一。说实在的，我向来看不惯黄卓群那帮人的嘴脸，自认为手上有几个臭钱，颐指气使，贪得无厌。"

"子强，富可亚洲是达利的第一大股东，这是不争的事实。单凭这一点，黄卓群完全有实力在达利内部兴风作浪。"

"章董，实在不行，我倒有个想法……"

"想法？什么想法？"

"请我伯伯出面，购进达利的股份。等到了一定的量，你们再联手，将富可亚洲踢出局。黄卓群的背后，固然有几个财团，但和华丰集团比，估计还差着几个档次。据我了解，华丰集团的现金流极为充裕，高达百亿元。别说是助你一臂之力，就是吞下整个达利，都是轻而易举的事。"

宋子强的话听起来漫无边际，更像是气话。不过，对章开鹏而言，却是一种启发。或者说，章开鹏早有过这方面的打算，只是未实施罢了。说到底，他和黄卓群之间的矛盾，焦点在于股份。至于股东们支持谁，也不是一成不变的。今天他们在黄卓群身上看到利益，明天也有可能在章开鹏身上看到。包括他前些天拜访过的蒋柏林和欧阳卫红，诚然，这两个人和章开鹏的私交，要远胜于黄卓群，但他们总归是生意人。

一个生意人，在利益和感情之间如何做选择，答案一目了然。

既然如此，何不找一个财大气粗的金主，彼此进行深度利益捆绑，然后推动对方在二级市场大肆吃进达利的股票？这样，就有了和黄卓群对抗的实力，就算是富可亚洲联手麦德逊，也不足为惧。

拉拢新的利益同盟，这是一步妙棋，更是一步险棋。就拿华丰集团来说，谁也不能保证，宋庆生会不会成为第二个黄卓群。特别是宋敏洁的永华投资成为劲敌美星隆的幕后推手时，章开鹏不得不留个神。

"子强，华丰的摊子这么大，宋庆生先生又是富豪榜上的常客，未必会看得上达利这个小企业吧？"

"章董，这几年，多亏你照顾我。我伯伯这个人一向重情重义，只要我开口，他不可能不帮忙。"

"子强，这是条路子。不过，我们还没有走到那一步，先放一放。等真走到那一步了，再说。"

说完，章开鹏便起身道别，见宋子强并没有走的意思，就独自离开。回去的路上，他又琢磨起了宋子强的那番话，到底是随口说说，还是有意而为之？从头到尾，宋子强都没怎么说话，但那番话也说到了点子上。他和聂远方一唱一和，总让人有种唱双簧的感觉。

就算是唱双簧，目的又是什么？难不成，华丰集团又或者是永华投资，真的是对达利有意？永华投资先是斥资美星隆，接下来又对达利虎视眈眈，意欲在家居行业一统天下。从逻辑上判断，这种可能性，还是很大的。

正如自己刚才所说，这件事完全可以先放一放。当务之急，是尽可能地争取在股东大会上的赢面。实在不行，再采取 B 计划。

争取赢面，谈何容易。

就连聂远方都打起了如意算盘，未必值得信任，更何况其他股东呢？想着，章开鹏倒吸了口冷气，踩下油门，上了北三环，去往公司。

回到办公室，章开鹏依次将三部手机放在办公桌上。随后，冲上一杯茶，又回到办公桌前。一支烟的工夫，他抓起三星 Galaxy S2，拨通了蒋柏林的号码，告知将在香港召开股东大会的计划。蒋柏林问："开鹏啊，你真打算和富可亚洲来个鱼死网破吗？"章开鹏苦笑着回应："蒋老，不是我要鱼死网破，而是被逼上梁山啊！"说完，他又道："蒋老，给你打电话，一来，是请你务必抽空到场。这二来嘛，是希望到时候捧捧我的场。"蒋柏林愣了愣，才说："开鹏，计划赶不上变化，等见了面，咱们再从长计议。"

蒋柏林有推托之意，却也没有把话说死。章开鹏只好笑道："蒋老，那咱们就到时候再细聊。"

挂了蒋柏林的电话，章开鹏又续上烟。良久，他又拿起手机，找出欧阳卫红的号码，稍做犹豫，才按下拨号键。

"开鹏，你打电话来，是不是要告诉我，准备对黄卓群动手了？"还没等章开鹏开口，欧阳卫红就反问道。

"卫红，我记得你曾经说过，不想成为别人砧板上的肉，就要努力让自己变成一把锋利的刀，先下手为强。"

欧阳卫红笑了几声："开鹏，你知道你最大的弱点是什么吗？优柔寡断，感情用事。对一个想干一番大事业的企业家来说，这是致命的弱点，我很高兴看到你能做出改变。"

章开鹏也跟着一笑，然后，将事情的来龙去脉简单地做了讲述。

"逼宫？他黄卓群真的这么有把握？"欧阳卫红话里有话道，"恐怕吴勇宏早就和他是一条船上的人了，他才会有此信心。"

"卫红，既然他们可以随意操控董事会，那么，我也只好出召开股东大会这一招。"章开鹏沉闷片刻，又说，"该说的，上次在北京见面时，我都说了。我希望……"

"开鹏，如果不牵扯到股份的变动，你和黄卓群，我会选择哪一方，我想，你应该清楚。话我就不多说，到时候，香港见吧。"

在欧阳卫红之后，章开鹏不放心，又给郑荣恒打了个电话，恳请老爷子出面，再跟蒋柏林和欧阳卫红打个招呼。郑荣恒倒也没多问，答应了下来。

连续三个电话，时间不长，章开鹏却感到极为吃力，像是刚刚结束了一场大战一样，以至于敲门声响了许久，他才听到。

"请进！"章开鹏回过神来，打起精神道。

许婉婷推门而入，神色有些慌乱。

章开鹏见状，身体探向前问："婉婷，出什么事了？"

"章董，之前你让我调查黄卓群和吴勇宏私下是否有来往，已经有眉目了！"

"说来听听。"

"吴勇宏有个大学同学叫董侨伟，在上海某银行担任高管，两个人曾一道留学美国。而黄卓群正是他们的学长，黄卓群和董侨伟有着非常不错的私交。你还记得吴勇宏上次去法国出差吗？回来的途中，他绕道去了趟上海，经董侨伟牵线，黄卓群和吴勇宏在上海密会过。"许婉婷一口气道出打探到的消息，"章董，如果没猜错的话，黄卓群是在拉拢吴勇宏，联手对抗你。"

对于黄卓群和吴勇宏私下眉来眼去的情况，章开鹏早有预判。可当听到这条消息时，他还是有种晴天霹雳的感觉。因为在此之前，他对吴勇宏还抱有一丝丝的希望。

"婉婷，倘若消息为真，我们可真的被逼到绝境了。"章开鹏声音略显发抖道，"不过，话又说回来，种种迹象表明，黄吴二人即便是利益同盟，也未必牢固。特别是吴勇宏，别看他平时话不多，心里的小九九却多的是。"章开鹏起身在办公室来回踱着，片刻，又说："对了婉婷，还有件事。"

紧接着，章开鹏将宋子强的提议，做了简单的描述，说完，又问："婉婷，你怎么看？"

"章董，这是下下策，轻易不要迈出这一步；否则，我们就等于回到原点了。唯一的区别，就是把富可亚洲换成了华丰集团，换汤不换药，也就难以治标又治本。"

"婉婷，你说得在理。除非，我们真的被逼到悬崖边上了。"

◎第十九章◎

楚河汉界

　　欧阳卫红和毛丽萍，一个张扬，一个低调；一个咄咄逼人，一个沉默寡言。

　　这么多年下来，章开鹏悟出了一个道理，越是沉默寡言之人，越是可怕。

三天后，周四下午两点，章开鹏早早地来到了南州国际机场，翘首以待。

前天中午，女儿章静雯给他打来电话，说是已经购买了回国的机票，晚上就出发。两个小时前，章静雯又来电告知，说是已经到上海了，正准备转机。

挂了电话，章开鹏放下手头上的工作，就往机场赶。路上，他还特意买了一束粉红玫瑰，打算送给妻子郑茹。

曾经，章开鹏也是个浪漫的男人。婚后，但凡是节日，他都会精心准备一份礼物送给郑茹。不知从何时起，工作和顾冉冉取代了浪漫，成为他生活的重心。如果没有女儿章静雯，兴许他和郑茹早就离婚了。

这夫妻哪，还是原配的好。闹翻了天，还是夫妻。另外，彼此间多了子女这条纽带，就算离了婚，也还是亲人。不像他和顾冉冉，相处的时间越久，感情越淡，钱色交易的味道越浓。

约 20 分钟后，郑茹和章静雯出现在了贵宾通道，章开鹏快速向前走了几步，冲着她们挥了挥手。眼尖的女儿看见了他，小步朝他跑来。一年不见，小姑娘长高了不少，也成熟了不少。远远看去，像极了郑茹年轻时的样子。身后的郑茹微微一笑，算是和章开鹏打过招呼。

不经意间，女儿已经扑到章开鹏的怀里，紧接着，冷不丁地在他的脸颊上亲了一口。

"章开鹏同志，看不出来，您还挺浪漫的。"章静雯贼兮兮地笑了笑，指着粉色玫瑰说。

"这……这不是为了迎接你们母女俩吗？再说了，你一个黄毛小丫头，懂什么叫浪漫吗？"

"迎接我们母女俩？章开鹏同志，送给郑茹同志的就是送给郑茹同志的，别拿我做挡箭牌。你这一句话，可把我和郑茹同志都得罪了。"

章静雯话刚说完，郑茹已来到跟前。

章开鹏发了会儿呆，才道："回来啦。"

"章开鹏同志，您这粉色玫瑰再捧在手里，可就枯萎了。"章静雯见状，在背后推了他一把。

郑茹本能地往后退了退，稍显犹豫，见女儿在场，还是将花收下。

随后，一家三口有说有笑地往停车场的方向走去，刚进停车场，就撞见了两个熟悉的面孔，聂远方和顾冉冉。

一个正房，一个小三。仇人相见，分外眼红。

章开鹏和顾冉冉交往这么久以来，正房和小三只打过一次照面。大概在一年以前，郑茹去德隆商场逛街，路过一楼的博柏利男装店时，本想进去给章开鹏买件风衣。谁知，刚进店门，就看见章开鹏和顾冉冉十指相扣，顾冉冉正给章开鹏挑选西装。不知情的人，还真以为他们是恩爱夫妻。

当时，郑茹强压住内心的怒火，和章开鹏对视了几分钟，便转身离开了。

诚然，她恨顾冉冉，恨不得把顾冉冉身上的狐狸皮扒下。但那毕竟是公共场合，家丑不可外扬，章开鹏在南州又是知名人物。闹大了，丢脸的只会是自己。

为免尴尬，章开鹏本能地拉起郑茹躲开。

"章董，这么巧。"谁知，聂远方却带着顾冉冉走了过来，"嫂子，我们可是有一年多的时间没见过面了。这加拿大的水土就是养人哪，嫂子可是越发漂亮了。"

"聂总，你也是风采依旧啊！"

郑茹和聂远方并不熟，可他一口一个嫂子，又不好不理睬，拒人于千里之外。更让她疑惑的是，顾冉冉这狐狸精不是在市话剧团上班的吗，怎么会和聂远方在一起？难不成，她和聂远方也有染？不太可能，聂远方可是章开鹏的老部下，"四大金刚"之一。

又或者，还有第二种可能性，章开鹏把顾冉冉安排在了聂远方的身边，在自己的眼皮子底下，便于朝夕相处。

简直肆无忌惮！

郑茹暗自咬牙切齿，恨不得冲上前，将顾冉冉这只狐狸精撕成两半。

"老聂，你这是……"章开鹏尴尬地问。

"上海有几笔贷款怎么催都催不回来，我就带着小顾过去一趟。"

"哦哦哦，那……那咱们回头见。"

章开鹏想尽早地结束话题，可聂远方又贴了上来，轻声问："章董，股东大会的有关事宜定下来了没有？"

"差不多了，暂定 12 月 8 日召开。"

聂远方"哦"了一声，什么都没说，道过别，和顾冉冉离开了。

一家团聚本是高兴之事，被聂远方和顾冉冉一搅和，气氛也就变得沉闷起来。回家的路上，章开鹏和郑茹几乎全程无交流，只有不明真相的女儿章静雯在开着各种玩笑。

回到龙庭花园，趁着女儿上楼洗澡的空隙。郑茹冷冷地问："章开鹏，我想你有必要跟我解释，这顾冉冉到底是怎么回事？"

章开鹏猜到郑茹会有此一问，坦白道："实不相瞒，现在顾冉冉在老聂的万通世纪担任办公室主任一职，不过，这件事与我无关。而且，我和她的关系，也已经疏远了。"

"我凭什么相信你？"郑茹又闷声问。

"我说的都是事实，你相信最好，不相信我也没办法。你可以去问问婉婷，看我说的是不是实情。"

"我会问的。"郑茹边说边上了楼，走了几步，又回头道，"开鹏，静雯在家，不管如何，我都希望我们一家人能开开心心地度过这个假期。"

"那……"

章开鹏本想说，那你和静雯还打算走吗？想了想，他还是没问出口。现在郑茹正在气头上，你问了，她肯定会说走，即便是她心里已经决定不走了。搞不好，还会弄巧成拙。

多年的夫妻，郑茹的个性，章开鹏是了解的。尽管在大多数时候，她都是刀子嘴豆腐心，但骨子里倔得很，但凡是她做出的决定，谁劝也没用。否则，当初就不会带着女儿漂洋过海，在加拿大定居了。

待女儿洗过澡，郑茹收拾完，老丈人、丈母娘，还有小姨子郑慧菁也来了。丈母娘亲自下厨，郑茹和郑慧菁姐妹俩打下手，不出一个小时，一顿丰盛的家常菜就上桌了。

吃饭时，老丈人和丈母娘，一个唱黑脸，一个唱白脸，试图说服郑茹别回加拿大了，往后就留在南州。

"小茹，加拿大再好，也是国外，人生地不熟的。金窝、银窝都比不上自己的狗窝。这人哪，走到哪儿都不如家里头。雯雯又长大了，你总不至于将来让她嫁个洋鬼子吧？"

"我觉得加拿大挺好的。"郑茹自顾自地吃饭，头也不抬。

"姥姥，您太孤陋寡闻了。现在在加拿大的华人一抓一大把，干吗非得嫁外国人啊？再说了，外国人有什么不好的？您没听说吗，这夫妻俩的距离越远，生的小孩智商越高。到时候，我给你生个混血曾孙，多好啊！"

"你这小丫头，说的都是些什么歪理！"

章静雯的玩笑，调和了气氛，两位老人也就不再逼问郑茹，来日方长，反正有的是时间。毕竟郑茹刚回南州，也许适应了这边的生活，她自己就不想回去了。

吃完晚饭，章开鹏陪着老丈人坐了会儿，便上楼进了书房。他先是点上烟，然后挨个拿起书桌上的三部手机看了看。iPhone 手机有一条短信息，三星 Galaxy S2 有两个未接电话。

短信息是顾冉冉发来的："老婆和女儿从加拿大回来了，这下子，你总算可以感觉到家庭的温馨了吧？"

顾冉冉的短信，带着醋意，更带着质问。

郑茹和女儿回南州过圣诞节一事，章开鹏没向顾冉冉提过，倒不是刻意隐瞒，而是觉得这是自己的家事，没必要跟她提。

编了又删，删了又编。最后，章开鹏索性搁下手机，不予理睬。

两个未接电话，一个来自许婉婷，一个来自欧阳卫红。许婉婷倒也没什么事情，只问郑茹和章静雯回来了没有，改天请她们母女俩吃饭。欧阳卫红就不同了，她告诉章开鹏，因时间冲突，12 月 8 日在香港召开的股东大会，她有可能参加不了了。

听着，章开鹏的心随之一沉，凉了大半截："卫红，咱们不是说好了香港见的吗？况且……况且没有你的支持，我的计划可就全乱套了……"

"开鹏，我的确是有更重要的事情要办。不过你放心，我会请毛丽萍女士代表凯勒资本和'涌丰系'去参加股东大会。该交代的，我都向毛女士交代过了。"

"卫红，这……这……"

面对突如其来的变故，章开鹏一时语塞。

"开鹏，你就把心搁肚子里吧。更何况，你已经决定召开股东大会，已经没有退路啦。我还有事，到时候，你和毛女士沟通就行。"

毛丽萍，神秘的天使投资人，章开鹏只见过一面。那个时候，达利刚刚经历第一次内斗，章开鹏求到了郑荣恒的门上，重遇欧阳卫红。此后，在欧阳卫红的介绍下，他认识了毛丽萍。正因为在欧阳卫红和毛丽萍的操作下，达利才获得了凯勒资本和"涌丰系"的投资。自那以后，欧阳卫红便成了达利的"金融保姆"。

欧阳卫红和毛丽萍，一个张扬，一个低调；一个咄咄逼人，一个沉默寡言。

这么多年下来，章开鹏悟出了一个道理，越是沉默寡言之人，越是可怕。

再说了，他和毛丽萍的交集，仅限于那次见面，彼此根本就不熟悉。上了股东大会，毛丽萍真的会买自己的账吗？尽管欧阳卫红口口声声地说已经向毛丽萍交代清楚，可谁能保证毛丽萍临了不会变卦？欧阳卫红是达利的股东，毛丽萍也是。也就是说，最终支持谁，决定权并不在欧阳卫红一个人手上。上了股东大会，大家各怀鬼胎，形势瞬息万变，毛丽萍指不定会来个见风使舵。

而且，欧阳卫红是不是真的有事，还要打一个问号。如果是真有事，还算好。倘若是有意躲避，那就糟糕了。

欧阳卫红磨不开面子支持黄卓群而非自己，于是乎，就让毛丽萍来行使股东的权利。届时，就算自己心中有气，她也完全可以把责任推到毛丽萍的头上。这种可能性，不是没有。

接下来的一个多星期，章开鹏除了工作，主要任务就是做"二十四孝"爸爸，陪着女儿章静雯到处转。郑茹则和他们父女俩分开行动，大部分的时间都待在家里，偶尔出去见见朋友。

12月7日，股东大会召开在即，章开鹏带着许婉婷飞往香港。

许婉婷并非达利的股东，没资格上股东大会，也说不上话。不过，章开鹏总觉得带上她，心里踏实些。彼此共事多年，章开鹏一直视许婉婷为副将。再往深处说，是工作上的"伴侣"。

章开鹏原本约了聂远方一道同行，聂远方却说，他手头上还有事，让他们二人先走，自己会乘坐8日上午的航班赶过去。反正南州飞香港也不远，两个多小时就到了。

"章董，你别怪我多嘴，我总觉得聂总和我们的距离越来越远了。"到了机场，进了贵宾候机室，许婉婷道。

"婉婷，人心叵测啊，我一直相信一句话，不管是生活还是生意，伤你最深，能置你于死地的，都是身边最亲近的人。"说着，章开鹏深叹了口气。

刚叹完气，三星手机就响了起来，是袁德奎从杭州打来的电话。

"袁老大，自从上次杭州一别，我们可是有好长时间没联系了。"

"章董，我忙，你也忙。咱们哪，都忙。"袁德奎颇具深意地一笑，转而问，"章董，我听说，明天晚上达利要在香港召开股东大会了？"

袁德奎的话，像是疑问，更像是肯定。

"袁老大，你消息够灵通的啊。"章开鹏反问。

"章董，不是我消息灵通，而是不得不关注呀。我们这些经销商的命运，可是和达利息息相关的。达利的下一步动作，尤其是大动作，直接决定了我们将来能吃什么肉，喝什么汤。"

"袁老大，你言重了，咱们心照不宣就行了。"

"心照不宣，对，章董说得对。"袁德奎大笑了几下，听得章开鹏浑身直打寒战，"章董，既然是心照不宣，我……不对……是我们这些经销商还是希望你能为我们争取更多的权利，你说是吧？"

所谓争取更多的权利，无非就是帮经销商在董事会谋得席位，章开鹏一听便知。同时，心中暗骂道，这袁德奎既像一块狗皮膏药，更像一粒老鼠屎，甩不掉，又吞不得。

"袁老大，如果股东大会我能占据上风，该争取的我一定帮你们争取。如果落入下风，别说是争取，我们都得卷铺盖走人。"章开鹏极不耐烦道。

"卷铺盖走人？章董，我看没那么严重吧。依我这个局外人来看，这次的股东大会，即便是有某一方占据了上风，也不可能一下子就能决定出胜负。投资方手上有底牌，咱们也有。大家在这个圈子混了这么多年了，谁手上没有几把刷子啊？最多是划定楚河汉界，彼此对攻。当然，还有一部分是搅局，原本你认定支持你的人，变成了支持黄卓群的。原本黄卓群认定支持他的人，变成了支持你的人。此外，还会有人抱着坐山观虎斗的姿态……"

章开鹏仔细聆听，外加咀嚼，袁德奎的话，还真有几分道理。特别是楚河汉界这个概念，的确是。

此次香港之行，章开鹏已经做好了破釜沉舟的打算。即便权力被投资方架空，甚至被赶出达利，那又如何？不是还有经销商们在吗？有他们在，就等于抓住了达利的命脉。

这袁德奎再怎么像狗皮膏药和老鼠屎，最起码从目前的情况来看，他还是自己的人。

袁德奎又说："章董，就算结果再糟糕，我们不是还有 B 计划吗？"

"对，B 计划！"章开鹏重复道，又说，"好啦，袁老大，我要准备登机了，有情况咱们再联系。"

"章董，那就祝你旗开得胜，马到成功。"

◎第二十章◎

各怀鬼胎

"开鹏，双方交战，最理想的状态是敌在明，我在暗。暂时让黄卓群尝点甜头，然后，私下展开进攻，彻底将他击溃。我认为，这是更高明的招数……"

三个小时后，章开鹏和许婉婷到达香港。刚下飞机，他就给蒋柏林打了个电话，称已经到港，将直接前往软盛资本的总部，登门造访。蒋柏林回应说："开鹏，你来吧，我在办公室里等你。"

搭上的士，横穿大半个香港，约个把小时，两个人总算是到了中环。

不巧，蒋柏林正好有个临时会议要主持。两个人又在休息室等了近三刻钟才见到蒋柏林。

"开鹏，实在抱歉，临时有个投资决策会，让你久等了。"蒋柏林歉意地一笑，随后问，"这位是……？"

"蒋老，给您介绍一下，我们达利的副总裁，许婉婷。"说完，章开鹏又指了指蒋柏林，"婉婷，这位就是软盛资本的掌门人，鼎鼎大名的蒋柏林先生。"

一向低调而又神秘的蒋柏林，虽是达利的股东，却从未去过达利，也几乎不出席股东大会。整个达利内部，他只认识章开鹏一人。不过，不认识不代表不知情，达利的董事会成员，章开鹏麾下的"四大金刚"，他还是略知一二的。最起码，能对号入座。

"蒋老，久闻大名，幸会幸会。"许婉婷微微欠了欠身，伸出双手。

"许总，能成为章董的左膀右臂，'四大金刚'之一，也不简单哪。"蒋柏林也伸出手一握，"开鹏，许总，咱们办公室谈。"

进了办公室，三个人围着根雕茶几坐下。

"开鹏，我想到你会走这一步，没想到的是，会这么快。"蒋柏林将泡好的乌龙茶，推到章开鹏跟前。

"蒋老，形势所迫啊！"章开鹏呷了口茶，苦笑道，"今天提前来拜访您，就是事先和您通通气。说到底，还是希望您明天晚上既能出席股东大会，又能够支持我。"

"几天前，荣恒兄给我打过一个电话，聊起过你召集股东大会一事。于情于理，我都会出席这次股东大会。当然，不管是我们之间的私人交情，又或者是荣恒兄的嘱托，我肯定会支持你……"

"蒋老，太感谢您了！"章开鹏满心欢喜道。

自从和投资方闹矛盾以来，章开鹏和蒋柏林交流过多次。这一次，还是蒋柏林第一次明确表态。

"开鹏，你先不要急，等我把话说完。"蒋柏林把玩着茶宠问，"开鹏，你知道我为什么这一次态度会如此坚决吗？"

"蒋老，愿闻其详！"

"从情感上而言，我支持你不假。但软盛资本是一家大型投资公司，我们和达利之间的关系，更多的是生意，而非情感。作为达利的股东之一，我们最大的期盼，就是达利的股价上升。这些年的实践证明，我们当初选择达利是正确的。但是，最近上演的创始人和投资方之间的闹剧，导致股价一次又一次地下滑，这是我们最不愿意看到的场面。因此，我希望这场风波能尽快平息下来。说到底，对软盛来说，谁来执掌达利并不重要，重要的是股价……"

章开鹏隐隐听出了弦外之音，似乎将柏林的支持，并非无条件的。

"蒋老，如果让富可亚洲来掌控达利，也许股价在短期内会上升。即便是有所抬头，那也是平息风波带来的蝴蝶效应，而非黄卓群那帮人的功劳。不是我轻视他们，管理企业，他们几乎是一窍不通。但倘若让我们这些创始人来掌舵，就不同了，我们给股东带来的，将是长期的、可持续的收益。"

"开鹏，你也说了，是如果。既然是假设性的问题，谁也回答不了。如果明天达利不存在了，那又该怎么办？"蒋柏林又重新把茶宠放了回去，"开鹏，有个问题，我希望你能好好琢磨琢磨。"

"蒋老，您说！"

"我蒋柏林这么多年下来，也算是运气好，在企业和风投这两个圈子都积累了不少人脉，也有一定的威望。当然，这些都是虚的。单就达利，软盛持有的股份只有4.87%，小股东而已。上了股东大会，拼的是真刀真枪，未必会有人买我的账。"蒋柏林自嘲地笑了笑，又为章开鹏和许婉婷添上茶，"开鹏，万一就算有我的支持，你还是落入下风，又该如何是好呢？"

"蒋老，真要是那样，我认命……"

"认命？开鹏，这可不像是你的行事风格啊。"

章开鹏犹豫了良久，仔细衡量了一番，一五一十地道出了一系列计划。

"开鹏，我就说嘛，你不会轻易认输，也不可能说放弃达利就放弃达利的。"

"蒋老，放弃达利，谈何容易。这么多年的苦心经营，达利早已融入我的血液，成为我生命中的一部分。"

"开鹏，事实证明，你的A计划已经流产了。就算是B计划，也要在股东大会之后，才能执行，根本就改变不了股东大会的走势。我还是那句话，万一支持黄卓群的股东居多，你该怎么办？莫非，真的要走B计划这步棋，和黄卓群来个鱼死网破吗？"

蒋柏林连续两次问起相同的问题，不管他的目的是什么，至少说明，他心中有着不同的看法和答案。

"蒋老，实在闹僵了，我就带着创始团队和经销商走人，另起炉灶。我相信，凭我对这一行的了解，再加上原班人马的支持，想重新搭建一个平台不难。"

"开鹏，局势还远未到那个时候。更何况，你就这么认定，那些老臣子和经销商，会死心塌地地跟着你走？他们也是人，是人就有欲望，倘若投资方愿意砸更多的钱挽留他们，你认为他们会无动于衷吗？"

"蒋老，那依你看……"

"开鹏，其实我说了这么多，就一个目的，达利尽快结束内斗，稳住股价。如果股东大会之后，你和黄卓群形成了拉锯战，就算是我支持你，那又能怎么样？所以，我给你一个建议。"

"什么建议？"

"故技重演，和七年前的那场内斗一样，来个以退为进！"

"蒋老，你的意思是说，一旦股东大会苗头不对，我就主动让贤，把掌控权交给黄卓群他们？"章开鹏难以置信地问。

蒋柏林没说话，只是点了点头。

"蒋老，这我就不明白了。真要是走这步棋，召开股东大会就没意义了，我也就不用争取各方支持了。"

"开鹏，双方交战，最理想的状态是敌在明，我在暗。暂时让黄卓群尝点甜头，然后，私下展开进攻，彻底将他击溃。我认为，这是更高明的招数。而且，我向你保证，只要你愿意，我会一如既往地支持你，帮你出面摇旗呐喊。"

章开鹏暗笑，别看蒋柏林一脸的慈祥，实则手上握着一把锋利的刀，随时给你来个刺刀见红。他所谓的建议，说白了，就是条件。自己不答应，上了股东大会，他就有可能变卦。如果答应，蒋柏林就真的会支持自己吗？他会不会是在开空头支票，引自己入局，主动"让贤"呢？只要缓上一段时间，达利的股价势必会上扬。等到了最高点，软盛资本再来个全身而退？

面对蒋柏林这样的老江湖，他不得不多留个心眼。

"蒋老，包括软盛资本增持达利的股票吗？"

"开鹏，达利结束内斗和软盛增持股票，其实是个递进关系。只有内斗结束了，软盛才有增持股票的可能性。"

"蒋老，那咱们就等上了股东大会，伺机而动。"

"没错，形势瞬息万变，咱们伺机而动！"

出了写字楼的门，许婉婷便说："章董，看来这个蒋柏林没那么容易对付啊！"

刚才在蒋柏林的办公室，许婉婷一直没吭声。一来，她和蒋柏林并不熟悉。二来，论段位，她和章开鹏、蒋柏林相比，还是有不少差距的。因此，不适合说话。

许多时候，学会聆听也是一门技术。

"婉婷，蒋柏林总归是个生意人哪！"章开鹏无奈道，"单就这一点，完全可以理解。还有，据我所知，软盛资本并不是蒋柏林一个人的，他只是大股东而已，幕后还有好几家财团。"

"章董，蒋柏林如此摇摆不定，形势对我们很不利啊！"

"婉婷，除了蒋柏林，包括吴勇宏和欧阳卫红，甚至聂远方，哪一个不是各怀鬼胎！"章开鹏抬起头，一脸迷茫地望着苍穹，"人心隔肚皮，利益才是王道啊！"

提到聂远方，许婉婷便问："章董，等聂总明天下午到了，我们要不要提前和他见个面？"

"见吧……"章开鹏迟疑了良久，"多一分希望总归是好事，哪怕希望是渺茫的。"

自从上次在机场偶遇聂远方和顾冉冉后，章开鹏便觉得，自己和聂远方的隔阂是真的越来越大了，如同一条看不见的鸿沟。聂远方从上海回来后，也给他打了个电话，汇报了工作，称亲自去趟上海还是有效果的，追回了近2000万元的贷款。章开鹏只是"嗯"了一声，便不再言语。

聂远方和顾冉冉在上海待了三天，孤男寡女，谁知道他们之间有没有发生什么！诚然，自己一直想着和顾冉冉撇清关系，但如果两个人关系未断之时，聂远方就来插一脚，也太不厚道了。

朋友妻，不可欺。这是江湖大忌。

但转念一想，章开鹏也就释然了，倘若真可以把顾冉冉这块烫手的山芋扔给聂远方，何尝不是一件好事呢？

上了的士，章开鹏给文永达打去电话："事情已经办完了，我正在回太平山的路上。等你下班了，就过来一起吃饭。"

章开鹏约文永达吃饭，一是惯例，每次来香港，再忙，他都会抽出时间找文永达叙旧。二是让文永达和许婉婷见个面。在此之前，章开鹏曾多次在文永达面前提及许婉婷，文永达对许婉婷也是仰慕已久。遗憾的是，彼此从未见过面。此外，他还有另一层用意，文永达是钻石王老五，许婉婷也很优秀，如果能撮合他们，应该是段好姻缘。

至于距离，是问题，也不是问题，关键要怎么去看，去取舍。

次日下午，聂远方刚到下榻的酒店，就联系上了章开鹏，说是已经到香港了。另外，聂远方还煞有介事地说，他把顾冉冉也带来了，让她见见世面，锻炼锻炼。

"章董，反正离召开股东大会还有三个多小时的时间，要不我们找个地方坐一坐，喝杯东西？"末了，聂远方又提议道。

"老聂，那就老地方吧。"

老地方，中环闹市区的高级茶餐厅，那里的丝袜奶茶，是全香港最地道、最正宗的。以往，每次来香港出席股东大会时，章开鹏和聂远方总是会去坐坐、聊聊天，侃侃商业经。

"那好，章董，我和冉冉住的酒店就离老地方不远，我们先过去，等你和婉婷。"

听罢，章开鹏差点当着许婉婷的面，把手机砸掉。

见章开鹏脸色铁青，许婉婷问："章董，出什么状况了？"

"聂远方带着顾冉冉来香港了。"

提到顾冉冉，许婉婷也就不再往下问。但不能直接问，不等于不能间接问。

"章董，郑茹姐回南州也有一段时间了，有没有表什么态？"

郑茹母女回来后，这期间，许婉婷请他们一家人吃过一顿饭，还单独和郑茹去做过 SPA。其实，做 SPA 是假，和郑茹交交心才是真。做 SPA 时，许婉婷瞅准机会，旁敲侧击起了郑茹接下来的打算。郑茹也跟她掏了心窝子，这次回南州，她本就决定留下来。虽说加拿大的教育环境要比南州好上许多，但毕竟母女俩待在异国他乡，有诸多不便。而且，最令她担心的是，女儿恋爱了，国外的思想又比较开放，万一闯出什么祸端来，她一个人处理不了。

掏心窝子的同时，郑茹又让许婉婷保守秘密，不能在章开鹏面前提及她内心的真实想法。

许婉婷明白，即便是选择留下，郑茹心中也是有顾虑的。所谓的顾虑，就是章开鹏如何处理他和顾冉冉之间的关系。处理得当，郑茹自然会留下来，之前的事情，随之会一笔勾销。反之，就算留下来，也存在着隐患。如果章开鹏继续我行我素，有恃无恐，逼得郑茹再次离开，那可就再也回不了头了。

"婉婷，说实在的，我现在分身乏术，真的没心思去顾及家事。"章开鹏边说，边往外走，"咱们还是先去和老聂他们碰个头吧。"

刚出门，顾冉冉就给他发来了一条短信："亲爱的，我和聂总已经到了，正在等你们呢。"

看完，章开鹏冷哼了一下，没做回复。暗骂，一个女人过于自作主张，是要付出代价的。想来，自从顾冉冉加入万通世纪，任办公室主任之后，两个人就极少见面，就更别提肌肤之亲了。

20分钟后，章开鹏和许婉婷到达了老地方，聂远方和顾冉冉正相对而坐，有说有笑。顾冉冉身穿GUCCI（古驰）的经典款套装，脖子上还系着一条LV（路易威登）的丝巾。这身行头，还是去年章开鹏去法国出差时给她买的。看着顾冉冉搔首弄姿的嘴脸，章开鹏顿时心生厌恶，从来没有过的厌恶。"章董，这顾冉冉还真把自己当明星了，又是阴天又是室内的，居然还戴个墨镜。"

许婉婷看似无心的一句话，令章开鹏心中更加堵得慌。他恨不得冲上前，抽顾冉冉一个耳光。

至于一向少管别人闲事的许婉婷，说这番话，实则是有心之举。扪心自问，她对章开鹏是有感情的，到底是不是爱，她自己都搞不清楚。哪怕是爱，她也很清楚一点，章开鹏有着贤淑的妻子、可爱的女儿，她不该也不能去破坏别人的家庭。

爱一个人是无私的，也是自私的。既然做不到自私，那就该学会无私。最大的无私，就是祝福他们一家人，美美满满，合家欢乐。

这也就意味着，顾冉冉间接地成了许婉婷的敌人。

聂远方首先看到了他们二人，忙起身，笑着迎上前："章董，婉婷，来啦。快坐快坐。"

聂远方本打算请章开鹏坐到顾冉冉的身边，谁知章开鹏却根本不理会，一屁股坐在了他的身旁，气氛有些难堪。

顾冉冉嘟了嘟嘴，一脸的不悦。

"老聂，离股东大会的时间越来越近了，事不宜迟，咱们还是商量商量对策吧。"章开鹏面无表情，开门见山道。

"章董，蒋老那边明确表态了吗？"

"老聂，蒋老是蒋老，你是你，你觉得你们两个可以混为一谈吗？"

"那是……那是……可我觉得，以蒋老的身份和威望，他的态度很关键。此外，还有以欧阳卫红女士为首的'涌丰系'和凯勒资本……"

"第一，蒋老支持我。第二，欧阳卫红有事，时间上有冲突，由毛丽萍代其出席股东大会。"

"哦哦哦。"聂远方连续说了三个"哦"字，又道，"蒋老支持，那我就放心了。"

许婉婷插话道："聂总，说了这么久，你好歹也表个态啊！"

"婉婷，我们都是自己人，还用表态吗？"

章开鹏和许婉婷步步进逼，软磨硬泡，聂远方却一味地打太极。谈了一个多小时，态度依然是模棱两可。

"老聂，我和婉婷还要去见一下毛丽萍女士，咱们股东大会上再见吧。"章开鹏起身愤然离去。

从始至终，章开鹏都没拿正眼看过顾冉冉，把她视为空气。

出了茶餐厅的旋转门，章开鹏试着拨通了毛丽萍的号码。

许久，毛丽萍才接起："章董，咱们可是好久没联系了。"

毛丽萍的话，听似客套话，实则透着很强的潜台词，暗指章开鹏是"无事不登三宝殿"。

"毛女士，您到香港了吧？"

"刚到酒店，正在办理入住手续呢。"

"毛女士，您住在哪个酒店？我过去拜访您。"

"海港城附近的马可·波罗酒店。至于拜访，我看还是算了吧。奔波了大半天，我也累了，先打个盹，然后再去出席股东大会。"

"毛女士，容我多问一句，您来香港时，卫红那边有没有跟您说过什么？"

"章董，我和卫红是多年的好姐妹，几乎每天都会打几通电话，我不知道你具体指的是哪方面的事情？"

"毛女士，是有关股东大会的事……"

"股东大会啊，那也只能上了股东大会再说。不过，我记得卫红跟我说过，上了股东大会，别忘了你和她的同学情分。可我觉得吧，这股东大会又不是开同学会，到处都是刀光剑影的，场面必然会很混乱。再说了，我只是个小股东，又能说得上什么话呢。"

"毛女士……那您先好好休息休息，咱们待会儿见。"

毛丽萍不冷不热的态度，又给了章开鹏当头一棒，也更印证了他之前的猜测，欧阳卫红不来香港，是有意而为之。

按照这种形势，自己的胜算只会越来越小。难不成，真要像蒋柏林所说的那样，走七年前的老路，负气出走，以退为进？

◎第二十一章◎

对决

"章……董……看你这话说的。我相信，即便你辞职了，在达利大部分员工的心目中，你依然是达利的掌舵者。而且，我也坚信，你一定会回来的。对了，咱们手上不是还有 B 计划吗，也该出招了吧？"

晚六点，尖沙咀梳士巴利道，洲际酒店大会议室。

万绿丛中一点红。

因毛丽萍是众多股东中唯一的女性，章开鹏刚走进会议室，就一眼看到了她。淡妆，干练的短发，再配上深蓝色的风衣，无论是气质还是气场，都颇为抢眼。

此刻，毛丽萍正站在蒋柏林的身边，两个人不断耳语着，如同熟悉多年的老朋友。

蒋柏林和毛丽萍私交如何，章开鹏不清楚，也从未打探过。但这里面还是有迹可循的，蒋柏林和郑荣恒是故交，郑荣恒是鼎尚俱乐部的牵头人，毛丽萍又是鼎尚俱乐部的会员。他们私下有来往，甚至有生意上的来往，都很正常。

章开鹏边往蒋柏林和毛丽萍的方向走去，边扫了一眼会场，只见黄卓群和吴勇宏正背对着大家，靠在窗户前，像是在商量着什么。另外，聂远方叼着烟，一个人在会议室走来走去，时不时地和其他的股东打着招呼。

"蒋老，毛女士。"章开鹏上前打了个招呼，"没打扰二位谈话吧？"

"开鹏，你这个男一号终于来啦！不打扰，我和毛女士许久没见面了，只是拉拉家常而已。"

"蒋老，毛女士，还有八分钟就要开股东大会了，还望两位多多照顾。"章开鹏压低嗓门道。

"开鹏哪，关于这件事，我刚才和毛女士沟通了一下。"蒋柏林也笑着小声道，"毛女士也支持我的提议，让你来个故技重演，以退为进。"

章开鹏先是"嗯"了一声，随后拿眼神询问毛丽萍，欧阳卫红不是跟你说好了吗，"涌丰系"和凯勒资本会投我一票，你怎么就真的变卦了呢？

毛丽萍看穿了他的心思，便说："章董，我一直相信一句话，姜始终是老的辣。在投资领域，蒋老可是老江湖了，什么样的大风大浪没见过？所以，面对许多棘手的问题时，蒋老都要比我们看得深，比我们看得透。要换作我，肯定会采纳蒋老的建议，章董，我看……"

正说着，黄卓群朝他们的方向走来，毛丽萍的话，戛然而止。

见到黄卓群，章开鹏勉强一笑，打了个招呼。紧接着，看了一下手表，距离股东大会还有三分钟。他快速出了门，给欧阳卫红打电话。一连打了三个，皆是不在服务区。

时间紧迫，章开鹏只好作罢，又折回会议室。刚一进门，就迎面撞见了黄卓群。

"章董，没想到咱们俩真的走到了这一步。"

"黄总，难道你没想走这一步？"章开鹏直接拿话呛黄卓群。

"章董，我想，你也想。但光想没用，结果才是胜负的最终标志。"

"黄总，看来你是志在必得呀！"

"章董，难道你不是吗？"

短暂的交锋过后，六点零八分，达利的股东大会正式召开。

作为董事长，章开鹏第一个发言，向股东们汇报了达利今年的整体状况和今后三年的新计划。

他刚做完报告，黄卓群就插话道："经销商闹事，美星隆的实力距离我们越来越近，股价暴跌，如今的达利，已经面临着被停牌的危险。我想问问章董，这一系列的问题，如果要在股东大会上问责的话，该由谁来承担责任？"

"我是达利的董事长，出了问题，自然由我来承担责任。"

黄卓群又进逼道："承担责任是一方面；另一方面，如何解决问题，才是关键。"

吴勇宏见机道："黄总，你有什么好建议？"

"我认为，出了问题，也不能把所有的问题推到章董一个人身上。"黄卓群加大了嗓门道，"承担责任的，应该是公司的整个管理团队。想必大家都知道，在公司上次的董事会上，我提议取消公司渠道研发部负责人陈茂林的董事资格。对此，许多人都在私下议论，说我是公报私仇，企图掌控达利的渠道。众所周知，渠道是达利的命脉，是章董一手构建起来的。我哪怕是有天大的本事，也不可能说掌控就掌控。甚至，还有人骂我是在谋朝篡位。其实，这些都不重要，重要的是，达利该有所变化了！"

"黄总，那依你看，该怎么变化呢？"毛丽萍喝了口咖啡，气定神闲地问。

"既然现在的管理团队不行，那就换个管理团队！"

吴勇宏又配合着演戏："黄总，达利内部无非就两个管理团队，一个是以章董为首的创始团队，另一个就是投资方代表。你的意思是说，让投资方来管理达利？"

章开鹏越往下听，眉头越是紧皱。这黄卓群和吴勇宏，果真是一丘之貉。同时，他又提醒自己，不要急，先看他们把戏演完。

"圈子里一直流传着一种说法，说我们这些投资方是管理不好一家企业的，我想未必吧。既然创始团队败下阵来了，我们为什么就不能上呢？是骡子是马，拉出来遛遛才知道。"

黄卓群这句话的重点，是"我们"两个字，巧妙地把蒋柏林、吴勇宏和毛丽萍等人的利益都拴在了一起。的确，如果就创始团队和整个投资方之间的较量来论的话，章开鹏明显是处于下风的。

吴勇宏首先表态道："我赞成黄总的观点，这不失为一种尝试。"

"我也同意，正如黄总刚才所说，达利的股价不能再往下跌了。再跌，我们这些投资方的投资，可都要打水漂了。"毛丽萍拨弄着咖啡道，"当然，达利能有今天，我们也不能忘了创始团队。不过，此一时彼一时，从全局考虑，是该换个路子了；否则，只会走进死胡同。"

章开鹏一脸的错愕，毛丽萍这一刀补的，天平瞬间失去了平衡。

就在此时，坐在章开鹏身旁的蒋柏林，用胳膊肘轻轻地碰了他一下，示意他尽快采取以退为进的策略。要不然的话，可就真的被逼到墙角了。到时候，你不提，黄卓群和吴勇宏也会逼你下台。

细细考量，主动下台和被动下台，完全不一样。

想到这一点，章开鹏抿了抿嘴，随后给蒋柏林递了个眼神，表示同意。

得到暗示后，蒋柏林因势利导道："刚才大家都说了各自的看法，我这个老头子虽然人微言轻，但既然是达利的股东，那就来凑凑热闹，也说上几句。"

毛丽萍接话说："蒋老，您谦虚了。对在座的每个人来说，您可都是教父级人物，是我们的偶像，大家说对吧？"

毛丽萍刚说完，与会者就纷纷响应，或给蒋柏林戴高帽，或拍他的马屁。

再往深处，每个人都很清楚，软盛资本固然不是达利的大股东，只持有4.87%的股份，但以蒋柏林的号召力，完全可以改变股东大会的走势。说是有能力决定哪一方胜，哪一方负，也不为过。

一阵喧哗过后，每个人都屏住呼吸，等待蒋柏林表明立场。

"首先，我基本上同意黄总的建议。"蒋柏林慢悠悠地喝了口茶，"但是，也不是完全同意。对一家公司而言，能则上，不能则下，这其实和市场经济的优胜劣汰，是一个道理。事实证明，在之前的很多年，以章董和'四大金刚'为首的创始团队，是值得信赖的。这个团队带着达利乘风破浪，披荆斩棘，渡过了一次又一次的难关。短短几年的时间，达利就坐上了上江省同行业头把交椅的位置。这些，都是值得肯定的。只是近两年，由于各种原因，导致达利再次陷入泥潭。这里面，最大的原因是什么？我个人认为，是整个市场的不景气。所以，让投资方来执掌达利，是个办法。不过，也不能忘了章董和'四大金刚'在公司的作用。这番话，是我这个老头子的粗浅看法，各位别见笑。"

"蒋老，那是当然。只要达利在，章董和'四大金刚'无论身处何种位置，都将一直是达利的大功臣。"黄卓群忙接话道。

他心里很清楚，蒋柏林是在暗示自己，可以对章开鹏动手，但要注意分寸。乱了分寸，软盛资本不可能坐视不管。

在这个圈子，一旦得罪了蒋柏林这样的大人物，以后可就不好混了。

"黄总，你明白就好。许多时候，退一步，对双方而言，都将是海阔天空。"

沉默，持续五分钟的沉默。每个人的眼神，都齐刷刷地看着章开鹏，等待着，猜测着。

"我决定辞职，离开达利。"章开鹏一字一顿道。

他的声音虽轻，却瞬间炸开了锅，足以震撼全场。

"开鹏，你确定？"蒋柏林紧接着问。

章开鹏坚定地点了点头："创业十余年，我几乎把所有的精力都投到了达利。除了工作，还是工作，也该好好休息休息，调整调整了。但这并不代表我会放弃达利，毕竟达利是我一手培养大的孩子。单就感情而言，也难以割舍。"

"开鹏，来日方长。下一步该怎么走，往哪里走，好好考虑考虑。计划好了，事半功倍。"

听蒋柏林说来日方长，黄卓群内心"咯噔"了一下。莫非，章开鹏主动辞职，事先和蒋柏林沟通过？等退下来后，蒋柏林会在幕后支持，再次帮助他夺权？仔细想想，这种可能性还是有的。否则，以章开鹏的个性，不会如此轻易放弃。

"蒋老，接下来的路，走一步算一步吧！"章开鹏表情复杂地笑了笑，"另外，我还有一个比较棘手的问题，需要股东大会来决议。经销商闹事，刚才黄总已经说过了。他们闹事的目的，是希望在公司的董事会获取一定的席位。"

"我坚决不同意，对于经销商，我们已经一而再，再而三地纵容，决不能再做让步。"黄卓群第一个站出来反对。

"黄总，别怪我没提醒你，激怒经销商，他们关闭渠道，对达利来说将是致命的。"

"那就干脆和他们停止合作，我就不相信，达利这么大的平台，没有能力去重新构建渠道！"

还没等章开鹏接招，吴勇宏就插话道："这么做，恐怕风险太大了吧！"

吴勇宏和黄卓群产生分歧，这突如其来的变故，令章开鹏又多了一分信心。正如他之前的猜测，他们二人的利益共同体，并非铜墙铁壁。在某些涉及原则性的问题上，是有分歧的。

麦德逊投资达利的目的是什么？为了渠道，这是公开的秘密。吴勇宏好不容易在渠道囤货，现在倒好，黄卓群竟提出要推倒重来，吴勇宏能不急吗？

而且，可以肯定的是，关于这一点，黄卓群之前没有和吴勇宏通气。

章开鹏趁势说："达利和经销商决裂，相信消息很快会传出。到时候，离股票被停牌可就真的不远了。黄总，你可得好好掂量掂量。"

"这个……"黄卓群涨红着脸，过了半晌，才道，"那这件事就先放一放。"

在这之后，又经过一个多小时的激烈讨论，达利新一届的董事会成立，章开鹏和陈茂林出局，由毛丽萍和马锦胜代替，其他人不变。

董事长一职，由黄卓群担任，吴勇宏则担任 CEO。

刚开始，黄卓群和吴勇宏联手，还打算把许婉婷踢出局。章开鹏百般争取，再加上蒋柏林的支持，总算是保住了许婉婷的席位。

股东大会结束，黄卓群做东，请大家吃夜宵。章开鹏委婉拒绝，打道回府。

次日上午，章开鹏和许婉婷便打算返回南州。

上了车，章开鹏象征性地给聂远方打了个电话，问他什么时候回去，自己和许婉婷正在去往机场的路上。

无巧不成书！聂远方和顾冉冉也在去机场的途中，并且，坐的还是同一个航班。

"那好，咱们机场见。"

"好好好，机场见！"

"章董，聂总这只老狐狸正渐渐地露出尾巴。往后，我们不得不防。"

"也好，早发现他的真面目，总归是好事，这也算是此次股东大会的收获吧。"章开鹏语气平和道。

辞掉在达利担任的一切职务后，章开鹏突然觉得，整个人轻松了许多，也淡然了许多。至于聂远方，心中虽有自己的小九九，但最起码没有在股东大会上公然反对自己，也就没必要去责怪他。恨，就更谈不上了。

也罢，一切朝前看吧！

心有猛虎，细嗅蔷薇。说起来容易，悟起来也不难。但真正能做到的人，又有几个呢？

昨天晚上，章开鹏极度悲愤，今天却换了个人似的。一时间，许婉婷也难揣摩透。此刻，最好的处理方式，不是添油加醋，也不是安慰，而是让他一个人冷静冷静，布置 B 计划。

到了机场，进了贵宾候机室，聂远方和顾冉冉已先于他们两人到达。

"聂总，昨晚的股东大会，听说你成了空气！"一见面，许婉婷就揶揄道。

"婉婷，你是不知道，当时的场面，几乎是一边倒，包括蒋柏林蒋老，还有毛丽萍女士，都支持让投资方的代表来管理达利。我一个小角色，就算是支持章董，也改变不了局势。"聂远方自圆其说道，"于是，我就想着，既然局势已定，那我就谁也不支持，让黄卓群和吴勇宏去猜，去悟。私底下，毋庸置疑，我肯定是章董阵营里的人。我相信，章董一定会理解我的。"

"老聂，我理解，当然理解你。不过，我要纠正你一点。昨晚我已经辞去达利董事长一职了，你再称呼我章董，可就不合适了。"

"章……董……看你这话说的。我相信，即便你辞职了，在达利大部分员工的心目中，你依然是达利的掌舵者。而且，我也坚信，你一定会回来的。对了，咱们手上不是还有 B 计划吗，也该出招了吧？"

放在以往，章开鹏势必会好好地和聂远方商量商量 B 计划的执行。今时不同往日，说得越多，风险也就越大。诚然，聂远方不会马上背叛自己，将 B 计划泄露给黄卓群。但万一黄卓群向他抛出橄榄枝呢，情况可就不同了。

因此，B 计划不仅要保密，还要尽快执行。具体的时间，章开鹏也已经想好了。

"老聂，看情况吧。"

章开鹏刚说话，手机就响了一下。掏出来一看，是近在咫尺的顾冉冉给他发来的短信："亲爱的，发生这么大的事情，怎么昨晚都没有告诉我。"章开鹏愣了愣，简单地回复道："这是公事。"不想，顾冉冉的短信又追了过来："回到南州，咱们见一面吧，我想你了。"章开鹏想了想，又耐着性子回复："再说。"

　　发完，他抬头看了一眼顾冉冉，顾冉冉也看着他，一脸的不爽，像是受了极大的委屈一样，一副楚楚可怜的样子。

　　聂远方和许婉婷都察觉到了异样，可又不好揭穿。两个人不约而同地往吧台走去，特意为他们俩腾出空间。

　　越是如此，章开鹏越是不自在。为免尴尬，他掏出烟，进了吸烟室。

　　因四个人买的皆是头等舱，上了飞机，又挨在一起。章开鹏如坐针毡，只好佯装闭目养神。

　　到达南州，不早不晚，正好是饭点。

　　"章董，婉婷，我做东，一起去吃个饭。"聂远方邀请道，"南州本帮菜，怎么样？"

　　章开鹏拒绝道："老聂，算了吧。一来，我没多大胃口。二来，刚刚打完一场硬仗，够累的，我现在只想回家好好休息休息。"

　　"聂总，我还要回趟总部。章董一走，现在达利只剩下我一个人支撑了，哪里还有心思吃饭啊！"

　　"那就下次……下次，反正有的是机会。"

　　说话间，四个人已经出了机场。来接聂远方和顾冉冉的，不是别人，正是宋子强。

　　"章董，婉婷，要不一起上车，先让子强送你和婉婷？"

　　"不用了，郑茹很快就到。"

　　听说郑茹要来接机，顾冉冉不悦地快速钻入后座。聂远方笑了笑，也跟着上了车。

第二十二章

时机

经此一劫，章开鹏更为明白了"防人之心不可无"这个道理。

既然是战友，就存在着战争。既然是战争，就有同盟。但所谓的同盟，并不是一成不变的。决定这一切的，是形势。

章开鹏到了家，刚进餐厅，就闻到了一阵阵香味。郑茹的厨艺，虽比不上五星级酒店的大厨，但做起家常菜来，也绝对是一流水平。章开鹏搁下行李，走上前一看，四菜一汤，红烧带鱼、蒜苗烧肉、家烧螃蟹、清炒蘑菇，外加一个酸辣汤，都是自己平时最喜欢的菜。

　　章开鹏的味蕾一下子被打开了，想来自己已经快一年没吃过郑茹做的饭了。平日里，孤身一人。一日三餐，或者在公司食堂，或者在饭局上，又或者在香缇景苑。

　　说实话，顾冉冉的烹饪技术，并不亚于郑茹。不过，两个人还是有区别的。顾冉冉做菜，讲究华丽。必须要把一道菜做得漂漂亮亮的，既要好看又要好吃。往好了说，顾冉冉是个完美主义者。往坏了说，是固执、神经质，还带点强迫症。郑茹则不同，虽也讲究色香味俱全，但更多地注重味道。做的菜朴实、温馨，更有家的感觉。

　　乍一看，这是两个人个性上的区别。再往深处看，其实是阅历，是成熟程度上的差异。

　　不难得出，郑茹比顾冉冉更适合做老婆。有了这个结论，之前一直纠结的问题，是说服郑茹留在南州还是继续和顾冉冉保持情人关系，也就有了答案。

　　一个男人，年轻时可以风流，可以玩世不恭。但老了，最需要的还是一个家，尽享天伦之乐。所谓的名和利，到头来都是空的。

　　辞职后，章开鹏不仅觉得自己放松了许多，也通透了许多，仿佛到了另一个境界。

他尚未回过神，郑茹就已经盛了一碗热腾腾的米饭放在桌子上。

"雯雯呢？"章开鹏喝了口汤问道。

"约了几个小学同学，说是闺密，一起逛街去了。"

"哦！"章开鹏犹豫片刻，又道，"对了，接下来我会在家里待一段时间。"

"是不是出了什么事情？"郑茹有些担心地问。

刚才去接机时，郑茹就觉得章开鹏的表情有些不对劲，但路上一直没问。其一，有许婉婷在，不好多问。她只知道章开鹏和许婉婷这两天去香港出差，具体什么事情，她也不清楚。其二，虽然回南州了，但她和章开鹏依然处于冷战状态。

可是，当听说章开鹏要在家休息一段时间，郑茹突然有种不祥的预感。

达利创办10余年，休息，对章开鹏而言，是一种奢侈。尽管公司的制度明文规定，副总以上级别的高层，一年享有半个月的年假，但章开鹏从未请过年假。不请年假也就罢了，大部分的双休日，也耗在公司。现在倒好，他说要在家休息。而且，时间应该还不短。这里面，定有蹊跷。

"我辞职了！"

"什么？辞职？为什么？"郑茹踉跄了一下，差点跌倒。

"这件事说来话长，等有空了，我再慢慢跟你解释吧。"

郑茹看着章开鹏鬓角处的白发，一股久违的心疼油然而生。

的确，作为丈夫，他是失职的。作为父亲，还凑合。但如果没有这些年他在外面打拼，自己和女儿能过上如此羡煞旁人的生活吗？不说别的，单就物质方面而言，比一般人就要好上许多。

一年前，自己带着女儿负气离开南州，远走加拿大时，夫妻俩曾有过约定。等女儿到了一定的年龄，再协议离婚。可是，真的要走离婚这条路吗？

在加拿大的许多个夜晚，郑茹也曾扪心自问，到底还要不要这个家。如果要，就得带着女儿回到南州，逃避始终不是办法。如果不要，就要有做单亲妈妈的准备。

事实证明，郑茹还是要这个家的！

人非圣贤，孰能无过。

过去的就让它过去吧，人这一辈子，谁不会犯几个错误呢？

辞职，是不是意味着他放弃了苦心经营多年的达利？达利的第一次内斗，郑茹是亲历者，三剑客因为利益，分道扬镳，形同陌路。后来，公司引进了风投。这两年，有关章开鹏和投资方之间的矛盾，郑茹也略知一二。莫非，七年前的那一幕，又上演了？

见章开鹏只是埋头吃饭，郑茹迟疑片刻："那……那我再给你盛碗酸辣汤。"

吃完饭，章开鹏说了句"我先去睡个觉"，便上了楼。进了房间，他把三部手机一一放在床头柜上，刚躺下，想了想，又起身把三部手机都关了机。

难得的安稳觉。

这一觉，章开鹏整整睡了三个多小时，直到下午四点半。醒来时，他迷迷糊糊记得自己做了个梦，梦见自己正站在悬崖边上，猛然，有人在背后推了他一把。随后，自己如同掉进了万丈深渊，紧接着，就被惊醒了。

章开鹏下意识地将手伸进被子里摸了摸，到处都是汗。随后，他穿上睡衣，径直走到阳台，坐在藤椅上，点上烟。一支烟还没抽完，就听见身后有动静。转过头一看，原来是女儿章静雯正忍住笑，鬼鬼祟祟地在开门。

"回来啦。"章开鹏掐灭烟，慈祥地笑了笑。

"章开鹏同志，您一个堂堂上市公司的董事长，居然穿着睡衣在阳台上抽烟，貌似有点不太符合您的身份吧。"

"你一个小姑娘，懂什么。"章开鹏伸出手，轻轻地叩了一下女儿的脑门。

"切，别以为你们大人的心思有多复杂，我懂得很。就像老妈带着我去加拿大上学一样，你们口口声声说，是为了我的学习环境，为了前途。实际上，我知道，是你们两个闹矛盾了，正在冷战呢……"

一听冷战，章开鹏的心，不由得抖了一下。莫非，郑茹和女儿说了什么不该说的，将自己和顾冉冉的那层关系，捅破了？真要是这样，那就糟糕了。

在章开鹏看来，这件事可以让任何人知道，唯独不能告诉女儿！

"瞎说！"

"什么瞎说啊，难道我说错了吗？不过，你们两个具体发生了什么，我就不清楚了。我问过几次，老妈的嘴，就是撬不开。有时候，你们大人的世界，还真是难懂。"小姑娘噘了噘嘴，古灵精怪道，"章开鹏同志，您是个男人，应该大度点，就不能哄哄我老妈吗？要不，我教您两招对付女人的绝招，一靠哄，二靠骗。"

"臭丫头，你这些都是哪里学来的歪理！"章开鹏哭笑不得道，"我知道该怎么做。"

"越是歪理，越接近真理。既然知道该怎么做，就不能光动嘴皮子，得行动啊！"

"好啦，好啦，遵命。"

"这还差不多！"

"对了，雯雯，这次回来，你和你妈打算什么时候回加拿大？"章开鹏套话道。

章静雯假装生气地质问："怎么，章开鹏同志，您这是要赶我们母女俩走吗？"

"我呀，是盼着你能天天陪在我身边。"

"哦，那我明白了，您是想套我的话！"

在上海转机时，郑茹曾告诉章静雯，这次回南州，可能不再回加拿大了。章静雯直问为什么，郑茹叹气道，加拿大再好，但我们的家永远在南州。言语间，带着无奈，也带着悲凉。

另外，母女俩还有一个秘密，那就是暂时不要把这条消息告诉章开鹏。

"死丫头，有你这样跟爸爸说话的吗？"章开鹏探身捏了一下女儿的鼻子，"你先下去，爸爸还有点事情要办。"

"那好吧。"

待女儿出了房间，章开鹏将三部手机一一开机。iPhone有两个未接电话，三条未读短信，皆是来自顾冉冉的。章开鹏懒得看，也没心思看。三星和小米，各有一个未接来电，分别是袁德奎和宋子强打来的。

事有轻重，他先拨通了袁德奎的号码。

"章董，你可总算给我回电话了，担心死我了。"

"袁老大，我中午刚从香港回来。有点累，就睡了一觉。"

"章董，你的电话打不通，我就联系了婉婷。大概的事情，婉婷都跟我说了。那个黄卓群，也他妈太不是东西了。还有那个吴勇宏，也好不到哪里去。他们居然联起手来向你逼宫，岂有此理！"

"袁老大，他们这么做也是为了利益，无可厚非。"

"章董，黄卓群和吴勇宏这么做，可以理解。但我还听说，聂总的态度，也有点问题，这恐怕就没那么简单了吧？"

"袁老大，人各有志。关于老聂，我现在还不好做评价。"

"章董，听你的口气，不会是真的……真的想放弃达利吧？"

章开鹏反问："袁老大，你觉得呢？"

"章董，达利可是你的命根子，我觉得，你是不会这么轻易放弃的。"袁德奎试探道。

"袁老大，走到这一步，在我的预料之中。否则，当初我们在澳门密会时，就不用在制订A计划的同时，又留了后路，也就是B计划了。"

"章董，你的意思是说，咱们可以执行B计划了？"

"袁老大，容我再想想。有消息，我会及时和你沟通。"

"也好也好，章董，那我就等你的号召！"

当初在澳门时，章开鹏和经销商虽详细地商谈了B计划，不过，具体何时执行，并没有明确的说法。毕竟，什么时候会到那一步，谁也拿捏不准。当然，最好的局面，是A计划取得成功，那就用不着B计划了。

但事已至此，也就只能按计划行事了。

从香港回来的路上，章开鹏就一直在想，何时推出B计划。B计划成功与否，或者说，能造成什么样的效应，时机很重要。思忖下来，他已大概有了想法。可就算想法很清晰，也得先保持神秘感，卖个关子。

经此一劫，章开鹏更为明白了"防人之心不可无"这个道理。

别说是袁德奎，就连"亲密战友"聂远方，都正在脱离阵营。你再去跟他们掏心掏肺，那就太愚蠢了。

　　既然是战友，就存在着战争。既然是战争，就有同盟。但所谓的同盟，并不是一成不变的。这就好比第二次世界大战一样，每个参战国家，尤其是西方列强，在不同的时间段，打着不同的如意算盘。他们先是对德国采取绥靖政策，随后，又联合起来，一起对抗德国。

　　决定这一切的，是形势。

　　而美国无论是在二战中，还是更早时候的一战，本土都免遭战火的侵袭，大发战争横财。

　　相对应地，达利这盘大棋局，也有"美国"，那就是蒋柏林的软盛资本。

　　"章董，还有……"袁德奎顿了顿，又煞有介事地问，"经销商进入董事会那件事，有结果了吗？"

　　刚才，袁德奎给许婉婷打电话时，也试探过这个问题。许婉婷只说，股东大会也有一致决定，具体的，过几天会在公司的高层会议上公布。除此，便没做任何透露。

　　"袁老大，关于这件事，我在股东大会上提出来了。刚开始，黄卓群和吴勇宏是极力反对的。至于原因，想必你也应该能猜得到。后来，我费尽口舌，力排众议，详细描述了经销渠道对于达利的重要性。这个观点，得到了绝大部分股东的支持。于是，黄卓群和吴勇宏也只好做了妥协。"

　　"章董，谢谢，太谢谢你了。看来，这场局部战争，我们还是稳赢的。"

　　"袁老大，你先不要急着说谢谢。虽说在这个问题上，股东大会已有了一致的决议。但是，名额只有一个，该给谁，内部也是有争议的……"

　　袁德奎的脸部表情，霎时由晴转阴。

　　"章董，这些年，承蒙大家的抬举，我戴上了经销商'带头大哥'的帽子。我想，在所有经销商中，除了我，没有人更适合成为董事会的一员吧？"

　　"袁老大，实不相瞒，大部分的人都支持'西北狼'。"

　　"什么！马锦胜？"袁德奎叫道，"他不是自诩为世外高人，无欲无求的吗？"

　　经销商队伍中，有能力和袁德奎抗衡的，只有马锦胜一个人。不过，袁德奎自认为号召力要大于马锦胜。就算和公司股东的关系，也要好于马锦胜。

之前，袁德奎也担心过，马锦胜会成为自己的竞争对手。不过，那也只是一瞬间的想法。他坚信，自己的赢面要大于马锦胜。谁知，到头来还是败给了马锦胜。

"袁老大，这是股东大会的决议，我也无能为力。不过袁老大，你也不要操之过急。马总今天有机会加入董事会，明天你也有机会。可如果达利一直由黄卓群坐庄，别说是你，将来马总十有八九也会被踢出董事会。届时，经销商的主动权，只会一点点地被蚕食。"

袁德奎愣了愣道："章董，接下来你的反攻计划，只要需要我们这些经销商，我定会赴汤蹈火，在所不辞！"

其实，对袁德奎和经销商而言，完全还有另一种选择。放弃和章开鹏之间的结盟，投奔投资方。可黄卓群那帮人，过于唯利是图，又不善经营，撂挑子是迟早的事情。章开鹏则不同，说句不好听的，达利就如同他的女人，哪怕是闭上眼睛，他都熟悉达利的每个环节。并且，他很快就会展开如潮水般的反攻，一旦反攻，黄卓群恐招架不住。这就好比一场赌局，袁德奎终究还是把筹码押在了章开鹏身上。

"袁老大，谢谢你的信任。"

说完，章开鹏放下三星手机，又拿起小米，给宋子强回了个电话。记忆中，从宋子强进入达利，尽管唯自己马首是瞻，人前人后更是把自己当成偶像，但彼此通电话，极少。毕竟，一个是董事长，一个只是中层领导。

"子强，有事？"

"章董，事情我都听聂总说了。我呀，是恨不得揍黄卓群那个假洋鬼子一顿。太不是东西了，他居然真把矛头指向了你，也不掂量掂量自己有几斤几两！"宋子强同仇敌忾道。

"子强，既然是事实，就要接受。有事说事，我要吃饭了。"

"章董，这个周末我回了趟省城，去拜访了我伯伯。我伯伯还特意提到了你。其间，不乏赞美之词。说是上江省企业家的青年才俊，他欣赏的不多，你是其中的一个。"

章开鹏暗叹道，自己都快奔五的人了，算哪门子的青年才俊啊！转念一想，在宋庆生面前，自己的确是晚辈，也就没去反驳宋子强。

"能得到宋主席的夸奖，是我的荣幸。"

"章董，我伯伯还说了，"宋子强声音突然变小，故弄玄虚道，"他想和你见个面，聊一聊。"

"宋主席要见我？"章开鹏有些意外地问，"不过，这马上要到年底了，真要见面，估计也要等到明年了。"

按理说，章开鹏现在很闲，完全可以安排自己的时间。不像以前，他的时间几乎和工作画等号。可眼下，实施 B 计划，显然要比见宋庆生重要许多。

不过，章开鹏还是有个疑问，自己和宋庆生，素未谋面，更谈不上有私交，他为何要见自己？见自己也就算了，又为何选择在这个节骨眼上呢？

"章董，我伯伯也是这个意思。年后见个面，时间和地点再定。"

"子强，宋主席没说其他的？"

"其他的？其他的还真没说什么。"宋子强故作神秘道，"不过，以我对我伯伯的了解，他极少主动约人谈事。只要是主动约人，谈的肯定是大事。"

还未等章开鹏消化，宋子强又说："章董，实不相瞒，我也问了，可我伯伯做事有他的规矩，他不想说的，你再追问，他也不会去说。"

"没事，既然要见面，那就见面再谈吧！"

挂了电话，章开鹏下了楼，隐约听到熟悉的声音。探头一看，郑茹和许婉婷正坐在沙发上攀谈着，女儿在一旁埋头玩着手机。

见到章开鹏，许婉婷赶忙起身道："章董！"

郑茹接话说："婉婷一个人在家，我就把她叫过来一起吃晚饭了，多个人热闹些。"

"婉婷刚从香港回来，需要好好休息，你这不是打扰别人吗？"

"章董，没事没事。说实在的，我也没心思休息。"

到了达利总部，许婉婷先是回四号楼冲了个澡。尽管筋疲力尽，却睡意全无。索性，她就换上衣服，到处转了转。顺便把高伟业和陈茂林两位战友叫到办公室，告诉他们章开鹏辞职的消息，并提醒他们，严守秘密，一切听从章开鹏的安排和指挥。

物是人非哪！一种前所未有的悲凉感，涌上她的心头。

可是，光埋怨，是解决不了问题的。所以，当郑茹打来电话时，她想都没想，就跑过来了。或者，她的醉翁之意，并不在一顿晚饭，而是和章开鹏好好地合计合计下一步棋该怎么走。

"婉婷，你是没心思睡觉，我是睡得不踏实，做了个噩梦。醒来之后，又分别和袁德奎和宋子强通了电话。"

"宋子强？"许婉婷惊疑地问。

章开鹏并不急着说，而是走过去，坐到许婉婷的对面。随后，给郑茹使了个眼色。

郑茹心领神会，起身拍了拍章静雯："雯雯，你爸爸和婉婷阿姨有事要谈。老规矩，我去做饭，你来打下手。"

章静雯抬起头，冲着章开鹏和许婉婷吐了吐舌头，扮了个鬼脸，便跟着郑茹进了厨房。

第二十三章

B 计划

　　既然黄卓群是一把手，他只会比自己更急。那么，自己又何必一个人往上冲呢？先让黄卓群冲冲看，能冲过去，最好不过。冲不过去，自己也好有两手准备。

　　做墙头草，许多时候也是一门大学问。

“章董，事情我已经告诉茂林和伟业了。”许婉婷往前探了探身，汇报道。

“本该告诉他们，他们有知情权。虽说聂远方的态度摇摆不定，但茂林和伟业还是值得信任的。总而言之，'四大金刚'能陪着我并肩作战到现在，是缘分，不容易。”说着，章开鹏唏嘘不已。

忆往昔，峥嵘岁月稠啊！

想当初，自己和高中同学冯刚、李建辉一道创业时，感情更深，关系更为牢固。结果呢，还是闹翻收场。"四大金刚"走到今天，抛开其他人，许婉婷能如此死心塌地地跟着自己，就已经是不幸中的万幸了。

“章董，来的路上，我一直在琢磨 B 计划，思来想去，觉得选择什么时机实施 B 计划，是整个环节中的重中之重。”

“婉婷，你跟我想到一块去了。”章开鹏赞许地点了点头，又问，“婉婷，你觉得什么时机最合适？”

“明年的 2 月 14 日，情人节那天。”

按惯例，每年的 2 月 14 日，达利都会宴请各路经销商，这是章开鹏定下来的规矩。按他的原话，达利和经销商的关系，要如同情人般亲密。

“婉婷，看来咱们是不谋而合啊！权衡利弊，2 月 14 日无疑是最佳时机。”

“章董，有了时机，接下来就是如何执行的问题了，我担心……”

“你担心经销商会不配合，尤其是袁德奎？”

“没错，袁德奎处心积虑地为经销商谋取董事会的席位，说穿了，是为了他自己。可结果呢，'西北狼'马锦胜取代了他。可以想象，他心中肯定是有怨气的。有了怨气，他还会支持我们吗？没有了袁德奎这个'带头大哥'的支持，B 计划是否能按预期奏效，可就要打上一个大大的问号了。"

"婉婷，该说的我都和袁德奎说了，该点明的也点明了。在我们和投资方中做选择，我相信袁德奎，包括大部分经销商的天平，都会往我们这边倾斜。袁德奎是聪明人，更是生意人，他会想明白的。还有，晚上我再跟马锦胜通个电话，具体地说说 B 计划。做人做事，马锦胜这个'西北狼'要比袁德奎更可靠。"

"那……那我就放心了。"

"婉婷，还有……"章开鹏从容地掏出烟点上，"我有个想法，B 计划实施的时候，我来个人间蒸发，让黄卓群和吴勇宏摸不着头脑。适当的时候，随时杀回南州，打他们一个措手不及。"

当局者迷，旁观者清。

在这之前，创始团队和投资方的矛盾，章开鹏都是局内人。有些时候，做起事情来，难免会落入井底之蛙的怪圈。辞了职，既是局内人，更是局外人，心思反倒缜密了许多。

"我赞成。"许婉婷眼珠子转了转，又道，"章董，要想击溃黄卓群和吴勇宏，除了 B 计划，还得想方设法地从内部瓦解他们之间的同盟。"

"婉婷，我也是这么想的。不过，我们想主动去瓦解，恐怕没那么容易。最好是富可亚洲和麦德逊双方，在利益上出现分歧。那么，所谓的同盟，也就不攻自破了。"

"章董，依我看，过不了多久，他们就会有矛盾。黄卓群的目的，是掌控整个达利。而吴勇宏，是为了控制渠道。磨合得好，就是一加一大于二；反之，就是小于二。黄卓群精明，吴勇宏也颇有城府，彼此想要很快建立信任，恐怕很难。"

正说着，郑茹已经张罗好了晚饭，一顿丰盛的西餐：神户牛肉、水果沙拉、烤面包、蘑菇浓汤，外加咖啡和红茶。

"章董，郑茹姐不在的时候，你的一日三餐，顶多算是刚刚解决温饱问题，要么在公司食堂里，要么泡碗方便面在办公室里对付着。郑茹姐一回来，你是直接跳过小康水平，和资本主义发达国家接轨了。"许婉婷调侃道。

"婉婷阿姨，实话告诉你，我和我妈在加拿大时，逢年过节，我妈才会给我做顿好吃的。平时，基本上是拿比萨和意大利面对付着。也就是我爸，才能享受这么高规格的待遇。回来这段时间，我可算是发现，只要我爸在家，我妈就变着法给他做菜，每天都是不同的花样。今天中餐，明天西餐，后天日本菜……"章静雯起哄道，"婉婷阿姨，你说我妈偏不偏心啊？"

童言无忌，却直戳郑茹内心深处的最柔软处。

"你个没良心的。"郑茹尴尬地一笑，"婉婷，快吃快吃，凉了就不好吃了。"

许婉婷先是喝了口浓汤，啃了口面包，随后拿起手机，刷起了微博。没过多久，她张大着嘴巴，表情十分愕然。

郑茹还以为她噎到了，忙问："婉婷，怎么啦？"

"没事。"说完，许婉婷又转向章开鹏，"章董，快看金融虎刀的微博。"

金融虎刀？自从上次在微博爆出达利内斗和给自己编造莫须有的"三宗罪"后，他已经销声匿迹很久了。再加上最近被一连串的事情搞得焦头烂额，章开鹏都快把这个人给忘了。

听许婉婷的语气，金融虎刀发的微博，应该和达利有关。

章开鹏边寻思着边打开微博，搜索到金融虎刀。一看，果不其然，又是长微博。金融虎刀用了近1000字，几乎是还原了此次达利股东大会的全过程。其中，他用了大量的笔墨，描述了章开鹏这个创始人被踢出局的场景。

参加股东大会的，皆是达利的股东。并且，保密性极高。看完，章开鹏的第一反应就是，某个股东故意向金融虎刀泄露了消息。

"婉婷，你认为会是谁走漏了风声？"章开鹏边揣摩，边问。

"十有八九会是黄卓群或者吴勇宏。"

"我认为可能性不大，"章开鹏放下刀叉，"黄卓群刚刚接管达利，作为外来的和尚，本就难念经。所以，他最大的希望，是达利内外部相安无事。但这条消息，对他来说无疑是灭顶之灾。投资方和创始人闹矛盾，随后又把创始人踢出局，这意味着什么？意味着达利的股价会再次下滑。再下滑，停牌是必然的。我想，这是黄卓群最不愿意看到的局面。"

"除了黄卓群，那还会是谁呢？"

"其他的股东，每个人都有可疑。到底是谁，我一时半会儿也猜不透。"

"这么做的目的又是什么？"许婉婷又抛出疑问。

"如果能猜中目的，嫌疑人也就好找了。"章开鹏喝了口红茶，又道，"婉婷，这条线我们要跟上。还有，我倒是要看看黄卓群怎么去擦屁股，他现在是董事长，真出了事，他就得负全责。另外，估计接下来会有不少媒体记者闻风而动，提出采访的要求。索性，我把手机都关机了，先好好地吃顿饭。"

"老爸，我们正在吃饭呢，您就不能不提屁股这种不雅的词语吗？"章静雯打岔道。

"好好好，吃饭，先吃饭。"章开鹏又拿起刀叉，边切牛排边问，"对了，雯雯，过几天爸爸带你出去旅游怎么样？"

"带我去旅游？去哪里？您不用上班吗？"章静雯满脑子的疑问。

"趁着你和你妈正好在南州，我就请了个年假，带你们母女俩出去走走。"

"章开鹏同志，您总算是说了句像样的话。"章静雯欢声雀跃道，"您再不带我出去走走，我在家里都快发霉了。话又说回来了，您准备带我们娘儿俩去哪里旅游呢？"

"初步计划是出境游，具体去哪个国家，看你的想法。"

"那我们去瑞士怎么样，我做梦都想着去瑞士滑雪呢。"

"好，没问题，明天我就去订机票。"说完，章开鹏又添了一句，"我们一家人干脆在欧洲转一圈得了。"

"章开鹏同志，您可算是开窍了。"女儿切了块大大的牛排，放到他的盘子里，"赏您的！"

这边一家人其乐融融，正在商量着出游计划，那边黄卓群和吴勇宏，正陷入困境。黄卓群怎么也没想到，金融虎刀居然未经自己允许，就爆了章开鹏出局的猛料。这不是明摆着添乱吗？若无意外，明天达利的股价，还会继续往下跌。

今时不同往日，之前股价下跌，是章开鹏的责任。现在自己成功上位，这便成了自己的过失。短时间内，影响不大。只要事件平息，对于股价上扬，他是有信心的。资本市场的那些门道，他自认为要比章开鹏看得清楚，看得透彻。可消息一旦扩散，后果堪忧哪！

从看到微博的那一刻起，黄卓群就不断地在给金融虎刀打电话，刚开始通了，他不接。后来打过去，是正在通话中的状态。再后来，就是关机。程乾有意躲着自己也就罢了，无孔不入的媒体，也跟着过来瞎搅和，一个个提出要采访。黄卓群心中有气，却又不好发作。记者素有"无冕之王"的称号，自己还真是惹不起。万一得罪了他们，给你来个落井下石，那就是自讨苦吃。

无奈之下，他只好让吴勇宏过来一趟，商量对策。

在香港，股东大会结束的当晚，黄卓群和吴勇宏在房间里大吵了一架。黄卓群斥责吴勇宏两面三刀，居然同意把经销商放进董事会，养虎为患。吴勇宏则怪罪黄卓群过于自私，根本就不顾及麦德逊的死活。两个人足足争执了一个小时，最后不欢而散。

可不快归不快，双方盟友的关系，依然不变。只是，各自心里都埋下了导火线，日后关系破裂的导火线。

"黄总，按这种形势下去，咱们可就要天天被人架在火上烤了。"吴勇宏故意装出一脸惶恐状。

出了这档子事情，他也急。不过，急也没用。又或者说，还轮不到他这个CEO急。现在达利的一把手，是黄卓群，不是自己。这一点，必须有明确认识。既然黄卓群是一把手，他只会比自己更急。那么，自己又何必一个人往上冲呢？先让黄卓群冲冲看，能冲过去，最好不过。冲不过去，自己也好有两手准备。

做墙头草，许多时候也是一门大学问。

"我说吴总，现在光埋怨，你觉得有用吗？埋怨是解决不了任何问题的，咱们还是好好地想一想，如何应付这一个又一个棘手的问题吧！"黄卓群唉声叹气道。

看着黄卓群的脸，表情扭曲，吴勇宏心中不禁暗笑，在从香港回南州的飞机上，为修补两个人的关系，黄卓群拍着胸膛说，不出一个月，就会把达利带到一个新的高度。章开鹏那些手段，早就过时了，不中用了。现在呢，还不到一天的时间，他就失了分寸，如同无头苍蝇般乱撞。

吹牛这种事，吹好了，是本事；吹不好，那就是笑话。

想着，吴勇宏差点笑出声来。

"黄总……"

当吴勇宏第二次称呼他为黄总时，黄卓群显然有些不高兴了："吴总，我提醒你，我现在的职位，是达利的董事长。"

"好，黄董，你说有没有可能是章开鹏向金融虎刀泄的密，有意将你一军？"吴勇宏道出了自己的想法，"金融虎刀这种人，唯利是图，眼里只认钱。既然你可以出钱收买他攻击章开鹏，同样，章开鹏也可以出更高的价，收买他攻击你。现在最想看你笑话的是谁？是章开鹏。所以，章开鹏的嫌疑最大。"

"从逻辑上，这种猜测，是站得住脚的。我也考虑过，章开鹏主动辞职，没那么简单。另外，蒋柏林的态度，也值得玩味。如果蒋柏林和章开鹏私下达成了什么协议，那我们的处境就更危险了。章开鹏难对付，蒋柏林更难对付。"分析完，黄卓群又说，"还有吴总，以后说话的时候，注意用词，别老是你你你的，请用'我们'！"

"黄董，口误口误，纯属口误。"

黄卓群挥了挥手，示意吴勇宏不用解释。

"如果真是章开鹏所为，他下一步棋会怎么走，值得我们好好去揣摩。只有揣摩透了，才能对症下药。否则，他在暗，我们在明。一旦交起手来，我们难免会吃亏。"

"黄董，你说章开鹏会不会像七年前一样，动用经销商的力量，来围剿我们呢？"

"经销商？乌合之众罢了，根本就没什么可怕的。我怕的是他联合蒋柏林搞出什么动静来。"黄卓群冷哼了一声。

乌合之众？黄卓群也太小瞧达利的经销商队伍了，不知道他哪儿来的自信，居然会如此评价。

经销商是达利的命脉这句话，章开鹏认同，吴勇宏也是认同的。

"黄董，别忘了，七年前，正是由于经销商的力挺，章开鹏才得以击败冯刚和李建辉，重掌达利。"

"那又如何？章开鹏可以和经销商称兄道弟，我们也可以。这里面，无非就是利益，章开鹏给多少，我们给得更多不就行了吗？"

"黄董，章开鹏经营渠道这么多年，他和经销商之间的利益关系，恐怕没那么简单吧！"

"吴总，简单也好，复杂也罢。就算经销商会像七年前那样支持他，我也有对付的办法。"

"什么办法？"

黄卓群故弄玄虚道："到时候你就知道了！"

某天的下午，章开鹏一家三口坐在了南州飞往法兰克福的航班上，开始为期 20 天的欧洲旅行。除了一家人出去走走，带女儿见见世面，此次欧洲之行，章开鹏还有另一番用意，制造假象，让黄卓群和吴勇宏觉得，自己真的是放弃了达利，打算过闲云野鹤的生活。

他越是隐藏得深，黄卓群越是把不准脉，越是慌乱。面对章开鹏的不按常理出牌，黄卓群不得不时时刻刻提防着。提防章开鹏、股市下跌和媒体的电话轰炸，这些压得他喘不过气来，以至于根本就没有足够的时间，去深入了解达利的整个管理体系。

黄卓群早有预料，接手后的达利，会是一块烫手的山芋，只是没想到会如此烫手。

章开鹏回到南州，已经是农历年底。年前年后，他大部分的时间，都待在家里，看书读报，偶尔看看股市行情，像是真的进入了退休生活。这期间，郑茹终于做出决定，留在南州，不再去加拿大。

这对章开鹏来说，是天大的好消息。但对顾冉冉，却是坏消息。见郑茹和章静雯迟迟未离开，她给章开鹏打过多次电话，要求见面。章开鹏要么说，等缓一缓，过段时间再见面，好好地坐下来谈一谈，要么干脆不接电话。

他深知，躲避顾冉冉，终究不是办法。可年后他有更重要的事情要办，这件事就先放一放。等 B 计划执行完了，再办也不迟。

2 月 10 日下午，章开鹏和家人道过别，只身前往香港。至于去香港做什么，他没说，郑茹也没问。这是夫妻俩多年培养起来的默契，但凡是章开鹏工作上的事情，郑茹从不过问，除非他主动说。

到达香港的当晚，章开鹏发了一条微博：这条路上的狗太多，我决定绕道走。这也是他离职后的第一次开腔，枪口实打实地对准了黄卓群和吴勇宏。

第二天，这条微博就成了业内的大新闻。明眼人一看便知，章开鹏口中的"狗"，指的就是黄吴二人。可骂得如此隐晦，如此有艺术，黄卓群又不能主动把帽子往头上扣，承认自己是"狗"。他所能做的，就是取消对章开鹏的关注，以此发泄心中的不快。

◎第二十四章◎

反攻

"婉婷，再添把火，放出消息，明天我将回南州。"

"章董，我这就办。"

忍气吞声了两个月，该吹响反攻的号角了！

"吴总，章开鹏已经开始反扑了！"第二天一大早，黄卓群就把手机拍到了吴勇宏的办公桌上，"你来看看这条微博。"

　　吴勇宏瞟了一眼手机："黄董，昨晚我就看见这条微博了，章开鹏这是正式向我们宣战哪！"

　　"宣战就宣战，我根本就不惧他。有种就真刀真枪地来，躲在背后骂别人是狗，算什么东西！"黄卓群涨红着脸，几乎抓狂道。

　　吴勇宏心想，不就被人骂成狗了嘛，有什么好激动的？你以为章开鹏发这条微博，真是为了图一时之快吗？章开鹏真正的用意，就是想看到上蹿下跳、丧失理智的黄卓群。

　　"黄董，少安毋躁，少安毋躁，不就是一条含沙射影的微博吗？你大可不必放在心上。"吴勇宏劝慰道，"前段时间，章开鹏带着家人去欧洲度假。其实，度假是假，麻痹我们才是真。度假回来，他没在南州待几天，又跑去香港了。我相信，每一步棋，都是他事先布好的局。所以，这条微博只是个开端，接下来，他肯定还会有所行动。"

　　吴勇宏话音刚落，顾超就气喘吁吁地闯了进来，也不敲门，一脸的惊慌失措。

　　"什么事，慌慌张张的？"吴勇宏不快地问。

　　"吴总，黄董，出事了，出大事了……"顾超来不及缓口气，又毛毛躁躁地说，"公司的员工，尤其是章开鹏以前的老部下，像是约好了一样，集体不来上班……"

　　"什么！罢工！"黄卓群和吴勇宏几乎同时叫道。

"他们人呢？通知许婉婷了没有？"黄卓群边问边往外走，"如果通知了，你现在就给许婉婷打电话，让她马上过来。如果没有，你马上给她打电话。"

"许婉婷已经在员工宿舍楼控制局面了！"

"好，那我们马上过去一趟。"

三个人风风火火地赶到员工宿舍楼，却被堵在了门口。

"你们到底想干什么？造反吗？"黄卓群吼道。

可员工们依然不管不顾，很快，就把他的声音盖住了。

黄卓群又拉过顾超问："许婉婷呢，在哪里，赶快让她滚出来！"

"许婉婷在里面，马上就出来。"

半晌，许婉婷好不容易才挤过人群，到了门口。说也奇怪，她一到门口，员工们就停止了抱怨和交谈。

"婉婷，这到底是怎么回事？"黄卓群急得差点跳起来。

"黄总，我也是刚刚得到消息，一得到消息，我就从四号楼赶来了。赶到后，马上就了解了情况。员工们说了，他们希望章董回来主持大局，要不然，会继续罢工下去。我是费尽了口舌去劝，可他们还是这个态度。"

"没错，我们要章董回来！"近百名员工异口同声道。

"成何体统！成何体统！"黄卓群直跺脚，"婉婷，我说姑奶奶，公司的员工一向很尊重你，你再劝劝他们。这……这……他们一罢工，公司就得停止生产。停止生产，一天下来的损失，可是惨重的。还有，万一被媒体捅出来，就收不了场了啊！"

"黄总，该用的办法我都用了，说白了，员工们要的是投资方的态度。"

"态度？我能拿出什么态度，难道你现在就让我把章董请回来吗？真要是如此，股东大会的决议，岂不是成了儿戏？再说了，这也不是我一个人能做得了主的啊。"

"黄总，那只能你自己看着办了。"

从头至尾，许婉婷都只称呼黄卓群为黄总，这说明，在她眼里，达利的董事长有且只有一个，那就是章开鹏。

"容我想想，先容我想想。"

僵局一时半会儿打破不了，黄卓群只好恳求许婉婷先留下来控制局面，顾超配合，他自己和吴勇宏则先回办公室。

"吴总，这都算什么事嘛。这些员工，摆明是在向你我示威。"黄卓群气急败坏地摔上门。

"黄董，我怎么感觉员工罢工没那么简单呢？"

"不简单，什么意思？"

"员工罢工，章开鹏又不在南州，这事，也太巧合了吧。"

"你是说，章开鹏有意离开，目的是遥控指挥，避免和我们硬碰硬？"

又是微博，又是员工闹事，黄卓群被气糊涂了。经吴勇宏这么一说，他渐渐地恢复了理智。

"我认为这种可能性很大。"

"晚上，晚上我抽空给章开鹏打个电话，和他过过招。"

但没到晚上，继员工罢工后，经销商联合供货商，也闹事了。

下午四时许，一直闷在办公室的黄卓群和吴勇宏，又从顾超那里得到一条噩耗：公司的36大运营中心，停止向达利下订单。还有，所有的供货商，也停止了供货。

对于黄卓群和吴勇宏而言，这简直就是灭顶之灾。一向遇大事不惊的吴勇宏，也慌了。员工罢工，第一责任人是黄卓群，自己大可不必往上冲。可经销商和供货商也参与进来，把渠道堵死了，那就不同了。

"黄董，章开鹏连续祭出老臣子和经销商这两大武器，这下子，可换成我们被逼到悬崖边上了。不难分析，章开鹏是想通过连续出招的方式，打我们一个措手不及，让我们难以立足。"

"谅他章开鹏也没这个本事。"黄卓群嗤之以鼻道，"第一，员工再闹下去，我们就来个杀鸡儆猴。第二，我们是靠渠道吃饭，经销商又何尝不是。供货商自不用说，没有达利的盘子，他们熬不了多久。章开鹏想让我们乱，我们就更要冷静。还有，他们不是想让章开鹏回来吗？那就请他回来。"

"什么？黄董，我没听错吧，请章开鹏回来？"

"没错，我自有安排。具体的，还没思考成熟。"

"黄董，怕就怕我们的速度，赶不上章开鹏的反攻。"

下班回到一号楼，黄卓群做的第一件事，就是拨打章开鹏的号码。

"黄总，你给我打电话，真是让我受宠若惊哪！"

"章开鹏！"黄卓群直呼其名道，"你就不要猫哭耗子——假慈悲了，从发微博到员工罢工，再到怂恿经销商和供货商闹事，这一出又一出的戏，演得够好，也够绝啊！"

"黄总，既然你猜到了，我也就不兜圈子了。我要的不多，我只是拿回本该属于我的东西！"

"那好，我奉陪到底！"

四天后，2月14日，情人节。

从上午十点到下午四点，整整六个小时，章开鹏一直坐在电脑前，时而眉头紧皱，时而眉头舒展，观赏自己亲手导演的一出好戏，一场通过互联网向全国直播的"反逼宫"大戏。

这一天，距离他被迫辞去集团董事长和附属一切职务已近两个月！

从达利员工对高层的指骂，到经销商向董事会拍桌子，再到自己的嫡系禁止董事会成员离开现场半步。这一切，都是章开鹏精心布的局。看着画面里黄卓群狼狈不堪的尿样，他扬了扬嘴角，颇具深意地一笑。

在这出重头戏之前，章开鹏通过遥控指挥，导演了另两场好戏。第一场，员工罢工。第二场，经销商停止下订单，供货商停止供货。

接连三出大戏上演的背后，是达利的股价一泻千里，一直跌至2.11港元，正式被停牌。市场普遍认为达利已经回天乏术。除非，章开鹏再次出山掌舵。

而章开鹏的用意，就是要让黄卓群和吴勇宏之流，清醒地认识到，达利离不开他这个创始人，更别指望着改朝换代。

七年前如此，现在同样如此。

一小杯拉菲下肚，章开鹏又点上Belinda（贝琳达）雪茄，惬意地抽了一口。然后，他走到落地窗前，鸟瞰着维多利亚港，左手有节奏地在护栏上敲打着。

约莫10分钟，他像是拿定了什么主意，掏出 iPhone 手机，拨通了许婉婷的电话。

"婉婷，再添把火，放出消息，明天我将回南州。"

"章董，我这就办。"

忍气吞声了两个月，该吹响反攻的号角了！

两个月来，业内关于章开鹏"下野"的谣言，此起彼伏，版本各异。

股市套利，对此，章开鹏不屑一笑；对赌失败，简直就是扯淡！

自2010年达利在香港上市以来，市值增长了几十倍。进来的私募和风投机构，个个赚了个盆满钵满。他们的收益，远远超过了当初签下的对赌条款的细则中规定的收益。

套利一说，更是无稽之谈。

一家如此大规模的公司，股东们就为了在股市上套取那么点利润，如此大费周章地折腾公司，至于吗？！

说穿了，章开鹏被迫"下野"，是一场产业资本和金融资本之间的较量，或者说，是公司创始人和风投机构对掌控权的博弈。

2月15日中午12点，南州喜来登酒店五楼，荷花厅。

整个宴会厅，席开10桌。包括达利高管、供货商、经销商，以及媒体在内的近百人陆续进场后，都在等候一个人——章开鹏的出现。

约12点半，许婉婷出了门，快步走到走廊尽头的窗户前，给章开鹏打了个电话。

"章董，人差不多都到齐了，就等你来了。"

"不急，再等等。如果有人问起，就说我有重要的事要办，暂时脱不开身。"

脱不开身，是章开鹏的策略，并不是真的在办要紧之事。

昨天，震惊业界的"2·14"事件上演。当许婉婷把章开鹏要回南州的消息放出后，无疑把事件推向了高潮。与会人员纷纷响应，务必要见他一面。

于是，许婉婷来了个顺水推舟，也就有了今天百来号人等章开鹏的场景。

昨晚九点，章开鹏火速从香港回到南州。回来后，并未出门，一直在家里待着。具体的计划，由许婉婷、陈茂林和高伟业执行。

之所以有意迟到，一来，是考验经销商和供货商对自己的忠诚度；二来，也是和黄卓群等人玩一场心理战。

直到下午一点，章开鹏才表情平静地走进荷花厅。刚一进门，就引来了在场人员的欢呼和鼓掌。

"大家好，我来晚了。"

他的开场白，带着一语双关的味道，既是道歉，也是对"2·14"事件的惋惜。

"章董，你可算是回来了。再不回来，达利可要出大乱子了。"袁德奎忙迎上前道。

"袁老大，你们如此大动干戈，是我最不愿见到的局面。有什么事，可以坐下来好好谈嘛。"见有众多媒体在场，章开鹏演戏道。

"章董，我们这么做，也是无可奈何啊！目的也只有一个，向董事会施加压力，让你再次出山执掌达利这艘大船。没有了你，达利可就转不动了。"

"袁老大，没那么严重，没那么严重，我这不是回来了嘛。"

面对这么多曾经一起奋战的"伙伴"，一种"老子胡汉三又回来了"的悲壮感，涌上章开鹏的心头。

继而，他和到会的经销商和供货商们一一握了手。重点是"西北狼"马锦胜，如今的马锦胜又多了一层身份，达利的董事会成员。

在香港时，章开鹏和马锦胜通过不止一次电话，几番探讨了B计划有可能造成的后果。

这是章开鹏辞职后，首次与他的"伙伴们"如此高调地聚餐。

稳定住军心后，章开鹏在马锦胜和袁德奎的中间位置落座，始终不露声色。面对陆续前来敬酒的人，他几乎选择了一一婉拒。在场的大多数也知道，章开鹏患有高血压，早在两年前，就已尽量"限酒"。婉拒之余，是亲切的寒暄。

宴会进行了半个小时，许婉婷将手机递到了章开鹏的手上。章开鹏定睛一看，是黄卓群在 10 分钟前，在微博上对"2·14"事件的回应：第一，章开鹏因涉及被调查，才选择辞职；第二，我们达利一向严格按照上市公司的规范办事，不会像他们那样闹事。

诬陷，赤裸裸的诬陷。

章开鹏虽心中有火，但依然表情镇定地将信息读完。有了之前金融虎刀莫须有的"三宗罪"，再次面临黄卓群的"指控"，他早已有了免疫力。

第二十五章

秘密会议

　　陈茂林和高伟业相继点了点头，涉及变招，别说是他们，估计就连黄卓群和吴勇宏心里头也未必有谱。变招，重点在于"变"字，以不变应万变，以万变应万变。他们要根据章开鹏的套路，来做出相应的调整。变，才是真正的技巧和艺术。

过了 10 分钟，按照既定计划，章开鹏和在场的老朋友们打了个招呼，便匆匆离开了宴会厅，许婉婷紧紧地跟了上去。就连约好了的几家媒体，也暂时搁置了采访。

　　"章董，要不我来开车吧，你也好在车上眯一会儿，休息休息。"进了地下停车场，许婉婷提议道。

　　"算了，婉婷，还是我来吧。这两天你在前线作战，不比我轻松。"

　　章开鹏的话，多少有些怜香惜玉之意。近段时间，为了实施他的"反夺权"计划，许婉婷已经连续好几天连轴转，没合过眼了。

　　许婉婷笑了笑，坐到了奥迪 A8 的副驾驶上。

　　"章董，有经销商和供货商的支持，我们一定能打赢这场反攻战。"

　　"婉婷，早在七年前，我们就用过这张'人情牌'，一而再，再而三地去用，即便现在能反败为胜，将来也会失效……"

　　章开鹏话尚未说完，三星手机就响了起来，欧阳卫红终于露面了。

　　"开鹏，没想到你这么快就展开反攻了。而且，反攻的势头还如此猛，这一仗打得太漂亮了。"

　　"卫红，我早就说过，我不会轻易放弃达利的。过去不会，现在也不会，将来更不会。"

　　"开鹏，看来你是志在必得啊。"欧阳卫红反问道。

　　"我从来不打没有把握的仗。"

　　"好，这才是我认识的那个章开鹏。前段时间，我听说你带着老婆和女儿去欧洲旅行了，我还以为你真的放弃达利了呢。"欧阳卫红笑了笑，又说，

"不过开鹏，别怪我没提醒你，正所谓善泳者溺水，你越是熟悉一件事物，就越容易出错。并且，这种错误，有时是致命的。经销商是否会变本加厉地索取？就算你重新掌舵达利，面临停牌，你又该如何是好？你想逼走黄卓群和吴勇宏，按照程序，还是要经股东大会同意，你有这个把握？解决不了这三个问题，一切都是空谈。"

欧阳卫红的语气固然尖刻，却说到了点子上。

"卫红，谢谢你的提醒，我有数。"

有数，真的有数吗？说句实在话，章开鹏心中真没有。尽管他有一系列的后续计划，可计划赶不上变化，到底是守得云开见月明，还是走入死胡同，谁也打不了包票。

"对了，下个月我会来南州转转，咱们到时候再细谈。"

"好，随时欢迎。"

章开鹏本想问毛丽萍在股东大会上变卦一事，稍一琢磨，还是没问出口。下个月她不是要来南州吗？既然如此，那就等见了面再说。

但欧阳卫红早不来晚不来，为何要选择这个时候来南州呢？欧阳卫红做事一向目的性很强，绝不是来走走那么简单。

约半个小时，奥迪 A8 到了远郊，在两扇铁门前停了下来，这是一幢不起眼的旧式三层落地房，门前立着两尊庄严的石狮子。

这里，也是章开鹏和"四大金刚"开秘密会议的场所。

见章开鹏下了车，高伟业忙迎上前道："章董，你终于杀回来了。"

"伟业，我再不回来，恐怕以后就没机会回来了。"章开鹏淡然一笑，"这段时间，倒是辛苦你们几个了。老陈呢，到了没？"

"我和老陈一道来的，他正在里面接电话。"

章开鹏"哦"了一声，三个人进了正房，绕过屏风，陈茂林刚挂了电话。

简单地寒暄过后，四个人在客厅的圆桌旁落座。

防人之心不可无。

因聂远方的态度正发生微妙的变化，所以，他被排除在此次秘密会议之外。

刚喝了一口茶，章开鹏就直奔主题："关于用什么方式重新占领达利，大家都谈谈自己的看法和想法。"

提到"占领"二字，他加重了语气。

"章董，光有经销商和供货商的支持，是不够的。他们的支持，只能起到造势的作用。此外，我们还要尽可能地和其他股东接触，争取和他们捆绑在一起，共同对付黄卓群和吴勇宏。"许婉婷首先表态道，推敲片刻又说，"两个多月的时间，达利的股价，一跌再跌，跌到历史最低点，被迫停牌。想必股东们也已经陷入恐慌，骑虎难下，面临抛售和继续持有的艰难抉择。如果我们能给他们信心的话，一定能换来他们的拥护。"

章开鹏没接话，而是给陈茂林递了个眼神，示意他谈谈自己的看法。

许婉婷的动，加陈茂林的静，这一动一静，是章开鹏这些年开疆拓土的两把尖刀。

"章董，我有个想法，不知道当不当讲？"

章开鹏点了点头，示意他往下说。

"众所周知，富可亚洲是国际级的投行，可操纵的资金少说也有几百亿，而且，还是美元。至于麦德逊，也是世界 500 强企业，行业内的巨头。我们和他们掰手腕，就等于是蚍蜉撼大树，以卵击石……"

"老陈，你这话是什么意思？当着章董的面，你居然一而再，再而三地长别人志气灭自己威风！上次董事会这样，现在还是这样，你到底要干吗？"许婉婷不悦地打断道。

"婉婷，你先不要急，听老陈把话说完。"

"章董，其实我要说的话很简单，也是大实话，我们需要急流勇进的勇气，更需要急流勇退的魄力。这也是为达利的大局着想，再这么兵荒马乱下去，恐怕达利会垮掉。毕竟，集团还有那么多的员工，你能眼睁睁地看着他们失业，甚至成为这场内斗的牺牲品吗？而且，关键是，战线拉得越长，耗费的时间就越多，达利往后很难再吸引其他的风投。"

"伟业，你怎么看？"

"两种选择都有一定的风险性，但章董，我只认一条，你指哪儿我就打哪儿。"这一次，高伟业倒没有把赞成票投给许婉婷，外加对陈茂林冷嘲热讽一番。

章开鹏伸出手，拍了拍高伟业的肩膀，欣慰地笑了笑。此时此刻，高伟业有这份心，就够了。至于大方向，还是要自己去把握。

"下一个议题，大家再揣摩揣摩看，黄卓群和吴勇宏的下一步对策。"

"章董，我认为黄卓群和吴勇宏会分别采取迂回策略和离间计。所谓的迂回策略，也就是说，他们不可能直接把自己暴露在员工、经销商和供货商面前，那样，既解决不了问题，更会激化矛盾。这条路走不通，那他们可以换条路，通过公司的股东，间接向你施压，停止一切有损公司利益的幕后活动。而且，这次对决，股东们的天平十有八九会向他们倾斜，因为停牌是事实。而离间计，则是有选择性地私会一些员工、经销商和供货商的代表，以利益为诱饵，试图从内部瓦解他们，并让尽可能多的人加入'黄派'和'吴派'的阵营。"许婉婷看了一眼三位"战友"，又说，"这是我大致的判断，但要是说黄吴二人是否还有变招，我现在还猜不透。"

陈茂林和高伟业相继点了点头，涉及变招，别说是他们，估计就连黄卓群和吴勇宏心里头也未必有谱。变招，重点在于"变"字，以不变应万变，以万变应万变。他们要根据章开鹏的套路，来做出相应的调整。变，才是真正的技巧和艺术。

"关于员工罢工、经销商停止下订单和供货商停止发货这三场戏，我仔细考虑过，时间不宜过长。时间过长，导致的后果，极有可能是整个达利的动乱，这就等于给了美星隆超越达利的机会。再者，动乱对任何一方，都不是什么好事。至于黄卓群和吴勇宏的离间计，不可能一蹴而就。诚然，许多事情，是可以用钱解决的。但能用钱解决的，往往不是问题。想用利益去换人心，势必是个漫长的过程。所以，越是到这个时候，我们越不能慌乱。但有一点是肯定的，这场硬仗在所难免，我们都别无选择。"

秘密会议一直开到下午五点，近三个小时。

剑已出鞘，就该杀出一条血路。要么将对方斩于马下，要么战死沙场。陈茂林的"撤兵"一说，根本不在章开鹏的考虑范围之内。

"一切按原计划进行！"

章开鹏一锤定音，陈茂林也就不好反驳了。

开完会，四个人在附近的一家土菜馆吃过晚饭，便各自回家。高伟业捎上陈茂林，许婉婷则照旧搭章开鹏的顺风车。

奥迪A8刚拐了个弯，正逢红灯，章开鹏的三星手机便响了起来，是吴勇宏的来电。

章开鹏稍加思索，将手机贴在了耳边："吴总，别来无恙啊！"

"章……章总……"章开鹏已不再是达利的董事长，再称呼他为章董，就不合适了。但即便是辞掉一切职务，他依然是达利的股东，因此，叫一声章总，还是应该的。

"吴总，怎么啦，说话结结巴巴的？"

"章总啊，你这次回南州，可真是神龙见首不见尾啊！"吴勇宏的话，透着弦外之音。

在吴勇宏看来，黄卓群选择了和章开鹏撕破脸皮，自己没必要脑门一热，也跟着起哄。除非，章开鹏主动撕破。再者，他渐渐地察觉到，形势正在发生微妙的变化。在章开鹏一连串的攻势下，黄卓群似乎毫无招架之力，尽管他嘴上口口声声说，有的是招。可光靠嘴硬，顶什么用？手上没有几件像样的武器，怎么去和章开鹏斗？于是，吴勇宏又心生另一番盘算，麦德逊决不能和章开鹏硬碰硬，适当的时候，还要和章开鹏拉近些距离，这才是万全之策。当然，也不能疏远了麦德逊和富可亚洲的盟友关系。

把握好这里面的火候，是一门大艺术。

"吴总，你多虑了。我这两天本就打算回南州，正巧，经销商和供货商这帮老朋友又在，所以，我就和他们见了个面，叙叙旧。"

"章总，这未免也……也太巧合了吧？"

吴勇宏的话，是疑问，更是肯定。

"吴总，无巧不成书嘛。"章开鹏拆穿道，"据我所知，你上次从法国回来时，好像也在上海滩巧遇过黄总吧？"

章开鹏说得如此直白，吴勇宏自然脸上挂不住，尴尬一笑："章总，巧合……那一次还真是巧合……"

说完，又觉得不对劲。不管是不是巧合，都等于承认了自己和黄卓群早有来往。这一不小心，他就掉进了章开鹏挖的坑。

吴勇宏调整好情绪，又道："章总，既然回来了，我想，咱们还是抽时间，一起吃个饭吧？"

"吴总，我想就没这个必要了吧。也许我今天在南州，明天就不在了。我现在啊，是喜欢上了满世界跑。"

吴勇宏越是往前攻，章开鹏越是玩虚的，让他摸不着头绪，无力可发。

"章总啊，咱们就不拐弯抹角了。眼下，达利在港交所被停牌，经销商和公司又闹得这么僵，再这么下去，是有崩盘的危险的。也只有你，能帮助达利扭转颓势了。眼下，你和黄董的关系，又降到了冰点。我就想着，我这个CEO出面，和你好好地谈一谈。说到底，咱们都是一家人。既然是家事，就关起门来解决嘛，何必如此短兵相接，大动干戈呢？"

"吴总，关起门来解决？说实在的，我怕了，真的怕了。自打打开门，让'门口的野蛮人'进来后，我就更怕了。门里面的狗太多，而且，被逼急了，个个都是疯狗，我是毫无反抗之力。更何况，吴总，就算崩盘，也应该由黄总，不对，黄董和你来力挽狂澜啊！我算什么，我现在什么都不是。真要是做些什么，难免会落下越俎代庖的口实。还有，我这个人一向有自知之明，自己有几斤几两，还是有数的。这么大的烂摊子，我可收拾不了。"

"章总，话虽如此，可达利若真的就此陷入绝境，你心里就不难受吗？你就忍心看着自己这么多年的心血付诸东流吗？"说着，吴勇宏有些急了，"好，章总，就算咱们不谈感情，可你现在依然是达利的股东啊，股价一泻千里，你的资产不也被稀释了吗？"

"稀释就稀释吧，钱财到头来皆是身外物，够花就行。辞职后，许多事情，我都想通了。"

"章总，我看我们还是见个面吧，就算……就算我求你了。"

说到"求"字，吴勇宏差点要跪下来了。

昨天晚上，麦德逊总部的一位高管，在法国给他打来了越洋电话，花了近一个小时，训斥了他一顿，大骂他和黄卓群狼狈为奸，间接导致达利被停牌。扬言要是达利不能尽快结束内斗，麦德逊还不能占领达利渠道的话，就让他滚蛋。吴勇宏一个响屁都不敢放，只能示好。可示好归示好，没有拿出实际行动，依然是交不了差。于是，他只能硬着头皮再次立下军令状，尽快参与斡旋，结束内斗。并且，在半年之内，打通达利的渠道。

军令状立下了，接下来就是怎么去做了。

吴勇宏原以为，靠着黄卓群，占领渠道问题不大。没想到，章开鹏的反攻会如此之快，如此之猛，而黄卓群只是疲于应付。不过，根据自己的观察，黄卓群似乎还留着底牌没用。并且，出于防范，他刻意对自己做了隐瞒。

不管黄卓群的底牌是什么，在如此危急关头，竟还对盟友藏着掖着。这种人，不值得信任，更不值得长期合作。这也就意味着，继续在黄卓群这棵树上吊着，只会把麦德逊吊死。麦德逊死了，自己的前途，也要跟着葬送。

一旦站错队伍，是要付出惨重代价的。

如果当初自己选择章开鹏，而非黄卓群，结果会不会不一样呢？可这种假设性问题，等于是在空谈，毫无意义。

"吴总，看情况吧。这两天，我还要和华丰集团的董事局主席宋庆生见个面。再过些日子，欧阳卫红女士也要从北京过来。等这两件事了结了，我们再联系。"

吴勇宏一听宋庆生和欧阳卫红的名字，有些蒙。难道，章开鹏私底下和这两个人有来往，在预谋着什么？或者说，这二人是他反攻计划的幕后推手？

吴勇宏虽不认识宋庆生，但华丰集团的大名还是听过的。上江省民企界的纳税大户，实力数一数二。尤其是现金流，极为充裕。据说，高达百亿元。难不成，华丰集团真的成了章开鹏的靠山？想到这一点，吴勇宏的嘴角，不自觉地抽动着。

相比之下，他对欧阳卫红要熟悉一些。不过，也仅限于认识。欧阳卫红在达利做"金融保姆"时，麦德逊尚未进入。麦德逊入股时，她已经离开了。彼此的几次见面，皆是在股东大会上。

但之前黄卓群曾说过，他已经成功拿下了欧阳卫红。刚开始，吴勇宏还是有所怀疑的，章开鹏和欧阳卫红的故事，他多少也听过一点。据传，欧阳卫红这个女人，不仅强势，还清高得很。黄卓群哪儿来这么大的能耐，轻而易举地就攻破了这座堡垒？

顶多，他算是半信半疑。

后来，上了股东大会，欧阳卫红派来的代表毛丽萍，公开支持黄卓群，吴勇宏这才信以为真。可章开鹏又说，欧阳卫红要来南州，而他和黄卓群却毫不知情，根本就没有得到这方面的消息。

这欧阳卫红到底打的什么算盘？

莫非，从始至终，她都是在配合章开鹏演戏？

一番思索后，吴勇宏赶紧道："章总，那我等你的电话。"

第二十六章

靠山

所以，聂远方大可不必躲着自己。难不成，这里面隐藏着什么阴谋，和宋氏父女找自己合作有关？真要如此，就值得探究了。

寻求靠山，是把双刃剑。

靠好了，你的腰板就硬了。靠不好，脊梁骨都会被压断。

春天的江南，细雨蒙蒙。雨不大，却下个不停，像极了更年期的怨妇。

章开鹏到达省城，已近黄昏。陪同的，只有宋子强一个人。三天前，宋庆生又给宋子强打来电话，说是过几天，要出国考察，估计得个把月的时间。他和章开鹏见面的事情，尽快安排，要是等考察回来，再一拖，就得下半年了。

这种事，还是宜早不宜晚。

当即，宋子强就联系了章开鹏。章开鹏权衡一番，决定亲赴省城。宋子强一脸义不容辞地说："章董，那我陪你过去。"

在达利，宋子强只是个小卒子，可有可无的小卒子。可牵涉到宋庆生，这个小卒子，便成了章开鹏手上的一张感情牌。这也是他当初同意让宋子强进入达利，一味容忍宋子强犯事的原因。

从经济学的角度来看，这也是一种投资。

有些投资，从短期来看，是不赚的，甚至是亏本的。但只要你把眼光放远，定会有所回报。

来之前，章开鹏还特意向宋子强问起了宋庆生平时的爱好，宋子强想都没想，就说了古玩字画。不仅爱好，还极为痴迷。恰巧，章开鹏的书房里，就放着一幅唐代某书画大家的作品。这还是两年前"西北狼"马锦胜来南州时，送给他的礼物。据说，是真迹。马锦胜花了不少钱，从古玩市场淘来的。

章开鹏一向对古玩字画不感冒，收下后，一直搁在书房里。既然宋庆生痴迷于此，那就来个借花献佛。

"子强，这个地段的别墅区，估计单价不菲吧？"奥迪 A8 下了南塘高速，直插省城的名胜风景区——东湖。

放眼望去，不远处是一幢幢别墅躲在树荫下，高贵而又低调。

"当初我伯伯买下这里时，单价每平方米五万元左右。按照现在的市场价，保守估计，怎么着也要 15 万元左右吧。"

"像宋主席这样的富豪，我想，单价多少并不重要。哪怕是 50 万元，对他而言也是九牛一毛。这里最值钱的，不是地段，是环境。背靠大明山，面临东湖，森林覆盖率又高。单论环境，是我见过硬件最佳的别墅区。"

"章董，其实我伯伯当初买下这里，除了因为环境好，还有另一番用意，那就是软实力。"宋子强卖弄道，"住在这个小区的，非富即贵，串个门，都能谈成上亿元，甚至几十亿元的大生意。"

宋子强的表情虽夸张，话却不假。自己选择龙庭花园，也是同一个道理。归根到底，是为了圈子和平台。

一个人的身份和地位，靠的不是自吹自擂，而是你所处的圈子和平台。圈子和平台的档次高了，你的身份和地位自然也就高了。

进了小区，通过严格的安保检查，奥迪 A8 最终缓缓地停靠在了第 36 幢别墅的车库。

宋子强按了几下门铃，来开门的是个妙龄女子。看上去刚 30 岁出头，披肩的长发，微卷，化着淡妆。妙龄女子只是微微一笑，章开鹏就感觉到了一股强大的气场。

"子强哥，来啦。"

"敏洁，你怎么今天在家里？"

章开鹏听出来了，此人正是宋庆生的独女，华丰集团的未来接班人，永华投资的掌门人宋敏洁。

宋敏洁是个工作狂，创办永华投资以来，几乎每一天都会加班。一加班，就到晚上九十点钟。即便难得空闲，也不会回家吃晚饭，而是约上三五好友去泡吧，这是她在国外生活多年养成的习惯。

"对了，敏洁，介绍一下，达利的创始人章开鹏章董。"

还未等章开鹏打招呼，宋敏洁就捋了一下头发道："老爷子让我待在家里，就是为了等章董。"

说完，宋敏洁把章开鹏和宋子强迎进了门。三个人穿过大厅，来到了花园，宋庆生正在打太极。见到章开鹏，他微微一笑，等打完一套动作，才缓步走上前，主动伸出手："章董，久仰久仰。子强可是经常在我耳边提及你，我早就想见见你这位青年才俊了。一直忙，一直没有时间，今天总算是了却了这个心愿。"

"宋主席，您的大名，如雷贯耳，我也早就想来省城拜访您了。"章开鹏微微鞠了一躬道。

宋庆生接过宋敏洁递来的毛巾，擦了把脸，又挥了挥手，示意章开鹏坐下。

"章董，你言重了，我老啦，未来终归是属于你们这一代人的。"

"伯伯，您可一点都不老。就您刚才打太极的好多动作，我都做不了。"

"你呀你，在章董身边待了这么长时间，本事没学到多少，这油腔滑调、溜须拍马的能力，可是长进了不少。"

宋子强挠了挠后脑勺，不再说话。

"宋主席，恕我直言，我一直想不通一个问题……"

"章董，你说。"

"既然华丰集团有这么好、这么大的平台在，您为何不把子强留在身边，而要把他发配到南州呢？"

宋庆生笑道："章董，我们宋家三代，只有子强一个男丁，打小就被宠惯了。留在身边，那么多人围着他转，成不了什么大器，只会惹是生非。惹了事，还要我给他擦屁股。所以，我就把他托付给了老聂，带他去南州锻炼锻炼。还有，进达利，可是我亲自拍的板。在我看来，南州的民营企业中，达利最有故事。并且，我一直相信一个观点，对于孩子，放养的要比圈养的好。"

"爸爸，这都什么年代了，您还重男轻女。"一旁的宋敏洁，佯装不悦道。

"这不是重男轻女，是老祖宗留下来的传统。子强以后的孩子姓宋，你的就不一样。"

交流过几句，对宋庆生的个性，章开鹏也摸准了一二。表面上平易近人，骨子里却带着偏执和倔强。

或者说，这是每一个成功人士的共性。特别是宋庆生所处的那个年代，改革开放的大幕刚刚拉开，没有闯劲，是干不成大事的。

"这还不简单吗，等我以后有了孩子，也跟着姓宋不就得了？"

"瞎胡闹，这是规矩。"宋庆生厉声道，说完，又转向章开鹏，轻描淡写地问，"章董，我听说，达利最近遇到了不少麻烦？"

听说，到底是听谁说的呢？宋子强和聂远方都有可能。另外，美星隆是达利的竞争对手，自然会盯着达利的一举一动。作为美星隆的后台老板，宋庆生了解达利的情况，就更正常了。

宋庆生是怎么知道的并不重要，重要的是，他为什么会感兴趣？又为什么会引入这个话题？

"宋主席，实不相瞒，确实是遇到了不少麻烦。而且，是大麻烦。"章开鹏气馁道，"想必您也应该知道，我已经辞掉了在达利担任的一切职务。"

"知道，子强跟我提过。但在我看来，这并不代表什么。做人做事，许多时候，暂时放弃也是一种明智的选择。从军事学的角度来说，你这是在做战略性撤退。"

"宋主席，您太抬举我了。我呀，是被逼到了墙角，根本算不上什么战略性撤退。"

"章董，咱们明人不说暗话，单是'2·14'事件的反守为攻，这一仗就打得非常漂亮，简直就是商业教科书级别的。"

宋庆生对达利的近期情况有所了解，很正常。可出乎章开鹏意料的是，他居然了解得如此之深。

既然老爷子把话挑明了，自己也就没必要再闪烁其词。至于打太极，自己恐怕更不是老爷子的对手。

章开鹏刚想接，宋敏洁却插话道："就凭黄卓群和吴勇宏那帮人，恐怕只会把达利搞得一团糟。"

在这方面，宋敏洁显然比宋庆生更具有发言权。毕竟，宋敏洁一手创办了永华投资，还具体策划了投资美星隆的计划。也就是说，从某种角度而言，她和章开鹏是竞争对手的关系。

竞争对手，永远是你的一面镜子。

"宋小姐，愿闻其详。"

"其一，投资方蛮横干涉一家上市公司的管理，本就是愚蠢之举。像我们永华投资，就从不干涉美星隆的内政。既然是合作，就得讲信任。其二，为了夺权，搞得满城风雨，内部派系林立，股票被停牌，简直愚蠢到了极点。作为一家上市公司，几乎每一分每一秒都有人盯着你。就算有家丑，也要关起门来解决。正所谓好事不出门，坏事传千里。大篓子一个接着一个地捅，不被停牌才怪。其三，据我所知，黄卓群这个人精于数据分析。这类人，担任高管是没问题的，让他去掌握一家大企业的方向，则随时有可能触礁。其四，黄卓群和吴勇宏的联盟，未必有想象中的那么可靠，他们之间，肯定也有利益冲突。其五，经销商和供货商，是章董你的人。"

谈起公事，宋敏洁跟换了个人似的，如同指点江山的女将军。并且，每个点都是精髓。

章开鹏不禁鼓起掌来："宋小姐分析得很到位，实在是到位。"

"可是章董，你认为仅仅依靠经销商和供货商，就能完成反夺权吗？"宋敏洁追问道。

"宋小姐，坦率地说，最终的胜负，我也看不清。但最起码，胜算要大很多。没有他们，估计我永远都翻不了身。"

宋敏洁反驳道："章董，我不赞同你的观点……"

宋敏洁正欲往下说，保姆出来说该吃晚饭了，话题也就暂时打住了。

"章董，既然来了，就在家里吃个便饭，都是普通的家常菜。"宋庆生起身做了个"请"的动作，又开玩笑道，"饭管饱，酒管够。"

"伯伯，您有所不知，章董早就把酒戒了。"

"没事，子强，今天这么高兴，我就陪宋主席喝上几杯。"

为尽地主之谊，宋庆生拿出了飞天茅台，亲自为章开鹏倒上。

"章董，我活了大半辈子，悟出了一个道理。这喝酒和做人，是一回事。酒喝多了，容易伤人；少了，不尽兴。做人也一样，过于高调，容易惹祸上身；太低调了，也会招来非议。说来说去，关键在于拿捏火候。这话说起来简单，但绝大部分人穷其一生，也很难做到。"

章开鹏连忙点头称是："听宋主席一番话，胜读十年书呀！"

"章董，你见笑了。这人上了年纪，就喜欢唠叨，讲一些大道理。平时，敏洁和子强，根本不爱听我讲这些，嫌我啰唆。"说完，宋庆生举杯道，"章董，来，我先敬你一杯。今日有缘见面，往后，咱们就是朋友了。"

章开鹏跟着一饮而尽，许久未沾酒，嗓子顿觉火辣辣的。

"宋主席，有您这句话，我今天喝再多酒也都是值得的。"

章开鹏难得酒兴上来，连续喝了三杯。敬到宋敏洁时，他说："宋小姐，咱们刚才的话题还没结束呢。宋小姐继续分析，我洗耳恭听。"

宋敏洁理了理思绪，接着道："章董，七年前达利曾有过一次内斗。当时，你正是凭借着经销商的力挺，才重新执掌达利。可现在的局势不同了，现在的达利，是一家上市公司，而且，有着诸多股东。即便你能继续得到经销商的拥护，击败黄卓群和吴勇宏，可接下来的烂摊子，该怎么收拾呢？从停牌到再次上市，内部纷争愈演愈烈。重中之重是，最终的决策权，掌控在股东大会手里。而现实是，富可亚洲和麦德逊的持股量，占据着绝对优势。"

"在一家上市公司，谁掌握控制权，谁就有话语权。谁有了话语权，谁就有了决策权。一环扣一环，微妙得很。"宋庆生适时地补充道。

"宋主席，宋小姐，那依二位的高见，我这下一步棋该怎么走呢？"

"章董，这方面敏洁要比我懂行，你还是听听她的建议吧，我就不掺和了。"

"章董，一句话，掌握控股权。"宋敏洁言简意赅道。

"宋小姐，话虽如此，可这却面临着两大难题：第一，我手上的持股量，不足以与富可亚洲和麦德逊中的任何一家抗衡，就更别提黄卓群和吴勇宏现在是战略同盟了。第二，不怕你笑话，我有能力操控的现金流，也是有限的，难以在二级市场掀起大风大浪。实不相瞒，之前我就在香港玩过这一招，行不通。"

宋敏洁紧接着说："章董，你说的这两点，在我看来，其实就是一件事，那就是钱。"

章开鹏赞同道："宋小姐所言极是，钱，对，就是钱。"

"章董，如果我能帮你解决这个难题呢？"

章开鹏笑了笑，示意宋敏洁继续往下说。

"章董，做民营企业，我一直赞成我爸爸提出的一个观点，现金为王。在这方面，我们华丰集团不仅在上江省，乃至在全国，都是排得上号的。"宋敏洁有意顿了顿，"如果华丰集团愿意资助你，对抗富可亚洲和麦德逊，你觉得如何？"

章开鹏这才真正明白宋庆生约自己见面的用意，所谓的资助，就是华丰集团趁着达利内乱，在二级市场砸钱，暗中收购达利的股份，成为达利的大股东之一。当然，这一系列的操作，离不开自己。换言之，华丰意欲和自己达成同盟，对抗黄卓群和吴勇宏。

从账面上来说，有了华丰集团这座大靠山，胜算要大上许多。可这座靠山真的靠谱吗？答案是未必。

宋氏父女，终归是生意人，而非慈善家。他们选择伸以援手，肯定是有目的的。

他们的目的到底是什么呢？没想透，就不能贸然合作。

种种迹象都在印证章开鹏大半年前的猜测，美星隆对达利觊觎已久。同时，他还联想起宋子强曾经说过的一句话："请我伯伯出面，购进达利的股份。等到了一定的量，你们再联手，将富可亚洲踢出局。"

永华投资是美星隆的大股东，又是华丰旗下的子公司。如今，华丰又将目标对准达利。莫非，华丰是在下一盘很大的棋，打算在上江省的家居行业一统江山？

达利和美星隆，一个注重渠道，一个玩智能家居。倘若将二者合一，进行资源整合，再去冲击资本市场，前景超乎想象。

想到这一点，章开鹏突然觉得眼前的宋氏父女，竟是如此可怕。宋庆生确定大方向，宋敏洁谈细节，父女俩一唱一和，还真是配合得天衣无缝，滴水不漏。

可去年美星隆曾爆出筹备上市的计划，现在宋氏父女又打算斥巨资入股达利……莫非，那只是他们故意放出来的假消息？

面对对方抛来的橄榄枝，章开鹏想拒绝，又不能拒绝。也许，真到了那步田地，还真的要倚仗宋氏父女的能量，去改变局势。到时候，华丰集团可就成了自己翻身的唯一一根救命稻草。

"宋主席，宋小姐，能和华丰集团这样的民营巨擘合作，是我的荣幸。不过……不过这么大的事情，又事发突然，容我好好考虑考虑。"

"章董，只要你等得起，我们也等得起……"宋敏洁话里话外，暗藏着强势。

章开鹏尚未琢磨透，宋庆生又说："章董，具体是否合作，该怎么合作，就由敏洁和你对接，我就不插手了。来，咱们喝酒，我敬你。"

次日上午，章开鹏和宋子强便回到了南州。

一路上，宋子强使尽浑身解数，试探章开鹏的态度。章开鹏不想多说，也不愿多说。亲疏有别，宋子强是宋庆生的侄子。如果自己和他推心置腹，就等于在宋氏父女面前露底牌。

另外，章开鹏还有个问题想不通，聂远方为什么没有跟着一起去省城？按理说，他是宋庆生的老朋友，又一直对宋子强眷顾有加，理应上门叙叙旧，或者邀邀功。

上次，章开鹏避开聂远方，带着许婉婷、陈茂林和高伟业，召开秘密会议一事，不知何时走漏了风声，传到了聂远方的耳中。为此，聂远方给许婉婷打过电话，没直接问，而是含蓄地揭穿。

论江湖道行，"四大金刚"中，聂远方无疑是最深的。正因为道行最深，所以也是最难把控的。再者，就算他心里不舒坦，有怨气，也不会挂在脸上，更不会当面发泄。因为，彼此关系虽变得越发微妙，但远未到一拍两散的地步。

借着来省城探望老朋友的机会，在宋庆生面前杀杀章开鹏的威风，何尝不是一件大出风头之事呢。提醒章开鹏，自己也是有大靠山的人。

所以，聂远方大可不必躲着自己。难不成，这里面隐藏着什么阴谋，和宋氏父女找自己合作有关？真要如此，就值得探究了。

寻求靠山，是把双刃剑。

靠好了，你的腰板就硬了。靠不好，脊梁骨都会被压断。

◎第二十七章◎

墙头草

　　不过，吴勇宏今晚的姿态，对章开鹏而言，却是好消息。不难判断，他和黄卓群之间的战略同盟，如同纸糊。稍微捅一捅，也就破了。

　　黄卓群加上吴勇宏，不好对付。一个黄卓群，对付起来就要轻松许多。不管如何，吴勇宏能做墙头草，这就够了。

章开鹏刚到家，许婉婷的电话就打了过来。据许婉婷所说，昨天晚上，黄卓群又来了趟四号楼，刚开始支支吾吾，东扯一点，西扯一点，不知所云，和平日里的他简直判若两人。许婉婷不想和他多啰唆，更不想让他在四号楼多做逗留。毕竟，眼下是非常时期，自己和投资方的人还是尽量少接触为妙。万一被谁逮住了，再曝光给媒体，那达利可就真的陷入绝境了。

　　于是，许婉婷就直截了当地发问。看她下了逐客令，黄卓群急忙道出原委，让许婉婷给章开鹏带个话，问他最近有没有时间，有时间的话，见个面，聊一聊，别搞得这么剑拔弩张的，和气生财嘛。

　　听罢，章开鹏冷笑了一下，"2·14"事件发生的第二天，你黄卓群就在微博上攻击我，随意找两个罪名给我扣帽子。你玩得这么绝，现在又说和气生财。这好话坏话都让你说尽了，还真拿我当傻子。想着，章开鹏又觉得有些不对劲。前些天，吴勇宏刚联系过自己，说是要见面，现在黄卓群也来凑热闹。

　　这里面，存在着两种可能性。第一种，黄卓群和吴勇宏是一个鼻孔出气，事先商量好的。黄卓群攻许婉婷，吴勇宏攻自己。至于见面的目的，现在还不好揣摩。第二种，他们两个各怀鬼胎，各行其是。也就是说，两个人都想和自己见面，但目的是不同的。

　　更何况，当面也好，通过电话也罢，自己和黄卓群，可是上演过几次大战的。

　　风云诡谲！

　　站在章开鹏的立场，他是希望第二种的。

"婉婷，你告诉黄卓群，我最近手头上有事要忙。等忙过了这一阵子，再看情况。"

"章董，我明白。"

第二天晚上，时隔数月，章开鹏驱车来到了香缇景苑。

在他看来，自己和顾冉冉的关系，再不能纠缠不清下去了。一味地拖，终归不是办法。更何况，老婆和女儿已经决定留在南州了，容不得再出岔子了。

上午，章开鹏给顾冉冉发了条短信："晚上见个面，地点你选。"直到中午，顾冉冉才回复道："好，那就香缇景苑见吧，七点半。"

章开鹏总觉得顾冉冉的语气有些怪怪的、冷冰冰的，没有以往热情。这未尝不是一件好事，说明她也看淡了这段关系。但令他担忧的是，冷冰冰之余，他仿佛看到了顾冉冉仇恨的眼神。

到了楼下，章开鹏看了下时间，尚早。随后，他抬起头看了一下熟悉的窗户，灯亮着。看完，他掏出烟点上，抽了一半，就掐灭了。

以往，顾冉冉在家中等章开鹏时，总是会先冲个澡，换上撩人的蕾丝睡衣，再喷点高级香水。她需要制造一种气氛，让章开鹏看到"猎物"就垂涎三尺的气氛。今天则不同，顾冉冉穿着职业装，脸上表情平淡。

看着眼前的顾冉冉，章开鹏是既熟悉，又陌生。

熟悉在于，彼此有这么多年的情分在。而陌生在于，一种前所未有的莫名的距离感。

"来啦。"

说完，顾冉冉进了厨房。不到五分钟，一杯香喷喷的拿铁端了上来，这是章开鹏每次来香缇景苑的习惯。顾冉冉能这么做，就说明她心里还是有章开鹏的。

其实，顾冉冉的冷冰冰，是装出来的。这段时间，她也在想，如何处理和章开鹏的关系，尤其是夜深人静，一个人独处时，越想越害怕。她这才真正意识到，自己已经深深地爱上了章开鹏。可到底爱章开鹏的什么，又是个她想不通的问题。论相貌，章开鹏只能算是中等，属于走在大街上，几乎没有回头率的类型。再者，相貌能和爱画上等号吗？简直荒谬。论能力，诚然，章开鹏是个能人。可这又有什么用？答应帮自己物色一个好去处，到现在却杳无音信。金钱，想到金钱，顾冉冉不再，也不敢往下想。

此外，事实证明，章开鹏已经在渐渐地疏远她。再加上，郑茹带着女儿回国，准备在南州定居。顾冉冉的危机感，就更加强烈了。

思来想去，她打算改变策略，不能再像以前一样，黏着章开鹏，缠着章开鹏。而是要若即若离，让他感到需要自己，而不是自己需要他。之前故意和聂远方走得那么近，也是为了刺激章开鹏。

章开鹏边喝着咖啡，边想着开场白。

"冉冉，我想，我们是该坐下来好好地谈一谈了。"章开鹏搅拌了一下咖啡，"之前，一直想找你谈，一直没时间。"

"谈什么？"顾冉冉直接问。

"当然是我们的关系……"

"我们的关系怎么了？"

章开鹏往前挪一挪，本想伸出手抚摸顾冉冉的脸庞，想了想，他克制住了。

"冉冉，你应该知道，我老婆和女儿已经从加拿大回来了。而且，我也已经辞职了。所以，现在家庭就是我生活的一切。所以……所以……"

"所以我们的关系应该结束了，你是这个意思吗？"顾冉冉强忍着泪水问。

"是的。"章开鹏连续抽了两支烟，坚定地点了点头，"冉冉，这套房子归你。如果……如果你觉得还不满意的话，我还可以给你一笔钱。数目多少，你来开，我绝无二话。"

"章开鹏，你拿我当什么了，婊子吗？"顾冉冉猛地站起身，涨红着脸质问道，"难道在你看来，我跟你在一起，就是为了钱，就是肮脏的钱色交易吗？"

章开鹏有些不忍心，也站起身，将手放在顾冉冉的肩膀上，顾冉冉一把将他甩开。

"冉冉，你误会了，我不是这个意思。这么多年以来，你对我的好，我知道，也很感激。我也承认，我对你是有感情的。但感情是一回事，家庭又是一回事。对现在的我来说，家庭是最重要的。或者说，我女儿的未来是最重要的，她才是我这一生中最疼爱的女人。所以，为了她有个健康的成长环境，我不得不放弃你。我刚才所说的房子和钱，没别的意思，只是希望，你以后能过得好一些。"

"章开鹏，我不需要你的施舍！你走，你马上给我走！我以后都不想再看到你！"顾冉冉指着门口，嘶吼道。

"冉冉，你……我……"

见顾冉冉正在气头上，章开鹏只好起身往外走。

走到门口，顾冉冉又扔来一句话："章开鹏，终有一天，你会为你今天说过的话后悔的！"

章开鹏停了停脚步，回头看了一眼顾冉冉，竟无言以对。

出来混终究是要还的。

倘若顾冉冉做出什么极端的行为，在背后捅自己一刀，他也认了。

六天后，欧阳卫红来到了南州。来之前，她给章开鹏打了个电话，告知航班的具体时间。章开鹏道："那我到时候去机场接你。"欧阳卫红回复说："你自己看情况，没事就来接，有事就算了，反正我在南州也待了几年，大街小巷都熟悉得很，不会走丢。"末了，她又说："开鹏，听说嫂子已经决定在南州定居了？说实在的，我一直惦记着嫂子的手艺呢。"

欧阳卫红在达利任职时，因对烹饪一窍不通，所以，郑茹会经常邀上她来家里坐坐，吃个便饭。当然，彼此的陈芝麻烂谷子的关系，不能提。

这层关系，是章开鹏和欧阳卫红心中的秘密，更是伤疤，谁也不愿去碰。当着郑茹的面，更不能去揭。

一个成功男人的背后，必定有一个伟大的女人。一个成功女人的背后，必定有不少伤痕。从当年无奈选择和章开鹏一刀两断，再到糟糕的婚姻生活，说欧阳卫红遍体鳞伤，也不为过。

航班稍有延误，章开鹏接到欧阳卫红，已经是下午五点。出来前，他交代过郑茹，让她准备准备，欧阳卫红要来家里吃晚饭。

"开鹏，和上次见面相比，你的气色可好了不少。"

"辞职后，无事一身轻，生活也有规律了，气色自然会变好。"章开鹏半开玩笑道，"说起来，我还要感谢股东大会，同意了我辞职的请求。要不然，再这么连轴转下去，迟早有一天，我会过劳死。"

"开鹏啊，你这是一上来，就将了我一军哪。听得出来，对于毛丽萍女士在股东大会上的决定，你依然是耿耿于怀。"

"卫红，不存在，真的不存在。坦白地说，我挺享受现在的生活的。"

"果真如此？"欧阳卫红反问道，"'2·14'事件后，咱们通过电话，你说不会轻易放弃达利，我可是记得一清二楚的。还有，前两天，你去省城密会上江省首富、华丰集团董事局主席宋庆生一事，又怎么解释呢？"

章开鹏不由得一惊，差点把油门当成刹车。暗想，自己和宋氏父女见面一事，只有宋子强和许婉婷知道。如果说还有，聂远方也可能知情。

远在北京的欧阳卫红，她又是如何获知情报的呢？

欧阳卫红一眼就看穿了他："我和宋庆生家的千金宋敏洁，有些私交。两年前，经朋友介绍，我在北京和她见过一面。后来，也是我推荐她加入郑老爷子的鼎尚俱乐部的。"

章开鹏先是点了点头，继而，又觉得有什么地方不对劲。

既然欧阳卫红和宋敏洁早已相识，那她肯定知道永华投资。彼此是鼎尚俱乐部的成员，又都是商人，私下聚会时，自然离不开谈谈生意，聊聊风投。那么，永华投资和美星隆的关系，欧阳卫红也不可能不知道。

可问题在于，自己前两次和欧阳卫红在北京见面时，她为何只字未提？这于情于理都说不过去。于情，两个人是多年的老同学，初恋情人。于理，她是达利的股东，美星隆是达利的竞争对手。

想着，章开鹏在心底打了个问号。

"原来如此，早知道的话，这次去省城时，我就叫上你一起了。"

看章开鹏有往下探究的意思，欧阳卫红马上换了个话题："开鹏，关于毛丽萍女士在股东大会上说的话，做的决定，我要向你道个歉。毛女士去香港时，我该交代的都向她交代了。没想到，她临了会变卦。也许，她有她的考虑，又或者，她和我的利益出发点不同。另外，你也知道，我没有能力全权代表凯勒资本和'涌丰系'。"

"我明白，"章开鹏洒然一笑，"过去的就让它过去吧，谈再多，也改变不了事实。人嘛，还是要往前看的，前方的路还长着呢。"

"开鹏，你能想通最好不过了。来的路上，我一直担心你会责怪我呢。"

交谈间，车子已距离龙庭花园不远。

"卫红，你怎么突然想到来南州了？"

"开鹏，你终于问到这一点了。"欧阳卫红几乎是脱口而出，"第一，专程来给你道个歉。第二，我毕竟是达利的股东，又是老员工，达利出了这么大的事情，我有义务过来看一看。我的初衷，是做个和事佬，调解你和黄卓群之间的矛盾。至于第三嘛，现在还不方便透露，到时候你就知道了。"

"这一下子要做这么多事，可需要不少时间哪。"

"是的，我这次来南州，应该会待上一段时间。也许半个月，也许几个月，也有可能半年，看事情能办到什么程度吧。"欧阳卫红卖了个关子。

"卫红，要不我和黄卓群打个招呼，在达利腾出一套别墅来给你住？"

章开鹏的话，有着两层意思。其一，帮欧阳卫红解决住宿的问题。其二，试探她和黄卓群之间的关系到底有多深。之前，黄卓群特意跑到北京，拜访欧阳卫红。尽管欧阳卫红口口声声说，在他和黄卓群中做选择，她的天平肯定会倾斜于章开鹏，可她心里到底是怎么想的，章开鹏也吃不准。尤其是毛丽萍在股东大会上变卦后，章开鹏更加怀疑，黄卓群和欧阳卫红私下达成了利益协议。

"开鹏，我一向不太喜欢人多口杂的地方。而且，我这个人一向自理能力很差。再者，我和黄卓群也不熟。我看，住酒店就行了。不过有一点，我可是会经常来你们家蹭饭的。"

"欢迎，随时欢迎。"

次日下午，章开鹏来到了花园大酒店，赴吴勇宏之约。他原以为黄卓群也在，进了包厢，才发现只有吴勇宏和顾超两个人。这也印证了他之前的猜测，吴勇宏和黄卓群各怀鬼胎，各打各的如意算盘。

"章总，自从股东大会后，我们可是有好长时间没见面了。"吴勇宏堆着满脸的笑容迎上前，"本以为上次和经销商聚会时，能见到你，不巧，又错过了。"

章开鹏接过吴勇宏递上来的烟，点上抽了一口，才道："吴总，在其位谋其政，我现在不在其位了，有些事就没必要参与了。参与多了，容易遭人误会，落下闲话。"

近期才重新露面的顾超接过话茬："章总，话可不能这么说。不管如何，您都是达利的创始人。就算辞职，也一样。这一点，谁也改变不了。再说了，辞职了又怎么样，辞职了您还不照样是达利的股东吗？"

顾超一口一个您，听得章开鹏浑身直起鸡皮疙瘩。自从上次在董事会上将陈茂林踢出董事会后，顾超便去了法国麦德逊总部。据称，是参加培训。

"顾总，是股东不假，但我只是个小股东，还是安分守己好，我可不想再被人踢屁股。"章开鹏自嘲道。

"章总，看你这话说的。"吴勇宏边笑着边为章开鹏倒茶，"只要有经销商和供货商在，谁敢乱踢你的屁股？真要踢，也是踢我们这些外来的和尚。"

"吴总，我章开鹏现在已经够落魄的了，你就不要再取笑我了。再取笑，可就真成了在伤口上撒盐了。"

"章总，岂敢，岂敢。"说完，吴勇宏急忙吩咐服务员上菜，又道，"章总，事先声明，这顿饭是我私人请你的，不入公司的账。"

菜一道道地上来，皆是山珍海味。吴勇宏在达利，是出了名的抠门，人称"吴一毛"，暗讽吴勇宏一毛不拔。平日里，就算是私下请朋友吃饭，也要拿到公司财务部报销。对此，章开鹏也只是睁一只眼闭一只眼。毕竟，这是小钱，更是小事。

没有天上掉馅饼一事，吴勇宏舍得下血本，点上这么一桌好菜，请自己吃饭，肯定是有所图的。

"章总，这达利的股票一被停牌，公司上上下下可是人心惶惶哪！"吴勇宏渐渐地进入正题。

"吴总，这很正常。最近几年，达利内部一直人心惶惶，员工也早已习以为常。"

"章总，恕我直言，再这么闹下去，达利可就陷入泥潭了。到时候，想要自拔，就难了。"

"吴总，那依你之见呢？"章开鹏顺势将皮球踢了出去。

"依我愚见，首先要处理好和经销商，还有供货商之间的关系。经销商关闭渠道，供货商停止供货，这不是瞎闹吗？"

"公司一团糟，经销商和供货商心中有气，也情有可原。"章开鹏转而又问，"吴总，你认为该如何处理呢？"

"打蛇打七寸，擒贼先擒王。经销商和供货商中，有两大权威人物，一是'带头大哥'袁德奎，另一个是'西北狼'马锦胜。如果能说服袁老大和马总，那问题也就能迎刃而解了。"

"吴总，既然你想到了这个办法，为何不实施呢？"

"章总，我吴勇宏一向有自知之明。就算我亲自出面，哪怕是求到袁老大和马总的门上，他们也未必会给我面子。"

因麦德逊强制向渠道发货，吴勇宏在36个运营中心的口碑极差，甚至不如黄卓群。每次袁德奎见到他，都会拿话冷嘲热讽。一个是火，一个是水，根本就不能相容。而马锦胜，虽有声望，却一向置身事外，几乎不参与任何的斗争。所不同的是，他现在多了个身份，达利的董事会成员。

"吴总，正所谓条条大路通罗马，既然这条路走不通，那就换一条。"

"章总，除了这一条，其他的路，我觉得都是死胡同。"吴勇宏放下筷子，将椅子往章开鹏的身边挪了挪，"章总，达利内部，要论谁在经销商和供货商面前说话分量最重，非章总你莫属。只要你一句话，这两个问题，自然就解决了。"

"吴总，你太高估我了，我也是人微言轻，说话不管用。"

"章总，到了这个份上，我也就把话说开了。当初，麦德逊进入达利，就是看中了达利的渠道。如今，经销商不干了，我们自然要跟着遭殃。不瞒你说，我现在每天都在顶着雷过日子。"吴勇宏吞下一大杯白酒，像是壮胆，

"章总，只要你能稳住袁老大和马总，我向你保证，以后你的事，就是我吴勇宏的事。"

"吴总，那黄卓群呢？"

"章总，我承认，我和黄卓群背地里是有些动作。可大多数都是他策划的，我是被动地跟着配合。我更没想到，他的胃口会如此之大，手段会如此之狠，居然向你逼宫，意图谋朝篡位，这……这不是明摆着蚍蜉撼大树，可笑不自量嘛。自打股东大会后，我已经刻意和他减少了来往。这种人，还是少接触为妙。接触多了，容易惹祸上身。"

章开鹏只是笑笑，没做任何判断。吴勇宏称黄卓群是口蜜腹剑，其实，他又何尝不是。这类人说的话，左耳进右耳出就行了，大可不必当真。别说是口头协议，就算是签了合同，他们也可以随时随地毁约。

不过，吴勇宏今晚的姿态，对章开鹏而言，却是好消息。不难判断，他和黄卓群之间的战略同盟，如同纸糊。稍微捅一捅，也就破了。

黄卓群加上吴勇宏，不好对付。一个黄卓群，对付起来就要轻松许多。不管如何，吴勇宏能做墙头草，这就够了。

"吴总，你敞亮，我也痛快，那我就试试看，如何？"

"章总，感激不尽，感激不尽。"

第二十八章

妥协

　　"章董，我斗胆说一句，重感情是你最大的
人格魅力之一，可放在生意场上，就是你最大的
缺点。过于看重感情，做起事情来，难免会优柔
寡断，甚至牺牲自己，成全别人。"

宋子强打来电话时，章开鹏正打算出门，陪女儿去南州植物园写生。母女俩决定留在南州后，面临着诸多棘手之事，首先是女儿的上学问题。为此，章开鹏费了不少力，托了不少关系，才争取到南州民办名校——51中学的名额。

　　可章静雯在加拿大生活了两年，现在刚回国，一来不适应，二来厌烦填鸭式教学。没上多久，就提出来要退学，想学美术去。小姑娘还说，长大了要当一名服装设计师。对于女儿，章开鹏一向是宠爱有加，于是，又张罗了一番，把女儿安排进了一所英国名校与南州市教育局合办的沃尔夫艺术学校。古有孟母三迁，也不过如此。

　　此外，但凡有时间，他就会陪着女儿到处写生，俨然成了全职司机兼书童。

　　"章董，我刚才路过喜来登酒店的门口，你知道我看到什么了吗？"宋子强在电话中神秘兮兮地说道。

　　章开鹏略微皱了一下眉头问："看到什么了？"

　　"黄卓群恰好从喜来登走出来，而且，他的身边还有个女人。"

　　这宋子强，也太小题大做了。黄卓群一向好这一口，身边有个女人不是很正常的吗？难不成，你还想让我把这条消息捅给媒体，用来炒作，攻击黄卓群？不说这种小事能不能伤到黄卓群，媒体愿不愿意爆料还不知道呢。

　　现在的新闻媒体个个都精得很，他们要的是噱头，是猛料。

　　"子强，你又不是不了解黄卓群，这种事情，很正常。"说着，章开鹏发动奥迪A8，"好啦，我要出去一趟，没别的事情，我先挂了。"

"章董，我总觉得黄卓群和这个女人之间，不像是那种关系，反正感觉怪怪的。这样，我偷拍了一张照片，传给你看看。"

看宋子强如此热忱，章开鹏只好道："你发来吧。"

不出一分钟，宋子强的彩信就发了过来。不过，章开鹏并没有马上看。其一，安全驾驶。其二，区区一张照片而已。

一直等陪着女儿到了写生的景点，他才掏出手机，打开了彩信。

不看不知道，一看吓一跳。照片上的女人，章开鹏再熟悉不过，竟是欧阳卫红。

他这才想起，欧阳卫红下榻的酒店，正是喜来登。从两个人的表情来看，像是装作路人，有意保持着距离。

欧阳卫红曾说过，此次她来南州的目的之一，就是调停达利内部的纷争。她也明确表过态，肯定会支持自己。既然是支持，又为何背着自己去见黄卓群呢？

此举，让章开鹏更加坚信，他们两人之间，存在着利益上的往来，是一条绳子上的蚂蚱。那么，毛丽萍在股东大会上掉转枪头一事，也就能解释得通了，一切都是欧阳卫红布的局。

章开鹏储存好照片，删掉彩信，琢磨片刻，拨通了欧阳卫红的号码。

"开鹏，有事？"

"也没什么大事。"章开鹏淡淡地说，"对了，卫红，你不是说这次来南州，时机成熟的话，会调解我和黄卓群之间的矛盾吗？我这两天正好有时间，要不你来牵牵线？"

"这个啊，我看……"欧阳卫红有些心虚，但她很快就调整了情绪，"开鹏，我看还是过几天吧，现在你们两个都在气头上，坐下来谈不合适，你认为呢？还有，你对黄卓群不是一向深恶痛绝的吗，怎么突然改变主意了呢？"

欧阳卫红连续发问，化解了不自然。不过，能感觉到她的心虚，章开鹏的目的也就达到了。

"卫红，身在局外，有些问题反而看得更透彻些。比起我和黄卓群之间的斗争，显然，达利的大局更为重要。辞职也好，'下野'也罢，我终究是达利的创始人兼股东，不想看到达利这艘航空母舰就此沉下去。人嘛，该妥协的时候就得妥协。许多时候，各自让一步，对双方来说都是另一番天地。"

"开鹏，这样，我尽快安排好吧。"欧阳卫红清了清嗓子，"听说我在南州，近两天，宋敏洁要来一趟。"

"宋小姐要来？！"

"没错，开鹏，难道你就不想见见宋小姐吗？"

"想归想，可光我想没什么用，还要看宋小姐的态度。"

"那就等宋小姐到了再议。"

欧阳卫红前脚刚到，宋敏洁后脚也跟着来了。欧阳卫红是达利的股东，宋敏洁对达利有意。这里面，会不会有什么故事呢？章开鹏一肚子的疑问。不过，他也没往下细究。

陪着女儿写完生，父女俩回到龙庭花园。不早不晚，正好是中饭时间。吃过饭，在花园里散步片刻，章开鹏便上了楼，准备午休。这是他辞职以后才有的生物钟。

哪怕是睡不着，闭目养神20分钟左右，精神也会好上许多。可今天躺下后，大脑却异常活跃，右眼皮一直在跳。

左眼跳财，右眼跳灾。

一时睡意全无，章开鹏睁开眼睛，脸上被乌云笼罩着。

先是宋氏父女抛出橄榄枝，随后欧阳卫红又来到南州。现在，欧阳卫红又说要和宋敏洁在南州见面。从表面上看，这三件事，毫无关联。但章开鹏总觉得，欧阳卫红和宋敏洁在密谋什么。难道，欧阳卫红特意来到南州，和宋氏父女打算入股达利有关？真要如此，黄卓群在其中，又扮演着什么样的角色呢？

富可亚洲是达利的第一大股东，华丰集团要进来，势必会稀释富可亚洲的股份。并且，以华丰的财力，想成为第一大股东，只要给他们足够的时间操盘，根本就不在话下。

黄卓群处心积虑这么多年，刚刚接手达利，不可能也不会轻易放弃。除非，宋氏父女能开出更高的价码。

如今的达利不仅是个烂摊子，还是一盘散沙。但凡了解内幕的风投机构，躲都来不及，绝不可能来搅这趟浑水。而华丰集团却反其道而行之，宋庆生是何等高明之人，怎么可能会犯如此低等的错误呢？反之，如果达利的情况继续糟糕下去，迫于压力，黄卓群倒有打退堂鼓的可能性。毕竟，他只是富可亚洲的代言人。其背后，还站着不少风投圈的大佬。

如此想来，也就合情合理了。

为了拿下达利，宋氏父女真的愿意花上大代价，冒着随时有可能掉入火坑的风险吗？

答案，只有宋氏父女心里最清楚。

章开鹏越想，思绪越乱，索性起身出了卧室，拐进书房。点上烟，他不断地暗示自己要冷静。随后，他从书柜里抽出一本烫金的《孙子兵法》，翻阅着。

兵者，诡道也。

生意场的斗争，好比战场上的厮杀。谁胜谁负，排兵布阵很重要。或许，能从《孙子兵法》中找到灵感。即便找不到，转移注意力，让自己冷静冷静，也未尝不是好事。

B 计划实施之后，章开鹏奉行的是"以静制动"的策略。暗中，他也一直让许婉婷盯着黄卓群的一举一动。黄卓群动，自己再动。

没翻几页，iPhone 和三星手机，几乎是同时响起。一个是许婉婷打来的，另一个来自蒋柏林。他先是拿起 iPhone 问："婉婷，有事？"

"章董，刚才黄卓群又来办公室找我了，说是想见见你，我看你是躲不掉了。"

掐指一算，距离黄卓群上次提出见面，也有不少天了，是该和他见个面了。

"婉婷，你回复他，就说时间和地点由他来定，我随时奉陪。"

"明白！"

放下 iPhone，章开鹏又拿起了三星，给蒋柏林回了个电话。

"开鹏，怎么，在忙吗？"蒋柏林笑着问。

"蒋老，闲来无事，正在书房里看《孙子兵法》呢。"

"开鹏，《孙子兵法》可是一本好书，不仅是战争上的宝典，也是生意场上的圣经。"

"蒋老所言极是！"

"开鹏，今天给你打电话，有两件事。第一件，给你道贺，你针对黄卓群和吴勇宏的B计划，执行得堪称完美。第二件，我最近要北上一趟，拜访荣恒兄。如果有时间的话，会顺道来南州看看。我记得，我上次去南州时，应该是四五年前了吧。"

"蒋老，四年多，五年不到的时间。"

蒋柏林第一次，也是唯一一次来南州，是软盛和达利联姻之时。当天，双方在香格里拉酒店，召开了隆重的新闻发布会。到场的媒体，足有几十家，包括一些境外媒体。如此密集的"长枪短炮"，在达利的历史上，也是第一次。

其实，大多数的媒体记者，并不是冲着达利来的，而是冲着软盛资本，冲着蒋柏林来的。

"开鹏，时间如白驹过隙，一晃，就是四五年。"蒋柏林微叹了口气，"到时候，我们电话联系。"

"好的，蒋老，我盼着你来南州。还有，见了郑老爷子，代我向他问个好。"

"一定，一定！"

欧阳卫红、宋敏洁和蒋柏林，分别选择在不同的时间点来南州。看来，达利这出戏，要越来越热闹了。

抛开欧阳卫红和宋敏洁，蒋柏林的来意，章开鹏倒是能猜出个七八分。一来，此前，两个人有过口头协议，章开鹏主动"下野"，蒋柏林会暗中帮助他反夺权。怎么帮，用什么方式帮，蒋柏林从未透露。估计他特意绕道南州，是为了此事。二来，达利停牌，软盛资本的投资，存在着打水漂的风险，蒋柏林是来向黄卓群和吴勇宏兴师问罪的。

"明晚七点，一号楼。"

章开鹏挂断电话不久，就收到许婉婷发来的短信，告知明天与黄卓群见面的时间和地点。

吴勇宏选择花园大酒店，黄卓群则选择一号楼。可见，两个人的个性还是有所不同的。吴勇宏内敛，城府深，名副其实的笑面虎。黄卓群强势，刚愎自用，时刻都在提醒别人，他的权威不可触犯。

这也无妨，黄卓群如今是达利的董事长，选择一号楼见面，合情合理。

次日下午，欧阳卫红给章开鹏打来电话，说是宋敏洁已经到达南州。有空的话，晚上一起吃个饭。章开鹏回应说，晚上约了人。

"开鹏，你有事就先忙，反正宋小姐也要在南州待上几天。改天，改天等你有空了再说。"欧阳卫红又道。

宋敏洁不仅杀到了南州，而且，还要待上几天，这可不像找欧阳卫红叙旧那么简单。

不简单，肯定不简单！

不简单归不简单，可这里面暗藏着什么样的玄机，章开鹏却揣摩不透，只觉得身后有一张大到无法想象的网，正渐渐地向自己逼近。

六点三刻，章开鹏如约到了达利总部，许婉婷已在大门口候着。

风萧萧兮易水寒，壮士一去兮不复还。下了车，章开鹏心中涌起一股悲凉感。

辞职三个来月，章开鹏再也没有踏进过达利总部半步。不是不想来，而是身份特殊不能来。或者说，暂时没有来的必要。

这里的一草一木，一砖一瓦，每一个员工，甚至连空气的味道，章开鹏都极为熟悉，仿佛是自己身体内的细胞。从开始创业的那一天起，他早已和达利融为一体。

付之心血，才会有感情。

而黄卓群之流，只会把它当成赚钱的工具。

"婉婷，许久没来，说句实话，还真是挺挂念这里的。"章开鹏抚拍着一棵松树，感慨道。

这棵苍松，是达利成立第一年的植树节，他和两个合伙人冯刚和李建辉一起种下的。至今，他的书桌上，依然放着当年三个人意气风发的照片。

时隔多年，合伙人变成了散伙人。

在这个世界上，能考验人与人之间感情的，唯有时间。

离开达利后，李建辉和冯刚双双去了北京。之后，章开鹏便和他们断了联系。

"怎么，章董，又想起以前的事情了？"许婉婷笑着问。

"婉婷，我总觉得当初对待李建辉和冯刚的手段，有些太残忍了。"

"章董，你别忘了，是他们先对你下手的。"许婉婷直言不讳道，"章董，我斗胆说一句，重感情是你最大的人格魅力之一，可放在生意场上，就是你最大的缺点。过于看重感情，做起事情来，难免会优柔寡断，甚至牺牲自己，成全别人。"

"知我者，许婉婷也。"章开鹏笑了笑，又问，"该安排的都安排好了吧？"

"都安排好了。"

章开鹏点了点头："那好，咱们现在就去会会黄卓群。"

两个人拐到员工宿舍楼后方的别墅区，轻车熟路地往一号楼的方向走去。

到了门口，许婉婷走上前按了按门铃。少顷，黄卓群探出头，笑道："婉婷，来啦？"

"黄总，我今天只是个红娘，真正的主角，是你和章董。所以，章董能来，才是重点。"

黄卓群任董事长后，曾多次在公司的各类会议上，或明或暗地提醒所有人，现在他才是达利的掌门人。因此，称呼也得改改，不能再叫"黄总"，而该改成"黄董"。

可许婉婷就是不买他的账，人前人后，依然叫他"黄总"。黄卓群听着虽极不顺耳，不过，又不能拿许婉婷怎么样，只好忍了。现在，他又当着自己的面，有意称呼章开鹏为"章董"，这不是明摆着给自己难堪吗？

"婉婷说得是，说得是。"黄卓群边笑，边往前走了几步，伸出手，"开鹏——请允许我这样称呼你。香港一别，估摸着咱们有三个来月没见过面了吧？往年，同在一个屋檐下，低头不见抬头见的，突然见不到你了，还真有点不习惯。"

黄卓群脸上虽挂着微笑，话里话外，却带着讽刺。

章开鹏也不在意："黄董，有些事，习惯了就好。"

"开鹏，你说得对，说得对，习惯了就好。"黄卓群大笑了几声，"咱们进屋说。"

尽管之前闹过诸多不愉快，不过，既然坐在一起了，就该换副面具。除非，黄卓群此次邀请，是纯粹找碴，或者是威胁自己的。若真这样，届时再翻脸也不迟。章开鹏暗暗地想着，进了一号楼。

三个人在客厅的沙发上坐定后，黄卓群先是为章开鹏倒上茶，随后又端起茶杯："开鹏，我以茶代酒，给你道个歉。经销商和供货商闹事后，我一时头脑发热，曾在微博上攻击过你……"

"黄董，过去的事情，就让它过去吧。况且，我在这方面，早已有了免疫力。说起来，我还要感谢金融虎刀。没有他，我就没有这百毒不侵的免疫力。"章开鹏有意提到了金融虎刀程乾。

"金融虎刀这种人，我见得多了。表面上自称经济学家，满嘴仁义道德，实际上，就是个伪君子、人渣。"

说起金融虎刀，黄卓群竟咬牙切齿，且不像是伪装的。

章开鹏恨金融虎刀，黄卓群更恨。

在未和他打招呼的情况下，金融虎刀竟把股东大会的全过程捅了出去。这一捅，就是个大娄子。他倒好，捅完拍拍屁股就走了，把这么大的烂摊子留给自己收拾。

从达利召开股东大会，到章开鹏主动"下野"，再到达利被停牌……一系列的余震，导火线就是金融虎刀这个局外人点燃的。

黄卓群几乎每一天都会给金融虎刀打电话，但结果依然是两种，要么不接，要么是来电转移，他的助手接的电话。助手给出的说法，也是千篇一律，程老师正在开会，程老师正在忙，程老师去外地出差了……等程老师回来了，再让他回复您。

这一等，就如同石沉大海，杳无音信。

"黄董，既然你了解，也就没必要这么动气。金融虎刀三番五次地将矛头对准达利，其背后，肯定有利益集团在，"章开鹏分析道，"黄董，你说是吧？"

"就算是，可到底是谁和我们达利有着这么大的仇恨呢？"

黄卓群一句话，巧妙地化解了两个问题。第一，他和金融虎刀之间，毫无瓜葛。这一层，一半为真，一半为假。第二，第一次在章开鹏面前用到了"我们"，无形中拉近了彼此的距离。

"黄董，现在你是达利的掌舵者，幕后到底隐藏着什么，应该由你来给大家指明方向。"

"开鹏啊，达利现在是什么状态，你比我清楚。经销商切断渠道，供货商停止供货，好在员工罢工已经控制住了。我纵然是有三头六臂，也是巧妇难为无米之炊啊！"黄卓群往前探了探身子，继续套着近乎，"开鹏，要是有你在，经销商和供货商，也就不会如此放肆了。"

"黄董，有我在？这好像有悖于你在股东大会上说过的话吧？"章开鹏冷笑道，"再说了，你身边不是还有吴总在吗？"

"开鹏，吴总是吴总，我是我。他代表的是麦德逊，我代表的是富可亚洲，能一样吗？更何况，这些年吴总一直在外企待着，对于达利这样的民营企业，即便了解，也未必能了解得那么透彻。"

言语间，黄卓群透着对吴勇宏的不信任。看来，他们两人之间，分歧比他想象中的要大。

"黄董，不尽然吧，作为世界 500 强企业，麦德逊无论是管理经验还是架构水平，都远高于达利。可以这么说，麦德逊是正规军，达利只是'土八路'。吴总在麦德逊熏陶这么多年，手上必有几把刷子。"

"开鹏，照搬世界 500 强企业那一套，只会把中国的企业搞死，这是我一直以来的观点。"

"黄董，一千个人眼中有一千个哈姆雷特。这种事，还是仁者见仁，智者见智吧。"

"开鹏，可现实是，吴总帮不上忙也就算了，还因为渠道的事情，和我发生过争执。倒不是我在背后说他的坏话，如此没有大局观之人，往后你让我怎么和他一起搭档共事？”黄卓群又往前贴了贴，“开鹏，还是那句话，有你在就好了。”

不到一刻钟的谈话，黄卓群居然两次主动提出希望自己回达利。他这葫芦里卖的到底是什么药？

章开鹏顺势问道：“黄董，我现在和达利唯一的关系，就是我是一个小股东。恐怕在与不在，都影响不大。”

“开鹏，不管你在哪里，身处何职，从始至终，你都是达利的创始人。这一点，谁也改变不了。我也相信，你对达利，是有着很深的感情的。所以，眼下达利正值危难之际，只有你回来，才能力挽狂澜哪！”

◎第二十九章◎

骑虎难下

　　章开鹏仔细衡量了一下，再这么和黄卓群斗下去，就等于一步步把达利往悬崖边上推。而反夺权，也正如宋敏洁之前所说，光靠人心向背是不够的，没有股东大会的同意，即使在气势上能压倒黄卓群，自己依然是个"下野"之人。

感情，不用说，章开鹏从未怀疑过这一点。

刚才和许婉婷来一号楼的路上，章开鹏仔细衡量了一下，再这么和黄卓群斗下去，就等于一步步把达利往悬崖边上推。而反夺权，也正如宋敏洁之前所说，光靠人心向背是不够的，没有股东大会的同意，即使在气势上能压倒黄卓群，自己依然是个"下野"之人。

扪心自问，无论是 A 计划，还是 B 计划，自己的目的，都是牢牢掌控达利。可现在的问题是，"门口的野蛮人"已经进来了。并且，还不止一个。最让人头疼的是，有些在明，有些在暗。哪些人属于哪些阵营，更是一道难以参透的难题。

七年前，自己用的是"以退为进"。现在，时代变了，策略却照旧，难免会让别人把准脉，来个对症下药。既已如此，何不在"以退为进"的大框架下，变个方式方法呢？先迫使投资方请自己回到达利，黄卓群照旧做他的董事长，吴勇宏还是 CEO。然后，他再慢慢地积蓄力量，将他们踢出局。股东们虽不在南州，但耳目众多，眼睛自然也是雪亮的。谁更适合达利，相信他们会判断。这样一来，既能化解达利眼下的危机，又能在他们的眼皮子底下活动，钳制他们的势力扩张。毕竟，在利益面前，绝大部分的人心是可以收买的。唯一的不确定因素，是"变节"的时间。

但问题是，该怎么回去呢？总不能自己主动提出吧？最为可行的，是投资方主动邀请。投资方主动邀请，近乎痴人说梦。可事情的转机来得如此之快，却又让人啼笑皆非。这黄卓群的出牌套路，还真的和常人不同。

"黄董，就算我回来，恐怕也做不了什么吧？力挽狂澜，我真没这个本事。”

黄卓群眼睛一亮：“开鹏，只要你肯回来，具体做什么，咱们可以从长计议，从长计议。”

“黄董，那我们就从长计议。”说完，章开鹏给许婉婷使了个眼色，紧接着，又欠了欠身，“黄董，时间也不早了，我就先告辞了。”

“这么急，再坐坐，再坐坐。”黄卓群又拉着章开鹏坐下，“开鹏，既然你已经答应回来了，那经销商和供货商那边，你看……”

“黄董，心急吃不了热豆腐。这八字，不是还没一撇吗？”

“放心，你放心，我会尽快安排，把第一撇画上，然后等你的那一撇。”

又逗留了五分钟，章开鹏和许婉婷再次起身道别，黄卓群也跟着起身。打开门的一刹那，他被眼前的场景惊呆了。

达利的员工，在一号楼门口拉起了横幅，横幅上写着：强烈要求章董回归达利执掌大局。黄卓群扫了一眼，怎么也得有几十号人。并且，都是章开鹏的老部下。

拉横幅也就算了，他们还喊起了口号。

见此场景，黄卓群嘴唇颤抖着，整个肺都快被气炸了。

狗娘养的，这帮人分明是不给我黄卓群面子。等着瞧，以后再一个个收拾你们！口号声一浪高过一浪，别墅区和公司的宿舍楼，又只隔着一条马路，不少员工都探出头，在观看着这出好戏。

“你们不知道你们这么做，是很恶劣的行为吗？”黄卓群恼羞成怒道。

“黄总，今天正好章董也在，”为首的一个老员工说，“我们的要求很简单，那就是章董回达利。章董一天不回来，我们就会继续闹下去！”

老员工一呼百应，话音刚落，继续喊起了口号。

这时，一直处于观望状的章开鹏，适时地出面挥了挥手，示意大家安静。

“各位老伙计，黄董刚才已经说过了，你们这么做，影响很恶劣。按照公司的规章制度，是要接受处分的。”章开鹏稍作停顿，又道，“而且，黄董今天把我请到一号楼来，就是希望我能重新回到达利。话我只能说到这里，大家就先散了吧。”

章开鹏一声令下，不出一分钟，游行的员工们便有秩序地离开。

"黄董，大家都走了，那我和婉婷也就撤了。"

"好……好……"黄卓群神情恍惚道，"那我们再联系。"

看着章开鹏和许婉婷背影渐渐远去，黄卓群依然伫立在原地，不停地抽着烟，脑子里一片空白，直到刺耳的手机铃声响起，才把他拉回现实。

黄卓群不耐烦地用脚碾灭烟头，掏出一看，是吴勇宏的来电。

"黄董，我敢肯定，这出戏是章开鹏自编自导的。要不然，怎么可能这么凑巧啊？他和许婉婷，是想借势将你一军。"吴勇宏佯装同仇敌忾道，"黄董，我们可不能就此示弱，应该尽快展开反击，给章开鹏一点颜色瞧一瞧。"

黄卓群往前走了几步，瞥了一眼三号楼，灯亮着。阳台的落地门后面，隐隐约约有人影闪过。

"吴总，也就是说，你刚才也在看这出戏喽？"

"黄董，外面这么大的动静，我又在家里，我想不看到都难。"吴勇宏继续假模假样道，"黄董，说句实话，当时，我真有股冲动，想跑去和那帮老员工好好地理论一番，较较劲。可你也知道，我在达利基本说不上什么话。这要是跑下去，怕只会帮倒忙。"

"吴总，这不是能不能帮忙的问题，而是态度问题。你是哪个阵营里的人，关键时刻该往那边站，我想，不用我多说了吧？"

吴勇宏选择暗中看好戏，是故意为之。不过，他分析的也不无道理。这件事，不太可能是巧合。极有可能是章开鹏事先安排好的局，借此杀杀自己的威风。

"这个……黄董，我当然明白了。"吴勇宏连忙称是，又问，"黄董，接下来的棋，我们该怎么下呢？"

"我暂时还没想清楚。"黄卓群冷冷地回应道，"我说吴总，这种事，总不能老是让我一个人在前面冲锋陷阵吧？"

"黄董，你放心，放心，我这就想想，这就想想。"

如何对付章开鹏，黄卓群早有方案。可就凭吴勇宏一贯以来的两面三刀，也不能露了底牌。反过来，在吴勇宏心目中，黄卓群又何尝不是善耍鬼蜮伎俩之人呢？不说别的，此次约谈章开鹏，绕开自己这个盟友，就足以说明这一点。

不过，自己也曾瞒着他，密会过章开鹏。如此一想，心里也就平衡了。

奥迪 A8 刚出达利的门，许婉婷便问："章董，我实在想不出，黄卓群为何会主动邀请你回达利。诚然，达利如今的局面，也只有你能解决。可请佛容易送佛难的道理，他应该懂。他刚刚迫使你'下野'，现在又把你请回去，这不等于自己扇自己的耳光吗？……"

"婉婷，你想不通，我也想不通。我们和黄卓群交手多年，他的行事风格，一向诡异。"

"章董，这不会是个陷阱吧？"许婉婷提出了疑问。

"是陷阱，就不要往里面跳。连续在一个地方栽跟头，到时候被人取笑的就是我们了。"

许婉婷想了想，又问："章董，听说欧阳卫红女士来南州了？"

"是的。"章开鹏道，"不仅她来了，首富千金宋敏洁也来了。再过几天，蒋柏林蒋老也有可能会来。"

以往，提起欧阳卫红时，章开鹏心中难免会遐想一番。如今，生活回归正常轨道，取而代之的是心如止水。只是，猛然，脑海里却闪过了顾冉冉的影子。自从上次撇清关系后，顾冉冉就再也没有联系过他。按理说，这是好事。可章开鹏心里，总觉得不踏实。

万一顾冉冉翻脸，有意添乱，该怎么办呢？

"这么多大佬，几乎在同一时间段来到南州。这里面，不会暗藏着什么玄机吧？"

"婉婷，我也仔细推敲过。直觉又告诉我，此事没那么简单。一直以来，我都在怀疑，达利除了创始团队和投资方的内斗，外部还有一股看不见的势力存在。现在看来，不止一股，其复杂程度远远超过我们的想象。宋敏洁是美星隆的大股东，她和欧阳卫红又都是鼎尚俱乐部的会员。鼎尚的创始人郑荣恒老爷子和蒋柏林又是故交。这里面的水，深得很。"

"章董，既然如此，你何不给郑老爷子打个电话，试探试探呢？"

"我也正有此意，但这里面又有个问题，我们不妨做个大胆的假设，如果郑老爷子也是局内人，我们又该怎么办？"

章开鹏的假设，把局势推到了更为棘手的境地。

"宁可信其有，不可信其无。在事情水落石出之前，每个有关联的人，都值得我们去怀疑。"

"水落石出？"章开鹏迷茫地看着前方，许久，才道，"在生意场上，有些东西，将永远是秘密。并且，有些事情不知道要比知道更好。"

许婉婷侧过身，看了一眼章开鹏棱角分明的脸庞，不再言语。

股东大会后，许婉婷在四号楼短暂住过几天，便搬了出去，在公司附近的一个高档小区，租了一套单身公寓。一来，是为了避嫌。虽说自己和黄卓群早就划清了楚河汉界，但彼此的住所挨得这么近，黄卓群又会经常性地来个动机不纯的登门造访。再怎么说，他现在都是达利的董事长，是自己的领导。领导上门，总不能将他扫地出门。可上门的次数多了，即便没什么，也难免会有风言风语。对于正处在动荡期的达利而言，这不是什么好事。二来，这些年在南州扎根，鞍前马后地跟着章开鹏，许婉婷早就把达利当成了家。但自打章开鹏辞职后，她发现，其实不是这么回事，而是章开鹏在哪里，自己的根就在哪里。

不到十分钟，许婉婷便到了小区门口，刚下车，章开鹏又叫住了她："婉婷，近两天我要请欧阳卫红和宋敏洁吃饭，你也一起吧。"

欧阳卫红和宋敏洁都是女人，而且，都是不简单的女人。自己一个男人，恐怕难以招架。有许婉婷在，既能缓和气氛，又能有个照应，实为一举两得。

而且，章开鹏一直相信，女人要比男人更感性，第六感也比男人更敏锐。只有看透欧阳卫红和宋敏洁的心思，才能对症下药。

许婉婷愣了半晌，微笑道："好，章董，等定了时间，你通知我就行。"

听说要见欧阳卫红，她心中竟有种莫名的悸动。

许婉婷加盟达利时，欧阳卫红已经在布置退路，在南州的时间并不多。彼此的关系，仅限于认识的层面。但欧阳卫红帮助达利融资的手法及她和章开鹏的陈年旧事，她也略有耳闻。她还记得，一次章开鹏和"四大金刚"吃饭时，章开鹏破例喝了不少酒。酒后，他谈起了他在大学里的生活。看得出来，他对欧阳卫红依然念念不忘。

能够占据章开鹏最美好的那段回忆，无疑欧阳卫红是令人羡慕的。可羡慕之余，许婉婷又多了份醋意。

回到家，章开鹏本想给欧阳卫红打个电话，敲定请宋敏洁吃饭事宜。可刚掏出手机，欧阳卫红却抢先一步主动来电。

"卫红，我正想着给你打电话呢。"章开鹏关上书房的门道，"近两天，我手头上也没什么事，打算请宋小姐吃个饭。地点我定，时间嘛，你和宋小姐来定。"

"开鹏，我和敏洁随时都有空，中饭晚饭都可以。我看，时间和地点就都由你来定吧。"

章开鹏摸了摸下巴道："那就明天晚上吧，明晚七点，滨海园区的顺风楼，如何？"

顺风楼，是一家地道的农家乐饭店，距离达利总部不远，大概 10 分钟不到的车程。门面不大，名声却很响亮。欧阳卫红在达利任投资顾问时，隔三岔五地会跑趟顺风楼，吃一顿海鲜大餐。

"开鹏，看来你和我想到一块去了。你也知道，我是个吃货，离开南州这么多年，我最挂念的就是嫂子的厨艺，其次就是顺风楼的海鲜。"

"那就明晚七点，顺风楼见。"

章开鹏刚想挂电话，欧阳卫红却问："开鹏，我怎么听说，今天一号楼门口出事了。"

"卫红，看来什么事情都逃不过你的眼睛啊。"

有了之前欧阳卫红和黄卓群的密会，章开鹏对于欧阳卫红知情，也就不感到奇怪了。

"开鹏，南州城就这么点大，咱们又都是局内人，这么大的事情，我想不知道都难哪。"欧阳卫红笑了笑，"不过，开鹏，从表面上看，这是一出好戏，但实际上未必。你想想看，达利已经够乱，现在员工又闹事，岂不是乱上加乱吗？你再想想，现在不知道有多少人暗中盯着达利，盼着达利就此一蹶不振。这种事情，容易变成别人攻击达利的靶子。还有，达利虽然被停牌了，但只要挨过这段时间，并且，有蒋柏林蒋老在，复牌只是时间问题。毕竟，软盛资本也是达利的股东。作为一家上市公司，就避免不了和风投机构合作。而如今的达利，却是家丑一波接着一波。往后，怎么去融资？怎么去说服那些如意算盘打得叮当响的 VC？"

欧阳卫红一眼就看穿了这是章开鹏自导自演的一出戏，章开鹏默认了，没做反驳。至于欧阳卫红所说的后果，他也考虑过。可不用这一招，还能用什么方式给黄卓群敲个警钟呢？

后果嘛，等到自己反夺权后，再慢慢去擦屁股吧。

"卫红，其中的利害关系，我也清楚。不过，都说当局者迷，旁观者清，但许多时候，许多问题，当局者要比旁观者看得深，看得透。"

"开鹏啊，正因为看得深看得透，才会迷惑，难道不是吗？"欧阳卫红反问道。

"也是，这就好比一个池塘，混浊抑或是清澈，各有利弊。"

"开鹏，水至清则无鱼呀！"欧阳卫红稍加感慨，"好了，我先挂了，陪敏洁去做 SPA，明晚见面再细聊。"

章开鹏在书房里转了几圈，听到外面有动静，便快速出了门。门刚一打开，迎面就撞见了郑茹。

"你们母女俩不是去万达看电影了吗，这么快就回来了？"章开鹏略显心虚地问。毕竟，他刚刚和欧阳卫红通过电话。即便没什么，也总觉得心里有鬼。

"这都快几点了，当然回来了，雯雯明天还要早起去写生呢。"

郑茹决定在南州定居后，潜移默化中，夫妻俩的感情升华了不少。其一，得益于朝夕相处。其二，章开鹏剪断了他和顾冉冉间的关系，一门心思地对待郑茹。诚然，这里面很大程度上，是因为女儿章静雯。其实，郑茹心里面也清楚这一点。不过，这并不重要，重要的是这个家没有散掉。

"雯雯呢？"

"躲在楼下打电话，国际长途。神秘兮兮的，硬是要把我支开。"

"雯雯不会是和那个韩国人，还……"

"我明里暗里都问过，可你女儿一味地跟我打马虎眼，我撬不开她的嘴。都说父女之间好沟通，有机会，你问问她。一个加拿大，一个中国，肯定没戏。"

"好，我找机会说。"

异国恋，的确没戏。并且，女儿年纪尚浅，存在着太多变数，谈婚论嫁为时过早。至于女儿不愿和郑茹多谈的原因，章开鹏也观察过，不是女儿不愿向她敞开心扉，而是郑茹的交流方式有问题。

什么你才多大啊，懂什么叫爱情吗，懂什么叫婚姻吗……这些话说多了，只会令女儿更为反感，更不愿意和她去交流。

爱情和婚姻这两个命题，是绝大部分人参一辈子都参不透的难题。女儿虽小，但你不能就此断定她不懂。最起码，她对那个男生是有感情的，哪怕这种感情真的不能称之为爱情，那也是美好的。

人嘛，多个念想，有份精神寄托，总归是好事。

见郑茹神情有些怪异，并没有下楼的意思，章开鹏又问："还有事？"

"进书房再说。"郑茹轻声道，随后，推着章开鹏进了书房，锁上门，像是有意不想让女儿知道。

"到底什么事情？"

"今天下午，我和雯雯在逛街时，那个女人给我打了个电话。"

听到"那个女人"，章开鹏本想点烟，手抖了一下，烟掉落在地上。

"她都说什么了？"章开鹏语气沉闷地问。

"她提出来，想和我见一面，谈一谈。"

"胡闹！"章开鹏重重地拍了下桌子，又问，"你答应了？"

"我吃不准，所以就回来问问你的意见。毕竟，你才是当事人。"说到当事人时，郑茹加大了嗓门，"不过，这未尝不是好事。之前，我听婉婷说过，你和她已经断了关系。说实在的，我不相信。不管如何，你们在一起这么多年了，要说没感情，那是假的。但今天她主动给我打电话示威，我反倒相信了。"

女人的优劣，是比较出来的。

同一件事，把郑茹和顾冉冉串联在一起，顾冉冉采取了极端的报复手段，而郑茹却处处为自己、为家庭着想。这让章开鹏更加坚信，自己决定迷途知返，回归家庭，是正确的。

"开鹏，你我都是这把年纪的人了，生活的各种滋味都尝过。如今，你又处于谷底。所以，在这方面，我不想给你添乱，制造麻烦。其他的，我倒不担心。我怕再这么纠缠下去，迟早有一天，雯雯也会知情。既然她能弄到我的手机号码，想必骚扰雯雯也不难。"

郑茹的提醒，如同一记重拳，打在了章开鹏的身上。倘若顾冉冉真的急红了眼，丧失了理智，给章静雯造成阴影，无疑触犯了他的底线。

"我明白。"章开鹏定了定神，"你找个时间，和她谈一谈。只要她的要求不过分，你做主就行。"

"好，我会安排。"

"你先出去吧，我想一个人冷静冷静。"

郑茹见状，也不说话，退了出去。

这眼皮子底下的事情，已经够烦、够棘手的了。现在顾冉冉又在后院把火点燃了，简直就是乱透了。可再乱，也得去处理。处理不好，前面的坑会越挖越大。处理得好，才能重见天日。

第二天中午，章开鹏刚吃过中饭，黄卓群就找到他，说是昨晚他彻夜难眠，都在琢磨把章开鹏请回达利后，具体的分工问题。公司的每一个岗位，特别是中高层，都是一个萝卜一个坑，把谁踢走都不合适。搞不好，还会引起内乱。而且，以章开鹏的资历和能力，不能随随便便就安排个职务。听罢，章开鹏笑道："黄董，职务不重要，重要的是能干点实实在在的事情。"黄卓群立马回应说："开鹏，这可不行，我可不想被人戳脊梁骨。我呀，想了一个晚上，直到天快亮了，总算是有了主意。既然现有的职位没有空缺，那就新成立一个部门，由你来挑大梁。名字我都想好了，现在不都流行'运营'一词吗？新部门就叫运营委员会，你做委员会的主任。开鹏，你觉得如何？"

运营委员会？章开鹏咬了咬嘴唇，公司的日常运营一向由CEO，也就是吴勇宏来负责。现在黄卓群却提议让自己主抓运营工作，他考虑过盟友吴勇宏的感受吗？往后在工作上，自己和吴勇宏擦枪走火，也是避免不了的。

按目前的局势，黄卓群心中的天平，肯定是向吴勇宏倾斜的。也就是说，所谓的运营委员会只是个噱头罢了，而自己这个所谓的一把手，也只是个闲职。

正如许婉婷之前所说，黄卓群请他"回营"，只不过是陷阱而已。只是没想到，他的这步棋会下得如此精妙。如果自己答应，十有八九是个傀儡。如果不答应，黄卓群就可以名正言顺地向外界宣布，他给了机会，是章开鹏不愿回到达利。到时候，达利的员工会怎么想？经销商和供货商又会怎么做？员工还好，毕竟彼此有多年的感情在。经销商和供货商就不同了，如果拒绝，他们会慢慢地失去耐心。终有一天，会向投资方靠拢。

向左走不是，向右走也不是，真是骑虎难下啊！

不想接受，又不能拒绝，接下来怎么说话，就成了一门技术活。

"黄董，为了给我安排个位置，你还真是煞费苦心啊！不过，黄董，现在达利的运营工作由吴总主抓，顾总辅佐。平白无故地多出个部门，且又挂着运营的牌子，貌似不太妥当吧？就算我点头，吴总也未必同意吧？就算吴总答应，往后怎么开展工作，也是个问题啊。"

"开鹏，这个你放心，吴总方面，我会摆平。"

"黄董，万一摆不平呢，岂不是乱上加乱？"

"开鹏，你就把心搁在肚子里吧。摆不平吴总，我会如此草率地做出安排吗？"

"黄董，如果我不同意呢？"

"开鹏，我相信你会同意的。"

"黄董，你就这么有信心？"

"开鹏，我不是对自己有信心，而是对你有信心。"

"这样，容我考虑考虑。"先扬后抑过后，章开鹏也就没再绕弯子，"这两天我有更重要的事情要办，办完了，咱们再谈论这个问题。"

"开鹏，有什么事情比这个还重要呢？"

"最近一段时间，欧阳卫红女士不是在南州嘛，另外，华丰集团掌门人宋庆生的女儿，华丰未来的接班人宋敏洁也在。今天晚上，我约了她们两位一起吃饭。"

"哦哦哦！"黄卓群大为吃惊，连续说了三个"哦"字，"那见到欧阳女士和宋小姐，你代我向她们问个好。如果两位巨头肯赏脸的话，请她们来达利坐坐。"

黄卓群的吃惊，是有原因的。

几天前，他在喜来登密会过欧阳卫红，说穿了，是在巴结这位道行颇深的女强人。此外，欧阳卫红曾答应过他，有机会会向郑荣恒推荐，帮助他加入鼎尚俱乐部。这次见面时，欧阳卫红回应说，鼎尚俱乐部的入会条件极为苛刻，硬性指标方面，黄卓群是符合的。不过，硬性指标之外，还有软性指标，那就是，要想加入鼎尚，必须要有三个会员联合提名。之前，欧阳卫红亮出了毛丽萍这张牌。可即便有毛丽萍的支持，也尚缺一个名额。见面后，欧阳卫红又说已经说服了宋庆生的千金，永华投资的女掌门宋敏洁，宋小姐也是鼎尚的资深会员。黄卓群心中一喜，对欧阳卫红好好地感恩戴德了一番。国内的各大城市，尤其是北上广，类似的俱乐部不胜枚举。可论含金量，如果鼎尚排第二，就没哪个敢自称第一。

既然欧阳卫红提到了宋敏洁，又为何没有透露宋敏洁来南州的消息？这里面，有问题。

◎第三十章◎

赢家

　　"章董，其实最后的赢家是如来佛祖。或者说，从头到尾，都是如来佛祖的一个局。而孙悟空，再神通广大，也只不过是一颗棋子，始终逃脱不出如来佛祖的手掌心。"

　　"是呀！"章开鹏唏嘘不已，"如来佛祖不仅是最后，也是最大的赢家。"

下午，乌云密布，春雷滚滚，预示着一场暴雨即将来临。

章开鹏避开晚高峰，先是顺道接上许婉婷，随后直奔顺风楼。不早不晚，许婉婷刚上车，滂沱大雨就砸了下来。

坐稳后，章开鹏便道出黄卓群请他回达利执掌运营委员会一事。

"章董，我早就说过，黄卓群这么主动请你回达利，肯定没安什么好心。"许婉婷愤愤不平道，"你是达利的创始人，厥功甚伟。他现在倒好，竟搞了个什么运营委员会，让你去掌管，这不是明摆着狗眼看人低吗？"

"婉婷，这倒让我想起了一个故事。孙悟空大闹天宫时，嚷嚷着要做齐天大圣，玉皇大帝迫于无奈，给他安排了弼马温的活。不过，我不是孙悟空，他黄卓群也不是玉皇大帝。"

"章董，其实最后的赢家是如来佛祖。或者说，从头到尾，都是如来佛祖的一个局。而孙悟空，再神通广大，也只不过是一颗棋子，始终逃脱不出如来佛祖的手掌心。"

"是呀！"章开鹏唏嘘不已，"如来佛祖不仅是最后，也是最大的赢家。"

章开鹏原以为，达利这盘大棋局，再怎么玩，都在自己的掌控之中，哪怕他不再是大股东。过去是，现在是，将来也是。可现实却是残酷的，别说是将来，即便是现在，想要控局，都已经显得很吃力了。

这么多年下来，章开鹏手中的底牌，玩来玩去，其实只有一张，那就是达利的渠道。具体的人，即以经销商为主，供货商为辅。曾经，他用这张底牌，打败了老"战友"冯刚和李建辉。

同时，章开鹏也深信，只要出好这张底牌，对付黄卓群和吴勇宏之流，是绰绰有余的。从"2·14"事件至今，自己也一直把握着主动权。可现在形势又在发生着微妙的变化，宋氏父女愣是要插上一脚，欧阳卫红态度模糊，蒋柏林暗藏玄机，郑荣恒高高在上……他们的落子手法，决定了这盘棋局的走向。而自己这个创始人，渐渐地被边缘化了。

靠边站，是不得不接受的现实。

"章董，你最终的决定是……？"

"既然黄卓群把路都铺好了，那我就入局吧。"

"可章董，你一个堂堂的创始人，现在却去什么运营委员会当主任。传出去，岂不是成了个笑话？"

"婉婷，不入虎穴焉得虎子。真要是彻底出局，那才是最大的笑话。"

20 分钟后，奥迪 A8 进了顺风楼的停车场。远远望去，一辆挂着"上 A"牌照的迈巴赫格外亮眼。这辆迈巴赫，章开鹏上次去省城时，在宋庆生的别墅门口见过。当晚，章开鹏兴味盎然，喝了不少酒。酒后，宋敏洁正是开着这辆车，把他和宋子强送到了下榻的酒店。

章开鹏依稀记得，自己还开玩笑地问过："宋小姐，像你这样的，开迈巴赫的可不多啊。"他的玩笑，换来的是宋敏洁意味深长的回应："章董，女人想要在商场上混出些名堂，本就不易。所以，我要时时刻刻提醒自己，要像个男人，胜于男人。开迈巴赫，也算是一种自我暗示吧。"

进了大厅，左边是点菜区，章开鹏一眼就瞥见了欧阳卫红的背影。

章开鹏急忙走上前，许婉婷紧跟其后。

"卫红，宋小姐，点菜这种事，交给我就行了。"

"开鹏，这顺风楼我可不比你陌生，"欧阳卫红回了下头，又转身指了指梭子蟹道，"红烧梭子蟹。"

五个冷盘，六个热菜，一个汤。

趁着点菜的空隙，章开鹏将许婉婷介绍给宋敏洁认识。宋敏洁和许婉婷是初次见面，而欧阳卫红不同，她和许婉婷打过几次照面。不过，坐在一起吃饭，却还是头一次。

闲聊几句，许婉婷就深切地感觉到，欧阳卫红这个女人，绝非等闲之辈。

举手投足间都透着特有的魅力，不做作，气场强大。再配上与生俱来的雍容华贵，也难怪章开鹏当初会被她迷得神魂颠倒。

相比之下，宋敏洁要稍稍弱一些，棱角分明，进攻性强，总是摆出一副老娘天下第一的姿态。

在生意场上，一个没有棱角的女人要比棱角分明的女人，可怕千倍万倍。显然，欧阳卫红要比宋敏洁高出几个段位。

点完菜，四个人拾级而上，上了三楼。

"开鹏，几年没来，这顺风楼的变化还真不小。重新装修过了，门面也扩张了。"欧阳卫红感慨道，"这一晃，时间过得太快了。"

"卫红，如今的顺风楼已经是南州餐饮界的一块金字招牌，许多人是争先恐后地来，几乎每天晚上都是人满为患。为此，顺风楼在西二环附近买了一块地，打算开一家集餐饮、住宿和休闲娱乐于一体的五星级酒店。"

"是吗？"欧阳卫红点上薄荷烟，悠闲地抽了一口，"脚步迈得太大了，未必是好事。这顺风楼之所以能吸引顾客，正是因为它的农家乐风格。至于五星级酒店，南州城不乏喜来登和香格里拉这样的国际品牌。顺风楼想要在夹缝中杀出一条血路，没那么简单。一句话，任何事还是要量力而行。超过了自己的能力，风险也就大了。"

说完，欧阳卫红还不忘问一句："开鹏，你说是吧？"

"卫红，是不是，要看结果，现在还不好盖棺论定。"

欧阳卫红反驳道："开鹏，我倒觉得可以盖棺论定了。不出五年，顺风楼必定会陷入资金链危机。"

"是吗？"

"开鹏，要不我们开个盘口，做个赌局如何？赌注嘛，就象征性地赌一块钱就可以。"欧阳卫红半开玩笑道，"做人也好，做生意也好，我一直坚信一个观点，舍得舍得，有舍才有得。顺风楼的胃口太大，做星级酒店，没戏。"

欧阳卫红下此结论，绝不是为了和章开鹏斗一口气，而是有根据的。为了扩张规模，自身的流动资金又不够充裕，顺风楼的老板，正四处寻求投资。几年前，欧阳卫红在这里吃饭时，曾给顺风楼的老板留过一张名片。大概在半个月前，她接到了顺风楼老板的电话，问她有没有意向投资顺风楼。

贸然踩过界，涉足陌生领域，是做风投的大忌。况且，传统的餐饮业已是日薄西山，利润空间不大，除非能够上市。可上市又谈何容易，不说别的，欧阳卫红深入了解的就有一个案例，京城高端餐饮品牌"美江南"，喊着上市喊了这么多年，还不是胎死腹中吗？

现如今，是互联网的时代。任何行业，都要去拥抱互联网。拥抱得好，拥抱得巧，就能活得更久、更滋润。反之，抱残守缺，只会逼着自己走入死胡同。

说话间，冷盘上来了。

章开鹏亲自为三位女士倒上红酒，随后，举杯道："卫红、宋小姐，我和婉婷敬两位一杯，欢迎来南州做客。"

"章董，稍等片刻，还有一位东道主正在赶来，已经到楼下了。等他到了，咱们再喝这杯酒。"

章开鹏下意识地问："谁？"

"章董，你的老朋友。等到了，你就知道了。"

宋敏洁话音刚落，敲门声就响起了。

"章董，说曹操曹操就到，你的老朋友来了。"还未等章开鹏反应过来，宋敏洁已起身开了门。

定睛一看，出现在眼前的，竟是许久未露面的聂远方。

作为曾经的"四人金刚"之一，章开鹏的得力助手，以往，但凡达利有大动静，都能看到他的影子。而且，在站队方面，他的态度也一直很坚决，义无反顾地支持。可自从股东大会后，彼此的关系也就疏远了。至于原因，双方都心知肚明。从"2·14"事件至今，聂远方就再也没有露过面，如同隐形人。

章开鹏私下也打探过，聂远方最近在忙两件事。第一件，老本行，继续到处催债，回笼资金。第二件，自立门户，成立了一家投资公司，玩起了风投。

"老聂，我还以为神秘嘉宾是谁呢，原来是你啊。"章开鹏伸手道。

"章董，实不相瞒，我也被蒙在鼓里呢。今天中午，敏洁给我打电话，说晚上一起来顺风楼吃个饭，见见老朋友。我也没多想，就答应了。进门的时候，我才知道是你和婉婷，我还以为我走错门了呢。"

"聂叔，章董，既然大家都是老朋友了，谁安排的局就不重要了，重要的是能坐到一起吃饭。"说着，宋敏洁举起酒杯，反客为主道，"既然人到齐了，咱们来干一杯吧。"

上次在省城，宋敏洁只小酌了一杯红酒。章开鹏原以为她不胜酒力，几轮下来，他发现自己判断错了，宋敏洁的酒量，深不可测。一瓶红酒下肚，依然是面不改色，说话条理清晰。

"章董，前段时间我们在省城时，谈了谈有关合作的事宜，不知这次能不能更上一层楼呢？"

章开鹏看了一眼欧阳卫红和聂远方，觉得有外人在，不好开口。

宋敏洁会意地一笑："章董，欧阳女士和聂叔都是知情人，有什么话，你就敞开了说吧。有两位道行高深的老朋友在，还能替你一道分析分析，把把关呢。"

欧阳卫红这两天一直和宋敏洁黏在一起，她知情，倒也正常。只是聂远方，就不得不让人心生猜疑了。章开鹏曾以为，宋氏父女约自己在省城见面，只带上宋子强这个自家人，是不想让其他局外人知道，包括宋庆生的老朋友聂远方。如果宋庆生真的下了指示的话，宋子强再怎么"大嘴巴"，也不会透露消息给聂远方。

现在看来，自己不仅猜偏了，并且是彻底猜错了。聂远方非但知情，还极有可能是局内人，从头到尾都是局内人，甚至说他是宋庆生安插在自己身边的眼线，也不过分。

难道，宋庆生老早就盯上了达利，从一开始就在布局？

这……这也太可怕了！

"敏洁，自从达利收购万通世纪后，我就开始追随章董打天下。算下来，也有好几年的时间了。说句真心的话，这几年，我一直把章董视为生意场上的导师，"聂远方冷不丁地插话，搅乱了章开鹏的思绪，"所以说，把关谈不上，顶多算是提供点建议。"

"宋小姐，既然你这么敞亮，我也就把话说开了。近两天，达利的现任董事长黄卓群找我谈过，请我重新出山。想必，你也应该知情了吧？"说完，章开鹏瞥了下欧阳卫红，欧阳卫红也不回避，似乎在用眼神告诉他，他和黄卓群密谈一事，的确是她告诉宋敏洁的。

"章董，明人不说暗话。既然我们父女俩如此关注达利，知情是正常的，不知情反倒成了我的疏忽，回到省城，肯定要挨老爷子批评。"宋敏洁一脸的志在必得，"再说了，章董，黄卓群请你出山，所谓的运营委员会，难道你不觉得只是个鸡肋吗？"

宋敏洁一句话，就戳到了章开鹏的痛处。

"宋小姐，从辞职到现在，许多事情我也想通了。只要能回达利，发挥余热，其实担任什么职务并不重要。"

"开鹏，你不够坦率啊。真要是如此，你又何必煞费苦心地去制造轰动业界的'2·14'事件呢？还有，当黄卓群提出请你执掌运营委员会时，你完全可以当即答应啊。"

"卫红……"

面对宋敏洁和欧阳卫红火力十足的双重进攻，章开鹏竟一时语塞。而曾经的恋人欧阳卫红，又站到了别人的阵营中。这么多年下来，自己一次又一次地信任她，换来的，却是她一次又一次的算计。至于彼此残留的那点感情，在利益面前，就不值一提。

"卫红，不是我不够坦率，而是你想得太复杂了。坦白说，我已经拿定主意执掌运营委员会了。"

"开鹏，你应该清楚，这是黄卓群给你下的套。"

"我清楚，我就是想进这个套看看他黄卓群到底有多高明！"

"开鹏，你就不怕被黄卓群和吴勇宏闷棍打死？"

"不怕，到了这个份上了，我再也没什么好怕的了。"

"开鹏，做任何决定，是你的自由，咱们不讨论这个话题。不过，我还是那句话，你想要反夺权，单靠袁德奎那帮经销商的力量，是不够的。就算他们支持你，那又如何？"欧阳卫红将了下头发道，"想要名正言顺地重掌达利，只有一条路，股份决胜负。"

"股份？谈何容易。我现在手上持有的达利股份不值一提，可调配的现金流也是有限的。即便达利复牌，在二级市场也难有作为。因此，股份优势一说，就等同空谈。"

许婉婷补充道："就算章董能在二级市场有所作为，但双拳难敌四手。眼下，黄卓群和吴勇宏摆明了是一个阵营里的人，再加上某些股东的阳奉阴违，我们是无力招架的。"

说到其他股东时，许婉婷淡然一笑，语气中却充满着嘲讽。

"婉婷是吧？达利的股东，个个都是精英，远在香港的蒋老，在风投圈，更是身经百战的常胜将军。这一点，我想你应该不会否认吧？"欧阳卫红语气冰冷地道，"我想，做什么样的选择，他们心中自有一本账，也比一般的小人物，站得高看得远。"

欧阳卫红不仅顺势占据了高点，还把许婉婷归为"小人物"。

"欧阳女士，这一点我承认。也正因为站得高看得远，所以这些大人物玩起手段来，也比一般人要高明许多。"许婉婷不卑不亢道。

欧阳卫红又冷笑了几下，她不想也觉得没必要和许婉婷这种小角色争口舌之快。争了，反而掉了自己的身价。

"婉婷，你说的是事实也好，发发牢骚也罢，都改变不了当前的局势。"继而，她又转向章开鹏，"开鹏，达利面临的是一个大蛋糕，这么大的蛋糕，达利不可能一口吞下，也没有能力独享。搞不好，还会消化不良。市场经济，瞬息万变，要想始终站在时代的浪头，就要学会与人分享。分享即共赢，只有共赢，找到可靠的合作团队，根基才能扎实。万丈高楼平地起，能建多高、立多久，全凭根基有多牢固。"

"章董，我家老爷子曾说过一番话，我一直铭记于心。什么叫合作？做事可以有分歧，内心却彼此认可。什么叫合伙人？性格可以不一样，但目标必须相同。什么叫团队？在一起的真谛，是根植于内在的认可。所以说，真正的共赢，不是某个人与某个人之间的结盟，而是团队与团队之间的深度合作。达利有你和'四大金刚'，美星隆的团队也不是吃干饭的。如果我们双方能够联手，必将所向披靡。"

"宋小姐，既然是合作，那总得讲究个方式方法吧？"章开鹏将问题带到了核心部分。

"章董，我给出的方案就是，待到达利复牌，美星隆暗中在二级市场收购达利的股份，大概10%。当然，光靠二级市场还是不够的，我们的目标是成为达利的第一大股东，持股量必须高于20%这条线……"

"那剩下来的百分之十几呢？"章开鹏打断道。

"章董，你手上不是还有达利的股份吗？"

"宋小姐，我可以明确地告诉你，我手上的达利股份，是非卖品。"

"章董，先不要把话说得这么绝，既然是市场经济，就有买卖。只要价格合理，就能成交。如果说，我拿美星隆的股份和你换达利的股份呢？"宋敏洁——亮牌，"章董，你觉得这笔买卖怎么样？诚然，美星隆现在的实力不如达利，可美星隆的架构却优于达利，特别是在互联网板块。我相信，假以时日，超过达利是必然的。"

章开鹏陷入了沉默，内心做着激烈的挣扎。

"宋小姐，能再具体点吗？"

"你协助美星隆成为达利的第一大股东，作为回报，你个人将变为美星隆的第二大股东。如果你不信任我的话，咱们可以签署一份协议，简单地说，除了上面我提到的内容，再加两点。第一点，达利由你主导，我不干涉。美星隆由我主导，你不干涉。第二点，改组后，你担任达利的董事长，并由你来指派CEO。同时，你出任美星隆的副董事长。至于达利董事会的成员，咱们从长计议。"

以股权换股权，宋敏洁给出的条件，实为丰厚。目的也很明确，整合美星隆和达利的资源，一统上江省的家居行业。

宋敏洁的棋下到这一步，章开鹏之前的猜测，真正成了现实。

如果不答应，正如欧阳卫红所说，反夺权基本没戏。即便有，也是赚个吆喝，取得不了实质性的进展。如果答应，往后达利会不会出现第三次内斗呢？或者说，自己的眼光的确是太狭隘了？其实，只要达利活着，又何必在乎谁来掌舵呢？更何况，宋敏洁已经明确表态，改组后，自己仍旧可以扮演掌舵者的角色。

"宋小姐，看来你是有备而来啊。"

"章董，我是不想让你无功而返。"宋敏洁又是一笑，"一个星期后，我会委托律师，把具体的协议送到你的府上。"

"开鹏，我认识敏洁这么多年，她这么主动地找人合作，可还是头一次。刚才提到顺风楼时，我就说过，舍得舍得，有舍才有得。你是个聪明人，应该能想明白，这笔买卖，你得到的将远远超过你想要得到的。还有，别怪我说话过于直白，拖的时间越久，你手上的筹码就会越少……"

"卫红，宋小姐都不急，你反倒急了。放心，一个星期内，我一定会给宋小姐一个明确的答复。"

"章董，那就预祝我们合作成功。"

第三十一章

里应外合

"空壳？怎么变？"

"马总，我是这么想的……"章开鹏道出了心中的计划，并嘱托道，"马总，这项计划，你知我知天知地知。"

不知不觉中，雨停了，空气中飘荡着阵阵的泥土芳香。

一行人出了顺风楼的大门，拐了个弯，往停车场的方向走去。临别前，宋敏洁又伸出手道："章董，但愿一个星期之后，我们还能愉快地坐在一起吃饭。而且，不止一次。"

"宋小姐，就算买卖不成，咱们的仁义还在，照样可以坐在一起吃饭。"

"章董，你这是在跟我打太极啊。好啦，我等你的好消息。"

说完，宋敏洁便钻进了车，只留下欧阳卫红和章开鹏四目相对，一旁的许婉婷见状，知趣地往后退了退，有一搭没一搭地和聂远方聊着天。

去年今日此门中，人面桃花相映红。

人面不知何去处，桃花依旧笑春风。

在酒精的刺激下，欧阳卫红两颊微红，在灯光的映衬下，格外动人。两个人的眼神交汇在一起，又增添了几分暧昧，仿佛回到了那个意气风发的纯真年代。所不同的是，当初的欧阳卫红是美得可爱。现在，却是美得可怕。

"开鹏，祝你好运。"

"谢谢。"

苍白的对话，揭示了彼此之间尴尬而又不得不面对的关系。

看着迈巴赫远去，章开鹏在原地伫立了良久，嘴唇紧抿，目光空洞。

"章董，咱们借一步说话。"聂远方走上前打扰道。

"老聂，"章开鹏愣了愣，跟着聂远方到了角落问，"有事？"

"章董，这件事说大也不大，说小也不小，坦白说，我挺难说出口的……"

"老聂，有话直说。"

"最近一段时间，我观察了一下，顾冉冉的情绪有问题。你也知道，当初我之所以给她安排万通世纪办公室主任的职位，完全是因为你的面子。她一没学历，二没能力，要想做万通世纪的大管家，还真有些吃力。原本，我的打算是，只要她相安无事地待着，不惹乱子，那就好了。可她现在每天都像吃了火药一样，搞得公司上上下下怨声载道。再这么下去，恐怕不好收场啊！"

"老聂，当初顾冉冉进万通世纪，与我无关。往后，你怎么做，也不需要给我面子。"章开鹏又调整着情绪道，"老聂，我现在已经够乱的了，如果你还把自己当成'四大金刚'之一的话，这种小事，你自己处理就行了。"

聂远方被质问得哑口无言，半晌才说："章董，你放心，我明白该怎么做。不过，敏洁那边……"

"我会好好权衡一番，再做决定。"

"那好，我就先走了。"说完，聂远方又回头和许婉婷打了个招呼。

待聂远方离开后，许婉婷上前道："章董，你今天喝了不少酒，我来开车吧。"

章开鹏扬了扬剑眉，掏出钥匙，放到了许婉婷的手里。

顾冉冉在万通世纪闹事，说到底，是醉翁之意不在酒，想通过聂远方之口，向自己示威。

示威就示威吧，她越是如此，只会令自己越反感。之前，顾冉冉曾骚扰郑茹，说是要私下和她见面，章开鹏也同意了她们坐下来谈一谈，可当郑茹打电话和她约定时间时，顾冉冉却挂起了免战牌，说是最近很忙，等过段时间，她再约郑茹。

自作孽不可活啊！

许婉婷也大致猜出了聂远方找章开鹏谈"悄悄话"的内容，可又不好问。大约过了10分钟，她才道："章董，如果我没猜错的话，你心里是赞成宋敏洁提出的方案的。之所以没当场拍板，是因为你在和宋敏洁打心理战。"

章开鹏微微点了点，表示赞同。

"可章董，你就不怕宋敏洁成为第二个黄卓群吗？还有，宋氏父女在上江省的影响力，可是远超过黄卓群和吴勇宏之辈的。这也就意味着，他们一旦玩起手段来，会更猛、更狠。”

"婉婷，这也正是我担心的问题。而且，我开始怀疑，宋氏父女早就盯上了达利，从托聂远方带着宋子强进入达利，一直到股东大会，他们父女俩都在暗中筹划着。而欧阳卫红和毛丽萍等人，也许也早已和他们实现了利益捆绑。"

许婉婷眉头微皱，脑海里把一系列的事件串联在一起。章开鹏的猜测，不无道理。

达利的外部，存在着第三股甚至第四股力量，这一点，她和章开鹏早有共识。只是没想到的是，幕后推手竟是上江省的首富宋庆生。

"章董，要真是如此，宋氏父女布的这盘棋局也太大了吧？"

"我们和宋氏父女比，实力太过于悬殊。如果硬碰硬，等同于以卵击石，毫无胜算。既然他们布了局，我们就要未雨绸缪，争取在签订协议前，策划好破局的办法。前事不忘，后事之师。曾几何时，我们面临黄卓群和吴勇宏等'门口的野蛮人'时，是吃过这方面的亏的。我一直以为，经销商和供货商是我手上的底牌，现在看来，该换张底牌了。倘若宋氏父女出面摇旗呐喊，袁德奎等人就存在着倒戈的可能性。我们唯一能把握的，就是'西北狼'马锦胜。"

"章董，那该换什么样的底牌呢？"

"容我想想，容我想想……"

章开鹏回到家，已近 11 点。客厅灯光微暗，郑茹正坐在沙发上看着肥皂剧。女儿这两天去乌镇写生了，只留下郑茹一个人待在家里。不管在加拿大还是南州，郑茹的生活都一直很有规律，早上 6 点半之前必起床，晚上 10 点半之前必睡觉，中午再午休半个小时。十几年下来，雷打不动。

章开鹏身体有些不受控制，摇摇晃晃地问："还没睡觉？"

郑茹忙起身扶住他，又到厨房冲了杯参茶："来，解解酒。"

章开鹏喝了几口参茶，缓过劲来问："你在等我？"

"是的，刚才那个女人给我来电话了，约了明晚见面。"

"明晚，什么时候？哪里？"

"七点半，小区对面的咖啡馆。"

"什么！"章开鹏重重地将杯子搁在了茶几上，"对面那家咖啡馆，进进出出的都是龙庭花园里的人，有许多都是我生意场上的朋友，也都认识你。万一你们发生了争执，让他们看到怎么办？你告诉她，必须换地方！"

章开鹏所考虑的，正是郑茹所担心的。兔子急了都会咬人，又何况是个颇具心机的女人。她和章开鹏保持了这么多年的地下情，手上肯定掌握着章开鹏某些见不得人的秘密。不说别的，简单的一张艳照，就足以让章开鹏名誉扫地。

顾冉冉有意把会面的地点安排在龙庭花园对面的咖啡馆，说明她想借此咬章开鹏一口。

说实在的，郑茹对章开鹏的出轨，是有恨意的。可既然破镜重圆了，就得为大局着想。归根到底，是为女儿着想。

"好，我会说服她换地方，"郑茹打了个哈欠，"那我先去睡觉了。"

"去吧，我再坐会儿。"

近几个月，夫妻俩虽同住一个屋檐下，却是同屋不同房，一是习惯了分居；二是都这把年纪了，又不是血气方刚的年龄，不同房，也没什么大不了的。就算以后会同房，也需要一个彼此适应的过程。

该死的，该如何破局呢？

章开鹏不停地抽着烟，思绪万千，从否定到肯定，再从肯定到否定，越往深处想，思绪越是混乱。

三个臭皮匠，赛过诸葛亮！

可现在自己身边值得信任的人不多了，许婉婷、高伟业加陈茂林。至于聂远方，完全可以排除在外了。如果说还有，那就是远在西安的"西北狼"马锦胜。马锦胜闯荡商场多年，也经历过不少的风浪。也许，和他谈谈，能有所启发。同样，一向诡计多端的袁德奎，也须处处提防。

章开鹏掏出手机，看了下表，见时间不早了，又把手机放了回去。明天吧，明天再联系马锦胜。想罢，他掐灭烟头，站起身，蹑手蹑脚地上了楼。

刚到楼梯口，手机就响了起来。

为了不打扰郑茹休息，他急忙接起，轻声问："子强，这么晚了，什么事？"

今晚的饭局，章开鹏原以为宋子强会出现，到了顺风楼，才知他不在场。至于宋敏洁为何没邀请他，章开鹏也没多问。毕竟，这是他们宋家的家事。

"章董，听说你晚上和敏洁，还有欧阳女士她们，一起在顺风楼吃饭了？"

章开鹏进了书房，小心翼翼地带上门，才道："是的，怎么，你不知道？"

"我只知道敏洁这两天在南州，到南州的当天，她联系过我。之后，就没有音信了，我还以为她早就回省城了呢。没想到，今晚却绕开我，在顺风楼搞了个饭局，她也太不把我这个堂哥放在眼里了。"

听宋子强的语气，义愤填膺，不像是在撒谎，确实是在抱怨宋敏洁的疏忽。不过，也不能太当真。

演戏嘛，他们宋家人可个个都是高手。

但就算是演戏，目的又是什么呢？嫌宋子强在达利的地位太低，不够格？仔细想想，倒也有几分道理。在达利，宋子强总归只是个中层干部，而今晚的饭局，最起码都是副总级别的。既然他不在这条水平线上，来了，也插不上什么话，做不了什么主，那还不如不来。

"子强，个中缘由，我想你应该去问宋小姐这个当事人吧？问我，我也解释不了。"章开鹏耐着性子说，"如果没其他事情的话，就到此为止吧，今天我已经够累的了。"

宋子强是小人，这一点，章开鹏早有判断。可换个角度，小人总比伪君子要好打交道。再说了，如果自己真要搭上华丰集团这艘大船，宋子强是万万不能得罪的。宋子强虽只是宋庆生的侄子，但上次在省城时，宋庆生也说了，宋子强是他们宋家唯一的男丁。可见，宋庆生对这个侄子，是疼爱有加的。换而言之，宋子强在他和宋氏父女间，扮演着桥梁的角色。桥梁在，沟通起来就方便。桥梁断了，想过河就难了。

是啊，过河。如今自己的命运和一颗小卒子无异，如何安全过河，保全身家性命，才是重中之重。

"别别别，章董，先别挂……"

"还有事？"

"章董，你该不会是已经答应和敏洁合作了吧？"

宋子强如此一问，章开鹏心里头又多了层怀疑。今晚的饭局，宋子强没有参加，也是一个局？宋敏洁有意把宋子强伪装成局外人，方便探听自己的口风？

"宋小姐给出了具体的方案，不过，我还没考虑清楚呢。"

"方案，什么样的方案？"

"子强，我看，你还是去问宋小姐吧。"

"章董，你真要是和华丰合作了，往后，我们可就是一家人了。"

"子强，难道我们现在不算一家人吗？"章开鹏反问道。

"算，算，当然算。口误，口误而已。"宋子强赶快说道，"章董，那你早点休息，我就不打扰你了。有什么消息，咱们再联络。"

第二天一大早，章开鹏就联系上了远在西安的马锦胜。听完章开鹏的描述后，马锦胜叹气道："章董，你现在所面临的境况，比以往任何时候都要棘手许多。这第二次内斗还没真正结束，华丰集团又杀进来了，形势不明朗哪！不过，我赞同宋敏洁的观点，不合作，单靠我们这帮经销商和供货商，你想重返达利，胜算不大。再僵持下去，达利只会越来越糟。"

"马总，这也是我倾向于和宋氏父女合作的原因之一。有他们的加入，不仅可以快速盘活达利的产业链，还能间接地抗衡黄卓群和吴勇宏。"

"可宋敏洁是打着美星隆的旗号来的，你就不怕她……"

"马总，这是此次合作最大的隐患，更是一颗定时炸弹。搞不好，达利会引爆第三次内斗。对手一个比一个强大，想要三度反夺权，难哪！另外，就算是和宋敏洁私下签订协议，我这心里，还是不安呀！所以，在签订协议之前，必须要拿出有可行性的方案破局，才能放心地和美星隆合作。"

"章董，我了解你，既然你选择给我打电话，就说明你已经找到了破局的手法！"

"是有些想法，但还不够成熟。而且，我一个人也执行不了，需要里应外合。里有许婉婷，外嘛，我思来想去，还是马总你了。"

"章董，别忘了，我现在是达利的董事会成员之一。"马锦胜笑道。

"可在绝大部分人看来，达利这盘棋局，你依然是个局外人。"

马锦胜又笑了几下："好，说吧，章董，你需要我怎么配合？"

"倘若达利再生变故，天平又向投资方倾斜的话，我希望我有能力把达利变成一个空壳。只有这样，我才有筹码和'门口的野蛮人'周旋。"

"空壳？怎么变？"

"马总，我是这么想的……"章开鹏道出了心中的计划，并嘱托道，"马总，这项计划，你知我知天知地知。"

"章董，你放心，我明白。"

之后，两个人又围绕着破局计划，做了各种可能性预判。聊了近一个小时，章开鹏才放心地挂了电话。

箭在弦上，不得不发。

至此，马锦胜可不可靠已不再是章开鹏所担心的，他担心的是破局计划能不能漂亮地完成。他对漂亮的理解是，既顺利，又保密。稍有差错，就会前功尽弃。

真走到那一步，离达利改朝换代的日子，也就不远了。

现在可以预判的是，这是一步险棋，至于是不是妙棋，章开鹏也看不清，更看不了那么远，只能走一步算一步了。走得好，就是妙棋。走不好，就是臭棋。当然，还有中间路线，那就是鱼死网破。

可一旦鱼死网破，受牵连的还是达利。进有风险，退即放弃，进退两难哪！

直到敲门声响起，章开鹏才被拉回到现实，闷声说了句："进来。"

郑茹推门而入道："时间差不多了，该去动车站了！"

章开鹏感到脑子有些短路，先是一愣，随后"哦"了一声，这才想起，女儿今天要从乌镇写生回来。小丫头在乌镇待了几天，又跑了趟杭州，说是去见几个老同学。在杭州玩了两三天，直接坐动车回南州。

"雯雯几点到？"

"九点三十五分到，现在去动车站差不多了。"

从龙庭花园到动车站，开车需横跨整个南州城。即便路上不堵车，也要个把小时。章开鹏看了下时间，拎起公文包就往外走。

奥迪A8刚出龙庭花园的门，袁德奎的电话就打来了。

"章董，我听说最近南州有情况？"袁德奎阴阳怪气地问。

"情况？什么情况？"章开鹏调整了姿势，又说，"袁老大，别兜圈子。"

尽管能大致猜出袁德奎指的是什么情况，可他未说穿，自己就没必要去说。

"章董，你不够坦诚啊，咱们可是多年的老伙计了。"

"袁老大，我真的不知道你说的是什么情况。"

"那好，章董，我也就不跟你打哑谜了。"手机那头响起了清脆的打火机的声音，袁德奎抽了口烟问，"我怎么听说，上江省民企界的老大华丰集团，有插手达利内斗的意思。章董，这不会是小道消息吧？"

"袁老大，宋庆生的确有这方面的意向。实不相瞒，我还去过一趟省城，拜访过宋庆生，谈了谈相关事宜。不过，双方并未达成实质性的合作关系，连口头协议都没有。所以，也就没跟你们提及。提了，也没用。"

"章董，你所讲的，和我听说的，好像有出入啊！"

"什么出入？"

"据传，这两天宋庆生的千金，叫什么宋敏洁的正在南州。另外，欧阳卫红女士也来了。听说昨天晚上，你们还在一起吃了个饭。"

"是有这么回事，宋小姐和欧阳女士是老朋友了。正巧，欧阳女士来南州办点事，宋小姐也就过来和欧阳女士叙叙旧。我又是东道主，自然要尽地主之谊，请她们吃个饭。"

"章董，真是吃饭那么简单？"

"袁老大，你以为呢？"

"章董的话，我一直是相信的。现在，达利内部纷争，我们的关系就更近了。再去怀疑盟友，不是我的风格。"袁德奎话里有话道，"章董，你说是吧？"

"袁老大，那是当然。这么多年以来，我一直视经销商为最可靠的盟友。没有大家的支持，我也不可能一次又一次地反夺权。尤其是你袁老大，咱们更是交心的铁哥们。"

"章董，有你这句话，就够了。"袁德奎笑了笑，"那好，你先忙，再联系。"

章开鹏是否坦诚，袁德奎根本不在乎。大家都是生意人，什么该说，什么不该说，心里自有分寸。章开鹏选择不说，他也理解，更不会抱怨。

他所关注的，是章开鹏是否真的决定和华丰集团合作。如果不合作，一切照旧。如果合作，可以预见，创始人和"门口的野蛮人"之间的矛盾，会再次在达利上演。

那么，自己就有了另外一种选择。

之前，经销商和供货商之所以把筹码押在章开鹏身上，说到底，不是因为彼此的感情有多深，而是因为他的赢面更大。将来就不同了，章开鹏的潜在对手，是富豪榜前 20 名的巨头。

识时务者为俊杰！

倘若华丰愿意大力开发达利的渠道，那自己何乐而不为呢。至于章开鹏，就让他一边凉快去吧。

第三十二章

破局

　　黄卓群烧的第一把火，就是到处安插自己的嫡系，包括秘书。秘书这个职务，看似微不足道，也影响不了大局，可她却是董事长最值得信任的心腹，是离高层最近的那个人。

路上，章开鹏给许婉婷打了个电话，说是中午一起吃个饭，顺便有些事和她合计合计。地点的话，稍后再发短信给她。

许婉婷没多问，说了句"嗯"便挂了电话。

其实，许婉婷不是不想问，而是因情况特殊，不能多问。此刻，她正在黄卓群的办公室。

大概在 20 分钟前，黄卓群的秘书来了一趟她的办公室说："许总，黄董让你过去一趟。"说完，小姑娘就扭着屁股离开了。

章开鹏担任董事长时，也有过一名秘书，某名牌大学的研究生。不巧，达利正值第二次内斗，秘书怀孕了，请了产假。等产假结束，董事长已经从章开鹏换成了黄卓群。

新官上任三把火。

黄卓群烧的第一把火，就是到处安插自己的嫡系，包括秘书。秘书这个职务，看似微不足道，也影响不了大局，可她却是董事长最值得信任的心腹，是离高层最近的那个人。这把火一烧，原先的秘书就下岗了。为此，她还来公司闹过几次，一直未果，也就放弃了。

对黄卓群而言，什么样的人来做秘书，无关紧要。他这么做，是在提醒所有局内人，他才是达利的"大当家"。

据许婉婷的了解，新任秘书，来自上海，之前就跟着黄卓群在富可亚洲打天下，是他的老部下。

"婉婷，宋敏洁是美星隆的大股东，这一点，业内人都知道。现在她又想插足达利，司马昭之心，路人皆知，这意图还不明显吗？"

黄卓群最为担忧的事情，正渐渐地揭开了神秘的面纱，一步步地变为现实。他筹谋这么多年，总算是扳倒了章开鹏。刚在董事长的宝座上焐热屁股，半路居然杀出个实力强劲的华丰集团。宋敏洁在私下和章开鹏频繁接触，而自己又只能干瞪眼。想知道些什么，可到头来什么都不知道。

　　如果华丰强势入股，以宋庆生的能耐，只要他愿意，控制达利那是分分钟的事情。宋庆生控制达利倒不可怕，可怕的是他和章开鹏联手。到时候，富可亚洲在达利的地位，可就不尴不尬了。再加上表面一套背后一套的吴勇宏，出局，是迟早的事情。

　　不怕神一样的对手，就怕猪一样的队友。这句时下颇为流行的话，用来形容黄卓群此时的心情，极为贴切。在他眼里，吴勇宏是猪。反过来，在吴勇宏眼中，黄卓群也不是什么好鸟。

　　得知章开鹏昨晚在顺风楼宴请宋敏洁和欧阳卫红的消息，黄卓群急得如同热锅上的蚂蚁，团团转，在书房整整待了一个晚上。今天一大早，他就试着拨通了欧阳卫红的号码。欧阳卫红回应说："黄董啊，朋友间的简单叙旧而已，你想多了。"

　　他再往下问，欧阳卫红就不高兴了，直接斥责道："黄董，要是你不相信我的话，那我也无话可说。不过，别怪我没提醒你，不相信我，是需要付出代价的！"

　　一物降一物！

　　生意场就如同一个生态圈，讲究的是相生相克。黄卓群在风投圈闯荡这么多年，一般只有别人求着他，把他当财神爷供着。让他感到害怕的人，少之又少，欧阳卫红是其中的一个。

　　为什么会如此惧怕欧阳卫红，黄卓群也分析过其中的原因。第一，论资排辈，两个人出道的时间差不多，单从表面上来看，富可亚洲的影响力更大，而欧阳卫红只是个"白手套"；但实际上，欧阳卫红在业内的名声，可操纵的资本，要远远超过富可亚洲，而自己充其量只是富可亚洲的代言人罢了。第二，欧阳卫红所处的圈子，处于这个行业的金字塔顶端。不说别的，自己想进鼎尚，还不是要她出面打招呼吗？第三，忌惮徐鸣春"徐公子"的势力，哪怕欧阳卫红和徐鸣春的婚姻已经名存实亡，但只要欧阳卫红一天是徐家的人，自己就不能去得罪。徐家在北京城，那可是久负盛名的大家族。最重要的是，徐鸣春是自己手上的王牌。也许将来某一天，自己会借用徐鸣春手中的剑，来对付章开鹏。

"黄总，华丰插手达利，我怎么没听说过啊？"许婉婷搪塞道。

"婉婷啊，开鹏身边的'四大金刚'中，就数你和我关系最近了，咱们就不能交个心，好好地谈一谈吗？"

"黄总，关键是我真的不知情，谈什么呢？"

"好，好，婉婷，那我们先不谈这个，不谈这个。"见一时半会儿从许婉婷嘴里撬不出什么实质性的东西，黄卓群只好转移了话题，"上次我们在一号楼见面之时，就是员工闹事那次，我曾提议，请开鹏再次出山，来达利帮忙。第二天，我就给了他一个方案，公司内部成立运营委员会，让他来主抓工作，想必这件事开鹏应该跟你提过吧？"

"没错，章董告诉过我。"

"当初，开鹏说的是见过欧阳女士和宋小姐后，会即刻给我答复。现在该见的已经见了，可都还没个准信。婉婷，你是知道的，开鹏在达利有着很高的威望，员工都翘首以待，等着他回来呢。再拖下去，可真要搞得人心惶惶的了，对谁都没有好处。"

许婉婷轻蔑地笑了笑："黄总，既然你也觉得章董在达利有着很高的威望，那么，如此草率地给他安排个象征性的职务，合适吗？"

"象征性的职务？婉婷，我看你是误会了。纵观全局，达利最为核心的部分就是运营，渠道靠运营，资本市场靠的也是运营，运营几乎渗透到公司的每一个系统，甚至每一个环节，"说着，黄卓群又反问道，"难道不是吗？"

"黄总，运营的重要性，我当然明白。至于你为何有此安排，不必多说，大家还是心照不宣吧。"

一来一回，黄卓群被逼到了墙角，心中有火，又不好发作。看来，企图从许婉婷身上得到信息，本就是个错误的方法。不过，许婉婷这条路走不通，那就换一条。接下来，他打算和聂远方、宋子强接触接触。如果能以他们两个为跳板，直接和宋庆生搭上线，岂不妙哉！

"婉婷，我这么做，也是为大局着想。我想，开鹏也会理解的。"

"黄总，你刚才也说了，渠道也属于运营的一部分。当初，麦德逊冒着回报率并不高的风险进入达利，打的就是渠道的主意。吴总费尽心思，才掌管了运营工作。你现在又叫他放弃一部分的权力，你觉得可能性大吗？万一导致你和吴总间不和，这还是为大局考虑吗？"

"婉婷，这方面，我会去做吴总的工作。"

"黄总，做吴总的工作是一回事，章董会不会答应，是另外一回事。换作我，肯定不会答应，"许婉婷不留情面道，"好啦，黄总，我们就不要在这个话题上兜圈子了。再往下兜，也兜不出什么结果。我还有事，先回办公室了。"

尽管已经确定章开鹏会回到达利，执掌运营委员会，但在他明确公开表态之前，许婉婷认为，没必要和黄卓群去提这档子事情。

黄卓群张大着嘴巴，仿佛刚刚被人扇了一巴掌，又无力反抗，只好目送着许婉婷离开。

自己在董事长的宝座上，才坐了半年不到的时间，原以为有麦德逊的支持，会很稳当。这稍一不留神，吴勇宏阳奉阴违，撂了挑子。华丰集团蠢蠢欲动，暗中出牌。这不是把富可亚洲往"短命王朝"上推吗？真要是被赶出局，颜面何在？

许婉婷出了门，没走几步，就听到后面有敲击玻璃的声音，她下意识地回头一看，瞥见吴勇宏半个脑袋，正对着她微笑。

吴勇宏的办公室，在黄卓群的斜对面，许婉婷的办公室，又在吴勇宏的斜对面，如同一个三角形。

许婉婷停下脚步，往后退了几步，吴勇宏已经站在门口。

"吴总，有事？"

"许总，进来，咱们进来再说。"吴勇宏环顾四周，做贼似的，生怕被黄卓群的嫡系看到。

进了门，许婉婷也不坐，冷冰冰道："吴总，有事说事，没事的话，我先回办公室，还有很多事等着我去处理呢。"

"我说许总，你这样整天把自己搞得跟个机器人似的，连轴转，难道就不累吗？我觉得吧，你应该丰富一下自己的生活，比如找个伴什么的。"吴勇宏尽量找话题，制造着轻松的气氛，"我看老陈就不错，而且，老陈对你有意，是公司里公开的秘密……"

"黄总，如果你找我谈公事，可以。如果是私事，恕不奉陪。我的私事，我自己会处理。"

"许总，你别急，别急……"吴勇宏眼珠子转了转，"许总，我没想到黄董的心胸会这么宽广，上次那帮老员工在一号楼，当着你和开鹏的面，给他出了道难题，今天他还能客客气气地把你请到办公室去谈，还真有些出乎我的意料。"

关于成立运营委员会，给章开鹏设个虚职一事，黄卓群找吴勇宏沟通过。并且，他口口声声承诺，不会给章开鹏任何的权力，公司的运营工作，依然由他这个CEO来负责。话虽如此，可请佛容易送佛难的道理，再简单不过。更何况，章开鹏在达利，还有着很深的根基，稍微用点手段，自己这个CEO可就变成傀儡了。

此外，黄卓群请章开鹏重新出山，正如他说的那样，在安抚员工的同时，又让章开鹏骑虎难下。

未必！

若是没有华丰集团和章开鹏的眉来眼去，还姑且可信。但局势大变，谁又能保证黄卓群不是在为富可亚洲留后路呢？黄卓群留，那自己也得留，可麦德逊的后路，又在哪里呢？

踢走章开鹏，坐上CEO的位置，为吴勇宏赢得了底气，这种底气，来自法国总部。履新的第一天，总部的一位高级副总裁亲自给他打来电话，好好地表扬了他一番，说是只要他下好达利这盘棋，升迁有望。听罢，吴勇宏心中大喜，去年年底，也是这位副总裁，曾训斥过他一顿，并扔下话：尽快掌控达利的渠道，否则，合同期一到，就立刻滚蛋走人。现在，副总裁的态度来了个180度大转弯，不仅不用走人，还有升迁的希望，吴勇宏心中自然乐开了花。

但这种喜悦，却是短暂的。接掌 CEO 一段时间后，吴勇宏才发现，自己是空有职位，没有权力，除了心腹顾超，其他人基本上不听他的招呼。就更别提那帮经销商了，根本就不买他的账。为此，吴勇宏也尝试过讨好经销商，主攻马锦胜和袁德奎。马锦胜的态度很明确，他是章开鹏的人，任凭你磨破嘴皮子，也不管用。哪怕是以利益为诱饵，也是热脸贴冷屁股。袁德奎稍微要好些，显得没那么决绝。可相比之下，他更难伺候，老是摆出一副高高在上的姿态。最让吴勇宏不能接受的是，袁德奎居然狮子大开口，既要权力又要金钱，整个把自己当冤大头。

所以，他也想着尽快找好退路。第一，麦德逊选择在最佳时机，全身而退，留下黄卓群陷入包围圈，单兵作战。第二，在退出之前，为自己物色好下家。否则，等到总部的那帮法国鬼子对自己动了手，再去找下家，就太晚了。

"吴总，大家同在一个屋檐下，整日低头不见抬头见的，我想，关系没必要闹得这么僵吧。再说了，私交是一回事，工作是另外一回事。如果把私人的感情带到工作中来，达利的形势只会越来越糟糕。"

"许总，说得是，你说得是。"吴勇宏连忙说道，"自从股东大会后，达利的局势是挺糟糕的。最近，我也一直在思考一个问题，当初我力排众议，决定麦德逊以战略性股东的角色入股达利，到底是不是正确的选择？"

"吴总，正确与否，要看结果，目前还不好下结论。"

"许总，你说的没错，目前是不好下结论。可按照趋势，十有八九是错误的。我也知道，有不少人都在背后骂我和黄董狼狈为奸，联手将章总赶下台，目的是坐上 CEO 的位置，掌控达利的渠道。可事实呢，渠道依然是经销商的。我这个 CEO 啊，每天都在顶着雷做事，不仅要调解内部纠纷，尽量做到一碗水端平，还要不断地接受麦德逊总部的问责。有时候，我真想一走了之。"

"吴总，兵法有云，三十六计，走为上策。走，也是一种选择。而且，走得好，还将是明智的选择。"

"那倒也是，那倒也是……"

"吴总，没什么事情，我就先回办公室了。"

"好，那咱们回头再聊。"吴勇宏"聊"字刚说出，也抛出了和黄卓群同样的问题，"许总，留步，容我最后再问一个问题，章总决定回达利了吗？"

"吴总，关于这个问题，我看你还是去问章董吧。"

"也对，也对。"

回到办公室，许婉婷掏出手机，有一条未读短信，是章开鹏发来的："亿象人家，019。"看罢，她迅速回复道："章董，刚才在黄卓群的办公室，马上出发，见面聊。"发完短信，许婉婷稍稍理了理办公桌上的文件，将其中的一份放入手提包，出了门，快速进了电梯。

这份文件，是宋子强递交上来的，标题是"传统行业如何拥抱互联网"。洋洋洒洒几万字，有理有据，又有典型案例。宋子强的肚子里，居然装着这么多的墨水，这让许婉婷不得不怀疑，计划书是宋子强找人代写的。

宋子强加盟达利以来，一直都是个活跃分子。员工闹事，和投资方对着干，到处都有他的身影。可你真要让他去做什么事，他十有八九会搞砸，属于典型的成事不足败事有余。

这个宋子强，在这个节骨眼上，找人递交这么一份计划书，意欲何为？

亿象人家，南州城最知名的泰国餐厅，位于老城区的一条小巷子里头，老板是一位泰国人。

许婉婷将车子停在巷子口，随后，给章开鹏打了个电话，告知自己已经到了。章开鹏回应说："我们在点菜，你进来吧。"许婉婷拎起包，下了车，步行往巷子深处走去。

亿象人家的门口，摆着一个偌大的青铜色佛像。整个装修风格，处处彰显泰国风情，就连门口的迎宾，也是穿着泰式服装。因顾客太多，服务员又少，根本就来不及招呼。许婉婷刚问了句"019在哪里"，服务员就离开了。于是，她只好环顾四周，找寻章开鹏一家人的影子。突然，身后有人叫她"婉婷阿姨"，循声望去，是章静雯。

"婉婷，雯雯非要来这里吃饭。你看看，整个一菜市场，一点吃饭的气氛都没有。"郑茹拉着许婉婷，坐到了自己的身边。

"郑茹姐，雯雯喜欢就行。况且，这里的泰国菜，确实不错。"

"婉婷阿姨，还是你理解我。我觉得吧，我跟我妈的代沟，是越来越深了，如同太平洋一般深。"

郑茹伸出手，轻轻地叩了一下章静雯的额头："你个没良心的东西。"

"婉婷阿姨，你看，稍微不顺她的心，就实施家暴。"章静雯闪躲开，说完，又冲着郑茹吐了吐舌头。

吃完饭，章开鹏让郑茹带着女儿先行离开。随后，他和许婉婷进了亿象人家对面的一家书吧，名为海致岚。两个人点了一壶茶，一些小吃，在靠角落的位置坐下。

刚坐定，章开鹏就道："婉婷，我已经找到破局的方案了。"

"怎么破？"

"为了防患于未然，我决定在南州之外，成立两到三家和达利有关联的公司，"章开鹏先是停顿了一下，接着又说，"然后，再和达利签订品牌有偿使用权协议。"

放在之前，章开鹏掌舵时，这项计划很容易执行。可现在不同了，由黄卓群和吴勇宏坐镇，想得到他们的首肯，几乎不可能。许婉婷想了想，道出了疑问。

"婉婷，根据达利的章程，这种协议的签订，只要吴勇宏和你签字，就可以通过了。你一定会问，如何拿下吴勇宏？又如何瞒天过海，让黄卓群蒙在鼓里？还有，谁来配合我们？"

许婉婷点头道："是的！"

"我先回答最后一个问题，谁来配合我们，我已经找好了合适的人选，'西北狼'马锦胜。而且，马总很支持我。此外，我还会和马总联手演一出调虎离山之戏。今天下午，马总会联系黄卓群，请他去西安视察工作。至于吴勇宏，我会在协议中放进诱饵，那就是这几家公司每年都需向达利上缴销售利润的3%。对我而言，这只是钱从左口袋进右口袋的事情。但对吴勇宏就不同了，在他眼里，这是利益。归根到底，若达利再生变故，我完全可以让达利变为一个空壳。"

道出计划后，章开鹏点上烟，淡然地抽着。既然做了破釜沉舟的打算，心态自然要摆好。心态复杂了，事情就复杂了。反之，心态简单了，事情也就简单了。

　　"章董，放心，吴勇宏那边就交给我吧。"

　　"婉婷，我要的就是你这句话。不过，要快，离宋敏洁规定的期限越来越近了，我们现在可是在和时间赛跑。"

　　"章董，我明白。"许婉婷点了点头，又问，"章董，既然你已经下定决心回达利了，什么时候回呢？"

　　"明天，回到家我会给黄卓群打个电话，给出明确答复。"

◎第三十三章◎

老谋深算

　　田忌赛马中，三个等级的马，是不变的。在商场打拼这么多年，我也一直坚信一个观点，那就是以不变应万变。现在看来，这个观点过时了，以万变应万变，才是王道。

第二天，章开鹏早早地来到达利总部，"四大金刚"和部分老下属夹道在门口迎接，黄卓群和吴勇宏也来了。

　　"章董，你可算是回来了。"一向沉默寡言的陈茂林，第一个走上前，动容道。

　　这段时间，没人知道陈茂林经受了多大的压力。为经销商停止下单和供货商停止发货这两件事，黄卓群不知找过他多少次了。刚开始，语气还算温和，让他出面调停。毕竟，陈茂林是除章开鹏之外，和36个运营中心关系最近的那个人。黄卓群固然知道这是章开鹏导演的一出戏，可依然是死咬着陈茂林不放。一来，是在频繁地向章开鹏示威。二来，他还有另一层用意，趁着章开鹏不在，试着游说陈茂林加入他的阵营。在此次内斗中，陈茂林的个性，注定他是最容易被忽视的那个人。可黄卓群却不这么想，达利的命脉是什么？相信所有的人都会给出同样的答案——渠道。再往下说，渠道掌握在谁手中？当然，章开鹏是必须要提及的，可也不能忘了陈茂林。倘若陈茂林"变节"，那么，拿下渠道，也就事半功倍了。可陈茂林尽管老实，但当黄卓群劝他"叛变"时，他却坚决拒绝，丝毫没有商量的余地。黄卓群怀恨在心，有事没事就找他的碴，搞得陈茂林每天提心吊胆地过日子，人也瘦了一大圈。

　　"老陈，我回来了，以后不走了。"

　　章开鹏的这句话，无疑给在场的老部下打了一针镇静剂。同时，也是说给黄卓群和吴勇宏听的。

　　"好啦，上班时间到了，大家各就各位吧。"

等员工们散去后，黄卓群才走上前，皮笑肉不笑地道："开鹏，欢迎回家。"

"黄董，这里自始至终都是我的家。"

"对对对。"黄卓群笑了笑，又说，"来，我先带你去看看给你准备的新办公室。"

黄卓群和章开鹏在前，吴勇宏和"四大金刚"紧随其后，一行七人，进了电梯，黄卓群按下"6"。

在六楼办公的，基本上是达利的中层干部。黄卓群一个无声的举动，是在暗示章开鹏他这个运营委员会主任的级别。章开鹏看出了端倪，也只是笑笑，既然选择主动入局，什么级别不级别的，暂时都是小事。

迟早有一天，我章开鹏要回到属于我自己的那个办公室。

章开鹏的新办公室，紧挨着网络运营中心。

"开鹏，昨天下午，当你决定重返达利的那一刻，我内心是非常激动的，当即找人隔出了这间办公室给你，就是简陋了点。"

半新不旧的办公桌加办公椅，褪了色的沙发，再加一个玻璃茶几，这就是这间办公室的所有家当，显得格外寒碜。

"黄总，你……"

许婉婷刚想发飙，马上就被章开鹏制止住了："这里挺好，挺好的。"

"开鹏，我保证，这只是暂时的。等过段时间，我再安排。"

"黄董，不用，真不用，我真觉得这里挺好的，日照充足，又没那么高，有安全感。"

"好好好，开鹏，既然你觉得好就行。"

办公室小也就罢了，整个运营委员会就章开鹏一个光杆司令。一连好几天，他都没什么事，按时上班，按时下班，偶尔到员工宿舍串串门。

又过了两天，蒋柏林来了。

蒋柏林会来，在章开鹏的预料之内。可出乎他意料的是，蒋柏林还带来了一个人，他的老同学文永达，这让章开鹏看得云里雾里的。

蒋柏林和文永达，一个是资本大鳄，一个是银行高管，虽同在香港，行业也有交集，可凭文永达的资历，不可能和蒋柏林混到一个圈子里去。上次章开鹏和文永达在香港吃饭时，文永达还曾说过，希望他能穿针引线，介绍蒋柏林给他认识。这一转眼也没多长时间，自己也没从中牵线，蒋柏林和文永达仿佛就成了认识多年的老朋友。

更奇怪的是，文永达此次来南州，根本就没事先和他打招呼。

"开鹏，听说文先生和你是大学同学，看来我们是真有缘分哪！"稍作寒暄，蒋柏林便指了指文永达道。

"是的，蒋老，我和永达不仅是大学同学，住的还是同一个寝室，上下铺。"

"是吗？"蒋柏林惊讶道，"那就更难得了。开鹏，有了文先生这层关系，往后我们的距离就更近了。"

蒋柏林和文永达是怎么认识的，他们现在又是什么关系？蒋柏林能带着文永达来南州，说明他对文永达是信任的。在风投圈，蒋柏林一向有"神算子"之称，为人城府深，老谋深算。他认识文永达，顶多不到半年的时间，却把他带在身边，似乎不符合常理。

可蒋柏林没细说，章开鹏也就不好往深处问。来日方长，等和文永达有单独相处的时间，再去盘问也不迟。兴许，文永达会主动告知。

"蒋老，我是巴不得和您的关系越来越近啊。"说着，章开鹏亲自为蒋柏林打开后座的门。

"开鹏，南州可是你的地盘，到了你的地盘，应该是我巴结你才是。"

"蒋老，您是风投圈的泰斗，稍微跺一跺脚，就能引起地震。我章开鹏在您面前，充其量只是个小角色罢了。"

"开鹏，俗话说得好，强龙不压地头蛇，我可不敢放肆。"蒋柏林半开玩笑道，马上又问，"开鹏，我怎么听说你重回达利了，担任什么运营委员会主任一职？"

"蒋老，是有这么一回事。"紧接着，章开鹏道出自己的想法。

"开鹏，不入虎穴焉得虎子，这是个好想法。"

三个人你一言我一语，约40分钟后，到了东郊的索菲特酒店。南州的主城区，五星级酒店也不少，把蒋柏林安排在索菲特有两个原因。一来，蒋柏林也是爱马之人，这几天又是难得的晴天，正好可以抽空请他到辉煌马术场骑上几圈。二来，索菲特距离龙庭花园不远，只需一刻钟的车程。蒋柏林是贵客，自然得邀请他来家里坐坐，前提是他愿意。

路上，大多数的时间，三个人都在闲谈。不过，即便是闲谈，蒋柏林也透露了不少消息。至少有两条是有价值的。第一，去北京之前，蒋柏林约见了香港证券行业的几位大人物。软盛资本投资的项目众多，绝大部分的投资要想有收益，都得走上市这条路，包括达利。达利刚被停牌不久，蒋柏林就有此举动。莫非，他是在争取达利早日复牌？在得到蒋柏林的肯定之前，现在下结论为时过早，也过于轻率。但至少有一点，达利想要尽快复牌，离不开蒋柏林在幕后铺路。第二，此次赴京见郑荣恒，两位大人物打算联手成立一家投资公司，以上海为大本营，整合中国内地和香港的资源，不仅要做项目，还要培养一流的 VC 和 PE。

对于这两方面，蒋柏林皆是一笔带过，没做深入的透露。

末了，老爷子还开起了玩笑："开鹏，如果你愿意的话，我和荣恒兄，随时欢迎你加入。"

"蒋老，等我哪天真失业了，您和郑老爷子可别嫌弃我。"

"开鹏，看你说的。这两天在北京，荣恒兄可是对你赞赏有加，说他认识的青年才俊中，你是最有潜力的一个。当然，我也是这么认为的。"

"能得到蒋老和郑老爷子的表扬，荣幸之至，荣幸之至。"

到了索菲特，正好是中饭时间。于是，章开鹏提议道："蒋老，舟车劳顿，您也够累了，要不中午我们就在酒店随便吃点东西，您……"

"开鹏，生物钟提醒我该午睡了，我回房间打个盹，中午你和永达一起吃吧。再说了，有我这个外人在，你们说话也不方便。"

"蒋老，您这是哪儿的话，要不……"

"放心，我虽然老了，但这脑子还没糊涂，会照顾好自己的，你们就放心地去吧。"

见蒋柏林态度坚决，章开鹏也就不好勉强，便道："那……蒋老，您好好休息，有事电话联系。"

"去吧！"

把蒋柏林送上电梯后，章开鹏和文永达并排出了索菲特大堂的门。

"永达，想吃点什么？"

"我记得上次来南州时，你带着我去解放北路附近——对，没错，应该是解放北路，那里的南州小吃，至今让我念念不忘。这么多年过去了，那几家店不会关门了吧？"

文永达唯一一次来南州，是在15年前。当时，文永达正踌躇满志，准备南下香港打拼。去香港前，特意路过南州，和章开鹏商谈。

"永达，一个好消息，一个坏消息，你要先听哪个？"

"老规矩，先苦后甜。"

"坏消息是南州的老城区已经面目全非，拆迁的拆迁，改造的改造。"章开鹏有意做了停顿，"好消息是解放北路一带，被市政府列为古城保护区，完好无损。唯一的变化是，小吃店扩张了。"

"开鹏，那我们这就杀过去，好好过把瘾。"

"没问题，你来了，我的任务就是扮演好'三陪'的角色。"

文永达打趣道："开鹏，也包括陪睡吗？"

"当然，只要你愿意。记得我们上大学那会儿，扛不住北京的冷，又没暖气，一到冬天，你就往我的被窝里钻。这一钻不要紧，整个宿舍楼都怀疑我们在那方面有问题。"

"是呀，一转眼，我们都已经不再年轻了。"

提起往事，两个人开怀大笑。当然，也不忘感慨一番。

"开鹏，我听说卫红前几天也来南州了？"话题又绕到了欧阳卫红身上。

"听说？永达，你不老实啊。如果我没猜错的话，应该是卫红告诉你的。"

见被章开鹏一言说穿，文永达也没觉得不好意思，只是笑着点了点头。

"永达，你不会是还和卫红保持着密切联系吧？"

"隔三岔五地和卫红通个电话，已经成了我生活中的一部分。"

"永达，难不成你对卫红还不死心？"

"也谈不上什么死心不死心的，人家现在是有家室的人，而且，她老公徐鸣春在北京城，又是有头有脸的大人物，虽然我也知道她过得并不好……"文永达笑着摇了摇头，"这次跟随蒋老去北京拜访郑老爷子，我有幸见到了传说中的徐鸣春'徐公子'。那种气场，我甘拜下风，不是我这种小角色能比的。"

"永达，你就没提你和卫红之间的关系？"

"那种场合不合适，就算提了，那又如何？据我观察，徐鸣春是个精通厚黑学的生意人。而且，他还极为清高，我可不想干热脸贴冷屁股的事情。"

"永达，以后我们来个君子协定，咱们见面的时候，话题不要再牵涉到卫红了，太沉重。"章开鹏半开玩笑半认真道。

文永达笑了笑，做了个"OK（好）"的手势。随后，主动将话题转到了章开鹏的家庭生活，并主动提出，趁着这几天在南州的时间，一定要上门拜访郑茹。文永达上次来南州时，章开鹏和郑茹刚结婚没几年，章静雯也还只是个牙牙学语的小屁孩。

"永达，你这次打算在南州待几天？"章开鹏故作漫不经心地问。

"要看老爷子的意思，老爷子待几天，我就跟着待几天。"

"永达，我以前怎么就没看出来，你和蒋老还有这份交情？"

"开鹏，你这是挖了个坑，让我往里面跳啊。"文永达大笑了几声，"不过，有关我和蒋老的故事，我本就没打算瞒着你。刚才碍于蒋老在场，不方便说罢了。"

"洗耳恭听！"

文永达和蒋柏林相识，大概有两个月了。确切地说，是通过中间人认识的。这个中间人，大有来头，乃香港上流社会的名媛龚菲娜。龚菲娜何许人也？蒋柏林的外甥女。龚菲娜自幼父母双亡，由蒋柏林一手带大，视若己出。一次偶然的机会，文永达受邀参加一场由港城某富豪发起的慈善舞会。就是在那场慈善舞会上，他又莫名其妙地成了龚菲娜的舞伴。单纯的舞伴，本也算不了什么，谁知他和龚菲娜竟一见钟情。更重要的是，他未娶，龚菲娜未嫁。不到半个月的时间，两个人就确定了关系。确立关系的第二天，龚菲娜就带着文永达去见了蒋柏林。

之后发生的事情，让文永达感觉跟做了场梦似的。

没过几天，蒋柏林又把他叫到了位于中环的办公室，直截了当地让他辞职，跳槽到软盛资本。而且，老爷子还说，干得好，还会给他股权激励。

猛然，天上掉下个如此大的馅饼，直接把文永达砸晕了。

能进入软盛这种国际级的大投行，跟着蒋柏林干，在这之前，他想都不敢想。相比之下，无论是平台，还是资源，软盛资本比他所在的银行，都要高出好几个档次。这一点，是毋庸置疑的。再加上有股权激励，文永达实在是找不出不辞职的理由。

跳槽后，文永达干的第一件事情，就是陪着蒋柏林北上，拜访郑荣恒。此次北上，两位重量级人物达成协议，打算联手组建一家风投公司，由文永达和郑荣恒的秘书王品文冲锋陷阵，两位教父则在幕后指挥。

"永达，你这也够快、够浪漫的啊，完全可以拍成电视剧了。"章开鹏打趣道。

"开鹏，你就不要拿我开涮了。缘分，一切都是因为缘分。你是知道的，我一直是个宿命论者。人这一辈子，该来的自然会来，不来的你勉强也没有用。说句实话，我也这把年纪了，是该找个人安定下来了。"

"是啊，缘起缘灭，这就是人生。"

文永达说的是私人情感，章开鹏则想到了他和达利之间的关系，从最初的达利三剑客，到分道扬镳，再到欧阳卫红的入局，现在自己又被赶下了台，何尝不是缘分呢。

"开鹏，有句话我不知道当讲不当讲？"

"永达，你我之间，有什么话，但说无妨。"

"刚才在来索菲特的路上，我觉得蒋老有句话，值得你去考虑一个问题——以后跟着蒋老干。"

"理由呢？"

"第一，如今的达利，已经不是以前的达利。你想要重新从投资方手中反夺权，没那么简单。与其在没有把握之事上耗费时间，还不如放弃。许多时候，放弃也是一种选择。第二，软盛资本和腾通集团强强联合的平台，要比达利大得多，足够吸引人。况且，两位大佬对你也是一直颇为欣赏。"

"永达，你这是公开替蒋老招募我呀！"

"开鹏，作为多年的老同学，我只是觉得这条路更适合你。"

"永达：第一，我不会放弃达利。第二，我对风投不感兴趣，至少现在是不感兴趣。"章开鹏态度坚决地道，"你刚才提到了'缘分'一词，我觉得我和达利的缘分，还没尽。"

"开鹏，我支持你的决定，你就当我什么都没说。你呀，还是老脾气，倔驴一头。"

"永达，关于达利，蒋老就没有和你说其他的？"章开鹏试探着问。

蒋柏林是达利的股东，在香港又有着呼风唤雨的本领。从始至终，他的态度，都影响着达利下一步的走向。章开鹏原以为蒋柏林此次特意绕道南州，就是冲着达利来的。现在，局势越发扑朔迷离，他反倒猜不透了。

文永达是蒋柏林的身边人，或许能从他口中得到有用的信息，哪怕是暗示也是好的。

"开鹏，我知道你想问什么，"文永达直言道，"我也坦白地告诉你，蒋老对我是信任的，但远远未到完全信任的地步。他是老江湖，在我面前什么该说，什么不该说，心里有分寸得很。换个角度，什么该问，什么不该问，我也要学着拿捏。"

"我理解。"

次日下午，雨过天晴，春风拂面。

待到蒋柏林午睡过后，章开鹏和文永达陪着老爷子拾级而上，往辉煌马术场开进。

"好一派'水光潋滟晴方好，山色空蒙雨亦奇'的景象啊！"蒋柏林站在半山腰，缓了口气，感叹道，"还是内地好，地大物博，处处都是风景。"

章开鹏顺势问："蒋老，这也是您选择把投资重心转移到内地的原因之一吧？"

软盛资本的版图，遍布全球各地。其中，欧洲是软盛的主战场，有近

60%的资金都投在欧洲。最让人津津乐道的一笔，当属七八年前的一个大项目，当时，在蒋柏林的亲自指挥下，软盛资本联合几大知名风投公司，斥资近百亿美元，一举拿下了欧洲某国最大的电信公司，占股75%，成为最大股东，引起业内大地震。

精明的商人，永远只在最适当的时机，做最正确的决定。

近几年，欧债危机席卷整个欧洲大陆，欧洲经济持续低迷。而相比之下，中国经济依然有着很强的后劲，这才是蒋柏林说这句话的最重要的原因。其实，只要你去关注软盛这两年的投资比重，就会从中发现蛛丝马迹。北上广的许多大项目，尤其是互联网和环保项目，背后都有着软盛资本的影子。可见，蒋柏林在下一步很大的棋，布很大的局，一切都是为了染指内地市场，抢食蛋糕。

"开鹏，你说对了一半，如此大好河山，处处生意盎然，软盛资本怎么可能只充当看客的角色，白白让机会从指尖流走呢？"蒋柏林点到为止，"好啦，我们是来骑马的，不谈生意。"

见状，章开鹏知趣地打住了话题，和蒋柏林讨论起了"马经"。从遴选马匹到马术，蒋柏林分析得头头是道。章开鹏这才发现，蒋柏林不仅是高手，而且完全可以称得上是专家水准。

为招待好蒋柏林，昨天晚上，章开鹏特意给马术场的香港老板打了个电话，说是有一位贵客要来，让他务必挑选几匹好马。当听说贵客是大名鼎鼎的香港投资界大鳄蒋柏林时，马术场老板不敢怠慢，爽快答应。

三个人换上装备，进了马术场，马术场老板早已到达，带着助理，毕恭毕敬地迎了上来，一脸的谄笑，神态如同奴才见了主子一般。章开鹏在辉煌马术场玩马，也有好几年的时间了，但这位香港老板给他的印象是，神秘，清高得很。平时，一些所谓的土豪来玩马，他根本就不把他们放在眼里。即便是章开鹏，也不可能亲自恭候。据传，他在南州，乃至上江省，都有着很深的人脉资源。

姓张，香港人，这是章开鹏掌握的唯一信息。此外，两人再无过多交集。如果说有，那就是一年一次的客户答谢会，但那也只是逢场作戏罢了。张老板作个致辞，象征性地敬个酒，也就离开了。

看来自己是沾了蒋柏林的光，张老板才会摆出如此大的场面。

"蒋老啊，你的大名如雷贯耳，今天有幸能见到，是我的荣幸啊！"

张老板的普通话，夹杂着生硬的港台腔。不仔细听，你根本就听不懂他在讲什么。可蒋柏林听起来，就感觉格外亲切。亲切了，彼此的关系也就近了。两个人边聊边往场地的另一头走去，章开鹏和文永达相视一笑，也不插话，紧随其后。

"蒋老啊，听章董说你要来，我可是连夜花了好几个小时，千挑万选，挑了这匹英国纯血马。我想，也只有这匹纯血马，才配得上你的身份。"张老板继续阿谀奉承道。

"张老板，你是行家，那我就听你的安排。"张老板的马屁拍得恰到好处，只听得蒋柏林眉开眼笑。

"蒋老，你喜欢就好，喜欢就好。"

"好啦，张老板，谢谢你的安排，我和章董要边策马奔腾边笑谈人生了。"

马屁再受用，那都是虚的，蒋柏林平生见得也多了。和章开鹏过过招，才是实打实的。老谋深算如蒋柏林者，自有分寸。

"好，那你们慢慢谈，"张老板也算识趣，"晚饭的话，就在这里吃吧，我已经准备好了。"

"张老板，那就客随主便吧。"

等张老板离开后，三个人相继上了马。

"开鹏，田忌赛马的故事，想必你一定听过吧？"半圈过后，蒋柏林问。

"蒋老，听过，耳熟能详。"

"那你觉得田忌赛马的精髓是什么？"

"以下等马对上等马，以中等马对下等马，以上等马对中等马。同样的局势，换个出牌方式，就有机会转败为胜。"

"开鹏，我认为除此，田忌赛马还告诉我们一个道理，做人也好，做生意也罢，都讲究持久战。谁能笑到最后，谁才是最后的赢家。单单一场比赛，对于实力在伯仲之间的竞争对手而言，是决定不了胜负的。"

"蒋老高见！"

"开鹏，你和投资方之间的较量，其实和田忌赛马是同一个道理。股东大会上，你是用下等马来对投资方的上等马，'2·14'事件则是用中等马来对下等马……"

文永达插话道："蒋老，您的意思是说，接下来开鹏一旦派出上等马，就能大获全胜？"

自从跟随蒋柏林后，文永达总是在抓机会表现自己。其一，他要让蒋柏林知道，自己的确是有真材实料的。其二，只有得到蒋柏林的真正赏识，自己和龚菲娜的关系，才能板上钉钉。诚然，蒋柏林对龚菲娜是宠爱有加，可婚姻大事，绝非儿戏。他把文永达带在身边，就是为了观察和把关。

论能力，文永达是有的。不过，为人处世之道，还是欠缺了一些。许多事，不能急，一急，就过头了。男人嘛，该有的城府还是要有的。老浮在水面上，终究成不了什么大器。

"永达，你只说对了一半。按田忌赛马的布局，下一步棋的确是用上等马来对付中等马。可问题在于，开鹏的上等马到底在哪里？"

"蒋老，一针见血啊！"章开鹏紧紧跟着蒋柏林，"田忌赛马中，三个等级的马，是不变的。在商场打拼这么多年，我也一直坚信一个观点，那就是以不变应万变。现在看来，这个观点过时了，以万变应万变，才是王道。"

"开鹏，如果我没猜错的话，你说的不变是你手上的王牌，36个运营中心的经销商吧。或者说，经销商是你唯一的一匹马。"

"蒋老，您说得没错。"章开鹏苦笑了一下，"依蒋老之见，我该如何执行田忌赛马式的反击呢？"

"开鹏，首先，你要清楚，上等马必须具备一个前提，那就是掌握尽可能多的达利股份。时下，你不正在和宋庆生接触吗？这是一步好棋。不瞒你说，我和宋庆生也有些交情。其次，经销商虽是一张好牌，但形势如此复杂，随时有可能变成烂牌和臭牌。最后，达利要尽快复牌，否则一切都将无从谈起。"

章开鹏稍加消化，又问："蒋老，您也赞成我和华丰集团合作？"

"开鹏，我只是提个建议，最后的决定权在你手上。当然，结盟这种事，肯定是有风险的，关键要看你怎么去规避，"蒋柏林停好马，又道，"咱们之间曾有过口头协议，你暂时性地选择退出达利，我在幕后推动你反夺权。股东大会后，我也一直在观察，尽管你导演的'2·14'事件很热闹，但我觉得也只是雷声大雨点小，起不到实质性的作用。直到你和宋氏父女接触，我才看到了希望。我所能做的，就是帮你和宋氏父女斡旋，比如你们的合作协议，再比如风险的把控。"

　　一方面，章开鹏是越听越明白；另一方面，却是越听越糊涂。明白在于，蒋柏林公开支持他和宋氏父女结盟。糊涂在于，蒋柏林的用意是什么，真的如他所说，单纯地扮演斡旋者的角色？作为斡旋者，何来的利益？没有利益，他又为何来蹚这趟浑水？也许，他可以说，软盛资本是达利的股东，他不想看着达利就此垮掉。可达利只是软盛的一个小项目，作为风投机构，投资失败是常有之事，小项目就更不足挂齿。付出要比得到的多，如此亏本的买卖，蒋柏林怎么会去做呢？

　　另外，蒋柏林刚才还透露，他和宋庆生有私交。根据自己对他的了解，似乎是有意提及。当初，在股东大会之前，蒋柏林曾口口声声说，只要自己选择退出，往后他肯定会帮助自己反夺权。可反夺权针对的是黄卓群和吴勇宏，现在冒出了宋庆生。他又会做何选择，自己心里着实没底。

　　又或者，蒋柏林知晓宋庆生的全盘计划，甚至他们之间有着不可告人的秘密？此次来，就是为了推动计划的进行？还有，郑老爷子呢，他刚刚和蒋柏林达成合作意向，他在其中又扮演着什么样的角色呢？

　　防人之心不可无啊！一时间，章开鹏的思绪混乱极了。

　　"蒋老，具体到合作，您又有什么建议呢？愿请赐教！"

　　蒋柏林下了马，走到休闲区，喝了口水，才道："开鹏，具体的细节，你肯定比我在行。我只说一句，最好是采用公司的形式和宋庆生合作，而非你个人。将来就算是出了问题，也可以走法律程序。个人的话，容易吃哑巴亏。"

　　"在理。"章开鹏愣了愣，"蒋老说得在理。"

以公司的名义和华丰合作，是章开鹏心中的秘密，即便是许婉婷，也尚未告知。早在五年前，章开鹏就在海外注册了一家公司，这家公司说穿了，就是一家空壳公司。主营业务，是游走于灰色地带的利益往来，以袁德奎和马锦胜为首的经销商，就是其中的一环。

"开鹏，你是聪明人，我相信你会做出明智的决定。"

"蒋老，还有件事，我想问问您，"章开鹏吞吞吐吐道，"关于软盛资本增持达利股票一事，您看……"

"开鹏，我可以明确地告诉你，将来的某一天，软盛资本肯定会投资达利。但投资的方式、投资的时间，我尚需做全盘考虑。"

这是蒋柏林第一次提到"肯定"这个词，可肯定的背后，似乎又隐藏着什么。因此，这顶多只能算是半个好消息。

在辉煌马术场吃过晚饭，蒋柏林便回到了酒店。第二天，他就带着文永达从南州直飞香港，说是那边有急事需要处理，留给章开鹏无尽遐想。

第三十四章

破釜沉舟

　　企业无论大小，派系斗争都是不可避免的。像达利这种上市公司，更是派系林立、错综复杂。坦白地说，最主要的就是创始团队和投资方之间的矛盾。谁都想控制企业，搞得企业乌烟瘴气。到头来，只会两败俱伤，甚至谁也控制不了企业。

距离宋敏洁的期限，只剩下不到两天的时间了。

一大早，章开鹏就进了书房，从书柜里抽出一本《资治通鉴》翻阅着。可没翻几页，他就没了耐心。他站起身，来回踱步，脚步沉重，甚至带些慌乱，且烟不离手，还时不时地走到书桌前，看看手机有没有动静。

他在等，等许婉婷的电话。

明天晚上之前，他要给宋敏洁一个明确的答复，决定是否和宋氏父女结盟，对抗黄卓群和吴勇宏。其实，经过这几天的权衡，章开鹏心中早有答案，那就是拉拢宋氏父女，成为自己的同盟军。另外，他的破局计划正悄无声息地进行着。简单地说，就是两步走计划：第一步，和马锦胜里应外合；第二步，拿下吴勇宏，让他在品牌有偿使用协议上签字。

从目前来看，第一步还算顺利。马锦胜办事极为高效，章开鹏告知其计划的第二天，他就动用了他在西安的人脉资源，帮章开鹏走了"绿色通道"。只要章开鹏配合，三家关联公司随时可以注册成立。所谓的配合，其他的都不打紧，但既然是公司，就需要法人代表。章开鹏本想亲自飞一趟西安，三家公司，都由他亲自挂帅，可细细衡量，又觉得不妥。现在，不知道有多少双眼睛在暗中盯着自己。如此大的动静，难保不会被人发觉。黄卓群和吴勇宏倒好，万一传到宋氏父女耳中，那可就前功尽弃了。自己不能去，那该让谁去呢？最起码，这个人要值得信任。许婉婷不行，过于扎眼。最终，章开鹏选择了小姨子郑慧菁赴西安，配合马锦胜。

相比之下，第二步的难度要更高，而且吴勇宏这一关是避不开的，章开鹏又不好出面。

三天前，为此事，许婉婷约见过吴勇宏。吴勇宏没有同意，也没有拒绝，也很少插话，从头到尾都保持着沉默。听完，只说让他考虑考虑，考虑通透了，再给许婉婷答复。许婉婷也不催促，这种事，你越是催，吴勇宏就会越变本加厉。这一等，就是两天。直到昨天晚上，吴勇宏才给她回复，邀请许婉婷一大早去爬山。具体的，边爬山边谈。

　　见到吴勇宏的那一刻，许婉婷随即给章开鹏发了条短信：章董，已见面，等消息。章开鹏迅速回复：好的。他想了想，又在后面加了三个叹号，一是支持，二是鼓励，三是紧张。

　　他正捏一把汗时，许婉婷和吴勇宏已爬到了半山腰。

　　"婉婷，我来南州也有差不多一年的时间了。不过，平时的交际圈很窄，能聊得来的朋友，更是少之又少，除了我一手带起来的兵顾超。所以，大部分的时间，都是窝在三号楼。按时髦的话来讲，我也算是宅男一枚。当然，还有不得不参加的应酬和饭局。那是工作，另当别论。"吴勇宏喝了口水，又道，"平时，我最大的爱好，就是登山，尤其是这盖华山，既省钱，又紧挨主城区，还能和大自然零距离接触，真是一箭三雕啊！"

　　"吴总，这样挺好、挺健康的，总比每天泡各种局，夜夜笙歌的好。"

　　吴勇宏笑了笑，继续拾级而上。走了约五分钟，他又停下脚步，煞有介事地问："婉婷，我有个问题，一直憋着，希望你能如实回答。"

　　"吴总，你问，我如实回答便是。"

　　登山与面对面交谈完全不同，少了份剑拔弩张，多了份轻松自在。但，这只是假象。暗地里，双方依然在过着招。越是如此，越要打起十二分的精神。许婉婷很清楚此行的目的，攻破吴勇宏，并且是必须攻破。

　　不过，吴勇宏先是玩起了太极，那自己也只能跟着玩。等到合适的时机，再进入正题。

　　"达利内部的员工，尤其是元老，是不是特别瞧不上我们这些外来的和尚，也就是你们口中的'门口的野蛮人'？"

　　"吴总，这取决于从哪个角度去看问题。从全局来看，我们大家都是达利的一分子，再直白点，都是在为股东们谋利益。既然大家的目标是一致的，也就不存在谁瞧不上谁的问题。从另外一个角度，企业无论大小，派系斗争都是不可避免的。像达利这种上市公司，更是派系林立、错综复杂。坦白地说，最主要的就是创始团队和投资方之间的矛盾。谁都想控制企业，搞得企业乌烟瘴气。到头来，只会两败俱伤，甚至谁也控制不了企业。吴总，你说老员工瞧不上投资方，反之，投资方不也瞧不上创始团队吗？'门口的野蛮人'这一称呼，还真是名副其实。"

"婉婷，恕我直言，你的观点，我不敢苟同。或者说，只同意一半。'门口的野蛮人'这一比喻，的确很形象。可真正野蛮的，不是人，而是资本。掠夺和占有，是资本的固有属性。这两个属性，在某种意义上，是可以和野蛮画上等号的。只要有合适的土壤，资本就会生根发芽，继而扩张势力范围。所以，我们这些人，其实都是资本的代言人。说起来，不无讽刺啊，什么便宜都没占到，还要做替罪羔羊。"吴勇宏看着前面，眼神迷茫，又道，"还有一点，我们这些洋巨头，和国内的风投机构，还是不同的。最主要的不同点在于，彼此的出牌方式。作为世界 500 强，大到上百亿美元的投资，小到公司的日常开支，麦德逊都是在按规矩办事。国内的大多数风投机构则不同，他们喜欢不按常理出牌，什么对自己有利，就出什么牌。只着眼于眼前，根本就没有底线可言。这就造就了一种局面，洋巨头水土不服，他们却混得风生水起。从短期来看，他们是赢家。但从长远来看，未必。不说别的，麦德逊经历了近百年的风风雨雨，依然能够屹立不倒，最核心的竞争力，就是规矩。说得通俗点，就是诚信。"

吴勇宏一向沉默寡言，城府极深，哪怕是在董事会上，也只是只言片语，能和稀泥就和稀泥，和不了，就说几句模棱两可的话交差。如此敞开心扉，在许婉婷的记忆中，还是头一次。

他所说的水土不服，许婉婷是赞成的。但也要因人而异，能不能适应水土，关键在于悟性。

"吴总，我同意你的观点，小胜靠智，大胜靠德嘛。中国的这个生态圈，很多人提倡的是阴谋论。可我却不这么想，真正能让竞争对手输得心服口服的，是阳谋，而非阴谋。"

"没错，没错，婉婷你说得极是。"吴勇宏迎合道，抿了抿嘴，又说，"婉婷，你是聪明人，我讲了这么多，你应该明白我的意思。"

许婉婷站在原地，久久不语。半晌，她才郑重地点了点头："吴总，明白，我明白。"

高手过招，点到为止。

吴勇宏话里话外，都在传递着一条信息，麦德逊和国内的风投机构是有区别的。再往下，他和黄卓群之流，不是一类人。之所以结盟，是彼此有共同的利益。可这种利益，是短暂的。既然是短暂的，也就意味着结盟的根基不稳。

这对许婉婷而言，是个积极的信号。

吴勇宏不认可黄卓群，那么，他在品牌有偿使用协议上签字的可能性，就大大增加。当然，截至目前，这还只是一种猜测。猜中几分，最终还是要看吴勇宏的态度。只有白纸黑字，才算稳妥。

"婉婷，你明白就好，明白就好。"

随后，吴勇宏陷入沉默，直到到了山顶，俯瞰着整个南州城，他才又开腔道："婉婷，许多事情，站在高处，才能看得更清。"

许婉婷借机调侃："吴总，股东大会后，你成了达利的 CEO，是真正站在了高处，你是怎么看待达利的？"

"婉婷，还是你棋高一着，绕来绕去，你还是把我绕进去了。"吴勇宏笑了笑，毫无责怪之意。

"吴总，承让承让。其实你我心里都很清楚，从山脚下到山顶，主动权一直掌握在你手上。不说别的，只要你保持沉默，我就输了。"

"婉婷，我说过，规矩是我的安身立命之本。既然答应你了，我就不会爽约。"吴勇宏依靠在石砌栏杆上，"眼下的达利，暗流涌动，各方势力明争暗斗。谁将成为最后的赢家，现在还看不出来，但方向基本上是明朗的。倘若开鹏真的和宋庆生联手，终将胜券在握。宋庆生入股，麦德逊，包括富可亚洲的空间，就会被挤压。正所谓识时务者为俊杰，局势在变，大家都得变。"

"吴总，你的意思是说……"

"支持开鹏的行动，这就是我们麦德逊的变化方式。"吴勇宏亮出底牌。

听罢，许婉婷一直悬在半空中的心，终于落地了，她恨不得此刻就给章开鹏打去电话，汇报好消息。但她总觉得吴勇宏的话还没有说完，而且，以吴勇宏的老辣，不可能毫无条件地配合，还是先听他把话说完吧。

"吴总，我代表章董，也代表达利的所有员工感谢你。"

"婉婷，且慢，我是个生意人，既然付出了，总归需要回报……"

"吴总，有什么条件你尽管开，除了我上次所说的3%，只要在我们的能力范围之内，一定满足你。"

"婉婷，你以为吸引我的真是那3%吗？和达利的整个渠道产生的效益相比，这3%简直微不足道。我的条件很简单，等到达利复牌后，你们瞅准机会，协助麦德逊全身而退。"

许婉婷顿时傻眼，不禁张大嘴巴，将信将疑道："什么，麦德逊要退出？"

尽管她猜准吴勇宏会提条件，可怎么也猜不中居然是麦德逊退局。

一般而言，作为投资机构，退出方式有两种，资本市场套现，或者有其他机构愿意买下他们的股份。如今，达利停牌，第一种，玩不转；而第二种，也很难。内斗如此惨烈，谁又愿意来插上一脚呢？

"吴总，你不会是一时冲动吧？"

"这是我最后的决定，至于来龙去脉，我就不多说了。还有……"

"放心，吴总，除了协助麦德逊，另外，我一定会守口如瓶。"

吴勇宏不愿多说，许婉婷却情不自禁地往深处想。

麦德逊为何会选择退出，难道真如吴勇宏所说的，识时务者为俊杰？可就算如此，也不是吴勇宏一个人能拍得了板的。看样子，吴勇宏已就此事请示过麦德逊总部。可这里面又有一个问题：当初以战略性股东的姿态进入达利，是吴勇宏顶着各方压力做的决定。现在这个项目搞砸了，那帮法国鬼子势必会把责任推到他头上，轻则降职，重则免职。心思缜密的吴勇宏，不可能没有考虑到这一点。

莫非，他已有对策？

左思右想，她也想不出个所以然来。许婉婷只好暂时作罢，毕竟吴勇宏的个人命运与自己无关。

下山后，两个人分道扬镳，吴勇宏回达利总部，许婉婷则直奔龙庭花园。

急促的门铃声过后，来开门的是郑茹。与此同时，听到动静的章开鹏，正往楼下赶。

"婉婷，情况怎么样？"

章开鹏尽量克制住情绪，可略显发抖的声音，还是暴露了他的紧张。

从早上开始，一向心细的郑茹，就发现了章开鹏的不对劲，把自己关在书房里不出门，连早饭都顾不得吃，这可不像他的生活习惯。俗话说得好，早上吃得像皇帝，中饭吃得像平民，晚饭吃得像乞丐。章开鹏从不挑食，一般是有什么吃什么，唯独早餐，是不能马虎的。

见他一脸愁云，郑茹也不好多问。这期间，又派女儿去试探过几次，章开鹏还是把自己闷在书房里。郑茹隐约意识到，一定是发生了什么事情。并且，是大事。

难不成，他是在担心顾冉冉报复一事？

前天晚上，郑茹和顾冉冉在滨江路上的一家高级茶餐厅见了面。见面前，章开鹏曾一再强调，不管顾冉冉提什么条件，只要能用钱解决，都答应下来。可问题在于，顾冉冉是提了条件，却和物质无关，她要的是名分。言外之意，她想从法律上确定她和章开鹏之间的关系。

痴心妄想！

这无疑触犯了郑茹的底线，于是，郑茹态度坚决地加以驳斥。两个人针锋相对，各自出牌，谈了近两个小时，依然谈不到一个点上，达不成共识，最后不欢而散。

临走前，顾冉冉恶狠狠道："你转告章开鹏，我会让他付出代价的！"连续两天，郑茹睡觉时都会梦到顾冉冉，尤其是那双充满杀气的眼睛……

直到许婉婷出现，章开鹏匆忙下楼，郑茹才否定了这层猜测。不出所料，章开鹏是在等许婉婷。由此可以推断，他是在为公事发愁。

从香港回来后，章开鹏曾说，要给自己放个长假。刚开始，郑茹信了。

可时间一长，她开始起了疑心。当着章开鹏的面，又不好问。于是，她就向许婉婷打听起了消息。不打听不要紧，一打听她才明白，原来章开鹏正面临着人生最大的坎。

他不说，是怕家人担心，情有可原。郑茹唯一能做的，就是精神上的支持。

等郑茹回过神，正看见许婉婷伸出手，做了个胜利的手势。她的心，也跟着章开鹏放了下来。

"婉婷，你们谈，我去做饭。"

许婉婷换上拖鞋后，打趣道："章董，不难看出，从早上到现在，郑茹姐都在担心你。"

此时无声胜有声，章开鹏笑了笑，脸上洋溢着幸福的神情。

"婉婷，这一个早上的时间太漫长了，漫长得像是过了一年。"两个人在客厅坐下后，章开鹏点上烟道，"从八点到现在，我整整抽了一包烟，打破个人历史纪录了。"

"章董，在这个节骨眼上，你可得要保重身体。"

"婉婷，倘若一包烟能换来好消息，也是值得的。"章开鹏抽了一口，又问，"吴勇宏可是块难啃的骨头，你是怎么拿下的？"

"章董，拿下吴勇宏，我可没这个本事，也不敢妄自贪功。确切地说，是吴勇宏想通了，主动配合我们。否则，即便我有三寸不烂之舌，只要吴勇宏死守着他和黄卓群之间的同盟关系，我也无可奈何。"

"吴勇宏主动配合？"章开鹏颇为吃惊，"为什么？"

"总结起来一句话，识时务者为俊杰，这也是吴勇宏的原话。我想，吴勇宏一定是经过深思熟虑，分析了其中的利害关系，才做出了这个艰难的决定。"

"他就没提什么条件？"

吴勇宏越是答应得爽快，章开鹏越是觉得大有文章。如许婉婷所言，吴勇宏做此决定，归根到底，还是为了利益。可从中他又能得到什么利益呢？这也是章开鹏一早上坐立不安的原因。没有利益，吴勇宏心中的天平，势必会向黄卓群倾斜。毕竟，他们是盟友。除非有足够的诱饵，要不然，吴勇宏不可能选择孤注一掷。

"章董，还真让你猜中了，吴勇宏的确是提了条件的。"

许婉婷喝了口茶，一五一十地道出吴勇宏的要求。

"麦德逊果然要退出！"显然，章开鹏有过这方面的猜测，"退出达利，对麦德逊而言，是好事。只要达利顺利复牌，哪怕是股价不能立马上扬，麦德逊也赚了，只是赚得没以前那么多了。可对吴勇宏个人来说，这却是一次彻头彻尾的投资失利，麦德逊总部肯定会追究他的责任……"

"章董，在这个问题上，我也想不通。除非，吴勇宏私下已为自己找了后路。"

章开鹏郑重地点了点头，又说："吴勇宏愿意和我们交换条件就行，至于他有没有留后路，那是他自己的事情，与我们无关。"

"章董，那马锦胜那边呢……"

"早上我和马锦胜通过电话，他那边已经落实好了！"

"黄卓群呢？"许婉婷又问。

"昨天中午到的西安，下午马锦胜陪着他去了西北最大的家居市场，今天一大早，马锦胜又亲自作陪，两个人去看兵马俑了。"

言语间，章开鹏仿佛在黄卓群身上安装了跟踪器。

"章董，你这一招调虎离山之计，实在是妙。"

"婉婷，这还只是个开始，接下来如何和宋氏父女过招，才是一场硬仗。"

"章董，你打算什么时候给宋敏洁回复？"

"不着急，拿下吴勇宏后，我心里也就有底气了。所以，我要等着宋敏洁主动给我来电话。"

许婉婷略作思考，笑道："章董，你说得是，我们要让宋氏父女知道，我们的关系，绝不是二战时期的意大利和德国，我们不会也不可能让他们牵着鼻子走。"

"没错！"

随后，两个人又围绕着破局计划聊了聊。直到郑茹过来叫吃饭，才打住话题。

果然不出章开鹏所料！次日下午四点左右，宋敏洁终于坐不住了。见到宋敏洁的来电，章开鹏会心一笑，仿佛一切皆在掌握之中。稍等片刻，他才接起，然后故装得懒洋洋地道："宋小姐，有事？"

"章董，一个星期前，我们曾有过约定，你不会是忘了吧？"宋敏洁反问道。

"没忘，没忘，当然没忘。"章开鹏依然装腔作势道，"宋小姐，实不相瞒，这一个星期下来，我几乎每天都在考虑和美星隆合作一事。可这么大的事情，实在是很难下决定，我得权衡各方面的利弊……"

"章董，我只要你一句话，是否愿意和美星隆结盟？"宋敏洁语气极为强硬地质问。

"宋小姐，心急吃不了热豆腐。其实你我心里面都很清楚，咱们双方组成联盟，是大势所趋。单在这个项目上，谁离开谁都转不动。"宋敏洁越是着急，章开鹏越是淡定，"宋小姐，关于合作一事，你离开的当天，我就有了结论……"

"章董，既然如此，那你又为何不早点答复我？"

"宋小姐，我们双方合作的目的是什么？很简单，垄断上江省的家居产业，甚至坐上全国的头把交椅，这是一方面。另一方面，是双方利益的最大化。如何在这两方面找到平衡点，是我这个星期一直在思考的问题。"

"怎么找平衡点？"

"宋小姐，咱们来日方长，还是先找个时间和地点，把协议签了吧。"

"明天吧，明天我去趟南州。"

"宋小姐，在南州签协议恐怕不合适吧，耳目众多，一不小心就走漏了风声。"章开鹏又提议道，"这样，我看还是选择香港吧。"

宋敏洁也没多想，回应道："香港就香港吧，三天后，香港见。三天是我的最后期限，免得夜长梦多。"

"那就依宋小姐的意思办！"

选择香港，一是蒋柏林和章开鹏通过气，章开鹏和宋氏父女的合作，他可以帮着从中斡旋。有蒋柏林在场，往后即便是出了问题，也有个人证。二是尽可能地拖延时间，之前蒋柏林带着文永达来南州时，曾在辉煌马术场指点过章开鹏，最好是以公司的名义和宋氏父女合作。无疑，他名下那家英属维尔京群岛上的公司，是不二选择。之前，这是属于章开鹏一个人的秘密。现在局势突变，这个秘密自然要道破，最起码要让身边的心腹知情。否则，自己岂不是成了两面三刀之人？

章开鹏的解释需要一个过程，心腹们的接受也需要一个过程。

为此，章开鹏还仔细衡量过说与不说的利弊。说了，也许会招来非议。而非议带来的后果，也是可以预料到的，影响核心圈子的信任度。但只要自己耐心地去解释，这种非议就只是暂时的。不去说，只要协议一签，或者将来和宋氏父女闹矛盾了，甚至对簿公堂——这种可能性不是没有——那么就意味着，许婉婷等人迟早有一天会知道。他们在台前冲锋陷阵，自己却在幕后留一手。到时候，面临的不是非议那么简单，而是信任的瓦解。

如何解释，方式方法很重要。第一步，先带许婉婷一道去香港，让她第一个知道，也好有个缓冲。第二步，和宋敏洁签订协议回到南州后，再秘密召开核心圈的会议，通报情况。

既然迟早要说，还不如早说。既然选择破釜沉舟，内部的凝聚力很重要，开诚布公尤显重要。

联手

  一个成功的商人，必须要有秘密。没有秘密，就等于没有底牌。没有底牌，就没有和对手掰手腕的资本。反之，有了秘密，就有了左右逢源的筹码。继而，才能制定规则，才能让对手死于规则。

三天后，香港文华东方酒店，Vong 酒吧。

下午两点半，宋敏洁如约到达时，发现蒋柏林也在。不过，她并不惊讶，像是早就知晓一样。她淡淡一笑，走上前，伸出手道："蒋伯伯，什么风把您也吹来了啊？"

蒋柏林微微欠身道："敏洁，你不会是不欢迎我这个局外人来凑热闹吧？"

"蒋伯伯，看您说的，有您在场把关，我放心，章董也放心。"

宋敏洁的话，颇为微妙。其一，纯粹的客套话。其二，她在提醒章开鹏，蒋柏林的来意，她是清楚的。既然清楚，就没必要兜圈子。

章开鹏暗想，后生可畏啊，这宋敏洁年纪虽轻，气势却不小。一上来，就给自己来个下马威。再加上精干的职业装打扮，如同一名随时准备上战场的将军，决不可掉以轻心。

蒋柏林和宋庆生有私交，按理说，自己和他的关系也不赖。从蒋柏林入局到现在，章开鹏就一直猜不透，他是打算联合自己唱双簧，还是早已和宋氏父女是同一条船上的人？

也罢，先往下谈，过上几招，如果他真是只狐狸，尾巴迟早会露出来的。

"敏洁，你说得没错。一宗好的生意，大家都放心很重要。只有这样，才能深度合作。"

蒋柏林的话，说了一半，留了一半。另一半是，如果各自心中有小九九的话，是很难玩转的。可这话即便是说了，也是白搭。没有小九九，等于天方夜谭，重点在于如何把握度，寻找平衡点，兼顾双方的利益。

稍加寒暄，宋敏洁点了一杯鸡尾酒，在许婉婷的身旁坐下。

刚坐定，宋敏洁就从包里掏出一个档案袋，推到章开鹏的面前："章董，这是合作协议的草案，你先过目。"

章开鹏拍了拍档案袋，并不急着看："宋小姐，这份合作草案的内容，无非就是两点。第一，交换条件，我暗中将美星隆推上达利第一大股东的位置，用于换取美星隆第二大股东的报酬。第二，控制权，达利由我主导，同时，我将出任美星隆的副董事长。不过，美星隆仍由宋小姐来掌控，我不干涉。剩下来的，几乎都是些可以不去看的法律条文。"

宋敏洁颔首一笑，表示赞同。

"其实，依我个人的观点，这两条协议，第一条是过程，第二条是结果。过程走不好，结果就很难兑现。"

"章董，你觉得这个过程该怎么走？"

"具体的该怎么走，合作以后慢慢地谈，一步一步地去走。"章开鹏早有准备道，"在合作之前，我们还要交涉好一个问题：我该出让多少股份，你打算以什么样的价格吃进。这个问题虽敏感，但又不能不谈。并且，在这之前，我们从未谈到过这个问题。"

"章董，我觉得这个问题不敏感，也没想象中的那么难。"章开鹏有准备，同样，宋敏洁也做了未雨绸缪，"我们打算在二级市场，分批次地买进达利的股份。如果非要说一个确定的数字的话，定在 10% 吧。接下来，就是一道加减算术题了，要想成为第一大股东，牢牢掌握控制权，我算过了，美星隆的持股，要在 22% 左右。章董，你肯定会问，为什么会是 22% 呢？有欧阳卫红和'涌丰系'4% 的支持，就算是富可亚洲和麦德逊联手，20% 也已足够。因为，这里面还有着许多不确定的因素，包括软盛在内的许多股东，到底支持谁，不好保证。所以，我们必须要把风险降到最低，这也是我家老爷子的意思。"

虎父无犬女，宋敏洁一出招，尽显高手风范。就连蒋柏林，也不禁投去赞许的眼神。

"宋小姐，那依你的意思，我该出让 12% 的股份给美星隆。"

"章董，不用 12%，11% 就够了。"

"11%？"章开鹏一脸困惑地问。

"没错，"宋敏洁跷起二郎腿，笑着问，"章董，你还记得华商投资吗？"

"华商投资，那家趁乱在二级市场购进达利 1% 股份的神秘公司。"

"是的，这 1% 也是属于美星隆的。确切地说，是属于华丰集团的。"宋敏洁把玩着手中的鸡尾酒卖弄道。

许婉婷接话道："宋小姐，我们曾对华商投资做过调查，公司的注册地在英属维尔京群岛，法人代表是一个名叫肖雅丽的女人，怎么就……"

"确切地说，华商投资是华丰集团在海外的一个平台。众所周知，生意场上有许多东西，是见不得光的。而华商投资，说穿了，就是华丰转嫁风险的一个输出口。至于法人代表，找个值得信任又受你控制的人，不就行了嘛。换个角度，如果章董在英属维尔京群岛注册一家公司，想必也不会用自己的名字吧。"

宋敏洁一说话，章开鹏的表情就瞬间凝固了！

宋敏洁貌似漫不经心的解释，却彻底证实了章开鹏之前的猜测，华丰集团老早就在布局，意图控制达利。而章开鹏和黄卓群之间的矛盾，正好让宋氏父女有机可乘，进而在二级市场有所动作。以宋氏父女的实力，别说是一个点，哪怕是吞下达利的整个盘，都不在话下。之所以只收购 1% 的股份，是因为不想打草惊蛇，坏了全局。

宋氏父女的这盘棋下得可真够大的。

当听到英属维尔京群岛时，章开鹏的脸上又掠过一丝不自然的表情。心想，难不成宋敏洁知道了自己在英属维尔京群岛也有一家公司？不可能，绝对不可能，此事乃高度机密。就连许婉婷也不知情，更何况宋敏洁这个外人。可转念一想，既然宋氏父女觊觎达利已久，势必会展开地毯式的调查，首先调查的自然是自己这个创始人。不夸张地说，如今的自己，在宋氏父女面前是赤裸裸的，甚至连遮羞布都没有。只要他们运用手上的人脉资源，深入去刨，挖到自己在英属维尔京群岛还有一家名为 MVC 的公司，也不是什么困难之事。

恢复镇定之后，章开鹏又问："宋小姐，那条件呢？"

"章董，只要是我看中的项目，一向是志在必得。这一点，我也算是继承了老爷子的风格。既然是志在必得，条件自然不是最重要的，重要的是如何实现双赢。不过，条件不重要并不代表我们没有底线。"宋敏洁字字珠玑道，"章董，我帮你算过账，从达利再次爆发内斗，到金融虎刀捅破这层窗户纸，达利的股价从 4.23 港元跌到 2.11 港元，被停牌。按理说，我们的买进价格，应该在 2.11 港元以下，因为这里面存在着两个问题：第一，达利什么时候能够复牌。第二，复牌之后，股价会不会继续往下跌。但为了表示诚意，我打算以 2.11 港元的价格买进。换算一下，章董能从中套现七个亿左右的港元。并且，我们会一次性付清。"

"宋小姐能把这笔账算得如此细致，佩服佩服，"章开鹏心悦诚服道，"但我还有一个条件。"

"章董尽管说，我听着呢。"

"协议的签订双方，除了你和我，我还希望以公司对公司的名义！"

"公司对公司？达利对美星隆？"宋敏洁稍微探了探身，言语中带着轻蔑，"章董，你现在还能代表达利吗？"

"宋小姐，你刚才说过，在中国做生意，我们都需要一个平台来转嫁风险，既然华丰集团可以在英属维尔京群岛注册公司，我又何尝不可呢？"

当章开鹏说到此处，在场表情最为惊讶的是许婉婷和文永达。一个是跟随他多年的心腹，另一个是无话不谈的老友，可对章开鹏留一手之事，却都是茫然不知。但两个人心中虽然有诸多疑问，也没有选择当场提出。许婉婷和文永达都明白，在这种场合，他们的枪口都应一致对向宋敏洁。这是大事，其他的都是小事。既然是小事，那就私下再去问，再去谈。

"高明，章董果然是高明！"

"宋小姐，彼此彼此啊！"

"不过，章董，今天正好蒋伯伯也在场，我还有最后一个问题，达利何时能够复牌？"

一直处于观望状的蒋柏林，不缓不急道："关于达利复牌这件事，各方面我都打过招呼了，达利该递交的材料也都递交了。但凡事都有个程序，等程序走完了，问题自然也就解决了。如果非要让我说个期限的话，半个月之内吧。"

"蒋伯伯，有您这句话，就等于给这份协议上了份保险，我和章董就能放心在上面签字了。"

"敏洁，你别忘了，软盛资本也是达利的股东之一。"

"蒋伯伯说得是，说得是。"

最后，在蒋柏林的见证下，章开鹏和宋敏洁签署一份四五页的合作协议。协议的双方分别是宋敏洁、美星隆和章开鹏及其控制的英属维尔京群岛 MVC 公司。此外，两个月之内，双方完成换股交易。

协议签订完毕，一行人就地在文华东方大酒店吃了地道的港式下午茶。随后，宋敏洁说是六点半要直飞新加坡，先行离开了。

宋敏洁刚走，蒋柏林也起身道："开鹏，我晚上还要参加一个慈善晚宴，就不陪你了。"

章开鹏忙跟着起身："蒋老，那我送送您。"

"不用了，"蒋柏林挥了挥手道，"咱们有情况再联系。"

待蒋柏林和文永达的脚步声远去，只剩下章开鹏和许婉婷两个人。因香港人有吃下午茶的习惯，又是周末，茶餐厅里人声鼎沸，喧嚣嘈杂。

"婉婷，我们找个安静的地方坐坐，这里太吵了。"

许婉婷勉强挤出笑容，微微一笑，却掩盖不住满脸的失落。

为何会失落？就在刚才，许婉婷问过自己，是为了章开鹏隐瞒 MVC 公司一事吗？的确是，但又不完全是。只要去达利内部打听打听，章开鹏最信任的人是谁，十个有九个都会回答是许婉婷。既然自己是他最信任的人，那为什么他还一直对自己隐瞒此事呢？理性地来分析，有两种可能性。第一种，在自己加盟达利之前，章开鹏就已经在英属维尔京群岛注册了这家公司。倘若是这种情况，又没有遇到关联事件，他不去说，也情有可原。第二种，MVC 公司的出现，是发生在自己加盟达利之后。章开鹏为了转嫁某种他所谓的风险，有意绕开"四大金刚"而为之。要真是如此，无论换成谁，心

340

里都难免有气。可有气归有气，静下心来想想，章开鹏此举，也并不过分。

高处不胜寒！

章开鹏作为达利的创始人和掌舵者，所承受的压力，非常人所能想象。除了要带领达利更上一层楼，还要周旋于各方关系之间，整天防这个防那个，心中有秘密，是再正常不过的事了。有些事，别说是"四大金刚"，估计就连枕边人郑茹都不知情。生意场上一直流传着一种说法，一些人制定规则，是为了让另一些人死于规则。一些人之所以有秘密，是为了向另一些人换取秘密。由此，可以得出结论，一个成功的商人，必须要有秘密。没有秘密，就等于没有底牌。没有底牌，就没有和对手掰手腕的资本。反之，有了秘密，就有了左右逢源的筹码。继而，才能制定规则，才能让对手死于规则。

如此一想，许婉婷心中也就没了怨恨。其实，她自己也很清楚，并非想不通，而是心里堵得慌。之所以堵得慌，源自感性。直白地来说，她对章开鹏是有感情的，无论是生活上，还是工作上。生活上，章开鹏和郑茹已经破镜重圆，哪怕有遐想，有憧憬，也只能埋在内心深处。工作上，自己却依然是他的"伴侣"。工作上的事情，哪怕是瞒着郑茹，他也不能不告诉自己，这就是许婉婷的逻辑，尽管有些偏激，但也是一种态度。

两个人出了茶餐厅，上了五楼，进了咖啡吧。章开鹏点了一杯蓝山，许婉婷则要了卡布奇诺。

"婉婷，有关 MVC 公司一事，我想有必要跟你解释一下。"

许婉婷低头喝着咖啡，回应道："章董，我理解。"

"婉婷，你回答得如此之快，就说明你心中是有气的。但对我来说，局势到了这种地步，不管你心中是否有气，我都应该将事情的来龙去脉告诉你，这也是你我之间该有的信任。"

随后，章开鹏凝视许婉婷片刻，将自己和经销商以及供货商之间私下利益往来的细节，以及为转嫁风险在英属维尔京群岛注册公司的无奈决定，和盘托出。许婉婷也不插嘴，仔细地聆听着，偶尔点几下头。

"婉婷，这就是 MVC 公司成立的前因后果，我也是不得已而为之。之所以捂着秘密，说到底，不是为了我个人的利益，而是为了达利的全局。"章开鹏耐心地解释道，"另外，这次带你来香港，其一是工作上的需要。这其二，就 MVC 公司一事，事先和你通通气，希望能得到你的理解。等回到南州后，我还会专门召集老陈和伟业他们开个会，通报此事。我承认，这件事是我有错在先，但不希望因为这件事，影响到我们核心圈子内部的团结。"

"章董，老陈和伟业跟随你的时间更长，对你的为人也更了解，我相信他们也都会理解你的。"

"是呀，但愿如此，理解万岁。"

理解万岁，说起来容易，做起来就未必了。尤其涉及利益时，简直就是个笑话。当初，章开鹏和老同学李建辉以及冯刚组成达利三剑客，一起打天下时，论感情，要胜于"四大金刚"。这期间，章开鹏也做了多番努力，可依然是三人分道扬镳。

所谓的理解，是建立在利益均沾之上的！

"章董，我有个问题，"许婉婷终于抬起头问，"蒋柏林到底是哪个阵营里的人？"

"凭蒋柏林的老辣，一时半会儿咱们都不可能看透。对我们而言，蒋柏林最大的作用，是让达利复牌。尽管他也是为了自己的利益，但在这个利益点上，我们和他的目标是一致的。至于他周旋于我们和宋氏父女之间的目的，到底是支持我们还是支持宋氏父女，还要暗中细细观察才能下结论。"

"章董，要不要找人调查一下蒋柏林和宋庆生的关系？在华商投资一事上，我们可是吃了亏的。做了调查，却不深入。要再犯同样的错误，那可就太愚蠢了。"

"婉婷，你安排，最好是能挖出猛料来！"

第二天下午，章开鹏和许婉婷便回到了南州。当天晚上，章开鹏就召集心腹，在郊区的老地方，开了个秘密会议，告知 MVC 公司的原委。与会者除了许婉婷、陈茂林和高伟业，还有几个达利的老员工。这几个老员工虽职务不高，但在公司内部却深得人心。他们的一举一动、一言一行，皆影响着一个团队，甚至一个部门的走向。与上次一样，作为"四大金刚"之一的聂远方，再次被排除在外。

"感谢大家这么多年为达利的付出，没有你们，就没有达利的今天，我章开鹏也就不可能到达今日今时的高度。眼下，达利正陷入前所未有的危境，但只要有你们在，我章开鹏就一定会坚持到底。"

章开鹏的最后一番话，有作秀、拉拢人心之嫌。但更多的，是肺腑之言。此刻，章开鹏也深刻地体会到，自己手上真正的底牌，并非经销商和供货商，而是眼前的这帮老臣子。

10天之后，蒋柏林践行了他的承诺，达利的股票在经历连续下跌和停牌之后，终于迎来了复牌。复牌的第一天，价格波动比较平稳，几乎是直线型的，没有大涨，也没有大跌，基本符合常态。

中国内地有着数千家上市公司，不管是论市值还是论影响力，达利都是小字辈，微不足道。按理说，达利停牌，抑或是复牌，不可能引起轩然大波。不过，一旦有人在背后推动，特别是有分量的名人，那就另当别论了。达利被停牌时，一度成为财经圈的热点新闻，和金融虎刀程乾不无关系。正是程乾的爆料和拐弯抹角的口诛笔伐，一次又一次地抓取了看客的兴趣点。自那以后，程乾如同人间蒸发，销声匿迹了。可达利刚刚复牌，他又不知从何处冒了出来，时间点刚刚好，让人不得不怀疑一切都是程乾事先策划好的。或者说，他只是别人手中的一颗棋子。

最让人琢磨不透的是，他居然来了个一反常态。

之前，程乾玩的是落井下石，恨不得一脚把达利踩到谷底，让它永无翻身之日。这次，却大大赞扬了达利的韧性，用了几千字的长文，论证了达利一定会活下去，并且，会活得很好。另外，还用上了"大浪淘沙"的醒目标题。

曾经，章开鹏怀疑程乾是黄卓群和吴勇宏的人，可事态越往下发展，他越觉得不是。黄卓群和吴勇宏，说穿了，只是两个职业经理人，根本没有能力也没有资源操纵如此大的棋局。此外，吴勇宏已萌生退意，黄卓群这个外来的和尚，更是一个巴掌拍不响，单是应付达利内部的各种派系斗争就已够呛。对于外部的冲击，他是能避则避，不能避，要么仓促应战，要么妥协。

如果金融虎刀不是黄卓群的人，那他会是谁的人呢？这个大大的问号，一直在章开鹏心中萦绕着，迟迟不能破解。程乾本人，更是如同幽灵般存在。直到宋氏父女入局，他才渐渐地露出狐狸尾巴，形势仿佛在一夜间就明朗了起来。这金融虎刀，极有可能从一开始就是宋氏父女的马前卒，彻头彻尾的掮客。

真要是如此，那欧阳卫红呢，还有高高在上的郑荣恒呢，又在其中扮演着什么样的角色？他们和程乾都颇为熟络，又手眼通天，不可能毫不知情。倘若知情，为什么从未告知自己，哪怕是暗示都没有？思来想去，能造就这种局面，非"利益"二字莫属。

这里面到底又有着什么样的利益纠葛呢？章开鹏暂时还拿不准，他也没空去多深究。当务之急，是处理好麦德逊退局一事。

◎第三十六章◎

退局

　　一个生意人，举轻若重是一种境界，举重若轻则是更高的境界。举轻若重的表现是事无巨细，皆亲力亲为。而举重若轻则只抓大方向，具体的细节，由下面的人去执行。

到达龙庭花园门口时，吴勇宏心头不由得一紧。

进入达利大概一年的时间，这还是他第一次受邀来章开鹏的府上。某种程度上，这也揭示了大多数创始人和投资方之间的微妙关系。刚联姻时，他们是羡煞旁人的神仙眷侣，但蜜月期终归是短暂的。一过，彼此就成了仇人，上演一出又一出的夺权大战。顾全大局者，依然可以在工作上保持着战友的关系。为了利益，哪怕是伪装，也是值得的。在商场上，稍微有些段位的人，谁手上没几张面具啊！至于生活上，他们一般交集甚少，形同陌路。

大多数的事，皆是越来越淡。大多数的人，则是渐行渐远。

昨天下午，章开鹏亲自给他打了个电话，说是今晚请他来龙庭花园坐坐，吴勇宏当即点头答应。自从做出决定退出达利，在品牌有偿使用协议上签字之后，吴勇宏已明确知晓，他和黄卓群之间的联盟，将随之土崩瓦解。既然走到这一步，彼此是否会撕破脸皮已不再重要。可作为执掌几百亿美元资产，在业界有着一定名望的操盘手，绝不能就此拍拍屁股走人。不管如何，都要给黄卓群一个交代。毕竟，麦德逊是退出达利，而非反戈富可亚洲。往后，只要有机会，只要项目合适，麦德逊和富可亚洲，还是有合作的可能性的。这一点，与彼此的私交无关。可换个角度，有私交总归比没私交要好。再怎么样，黄卓群也是见过大风大浪的，相信他会理解自己的。

不过，在见黄卓群之前，必须要把麦德逊如何退出，在什么时候退出，以什么方式退出这三个问题解决了。吴勇宏也很清楚，要解决好这三个问题，势必需要章开鹏和许婉婷的协助。当然，这也是他和章开鹏互换筹码的结果。并且，他相信章开鹏是讲信用之人。

因此，他最近一直在等，等章开鹏或者许婉婷的电话。

连续抽了几支烟，吴勇宏下意识地摸了下后背，竟发现全是汗。不知是热汗还是冷汗，再一看，车上的空调明明开着。

这南州的夏天，又潮湿又闷热，是时候离开这个鬼地方了！

一念天堂，一念地狱。

想罢，吴勇宏自嘲一笑。一年前，自己力排众议，入股达利时，原以为这里是天堂，章开鹏更会把自己当救世主一样供着。可到头来，他发现这是高估了自己，又低估了章开鹏。所谓的天堂，也就变为地狱。

短促的门铃声过后，来开门的是郑茹。吴勇宏记得，在章开鹏的办公桌上，放着他们一家三口的照片。应该不会认错人吧？吴勇宏愣了愣，笑着唤道："嫂子，你好！"

郑茹也跟着一愣，她也不知道此人是谁，早上只听章开鹏说，晚上有客人来，让她张罗张罗，做几道像样的家常菜。无论是公司的高管，还是重要客户，章开鹏都极少邀请上门。

但凡是上门的，都是贵客。

"你好！"郑茹微微点了点头，把吴勇宏请进了屋，"开鹏在书房里头，上楼，正对着楼梯口的那个房间。"

吴勇宏道过谢，快步上了楼，书房的门虚掩着，似乎是有意向他敞开着。章开鹏和许婉婷正面对面地坐着，交谈一些什么。

出于礼貌，吴勇宏有节奏地敲了几下门。

听到声音，章开鹏急忙起身，走了过来："吴总，有失远迎，有失远迎，怎么到了都不给我来个电话，我也好下去迎迎你啊。"

"章总，我们在一起共事，也有不少时间了，这些客套的礼节，能免则免。否则，显得生分。"

说完，吴勇宏又对着许婉婷微微一笑，算是打过招呼。

"那倒也是，那倒也是。"章开鹏先是递上烟，又请吴勇宏坐下，"吴总，说句实话，我早就想和你见个面，交交心了。可怎么也没想到，赋闲在家后，比在达利时还要忙，忙得我整个人都晕头转向的。一忙，许多事情就不得不往后拖，还请你多多理解。"

"开鹏，我理解，事有轻重缓急嘛。"吴勇宏抖了几下烟灰，又说，"开鹏，你是忙得晕头转向，不怕你笑话，这段时间，我可是六神无主，寝食难安呀！"

"吴总，这可不像你云淡风轻的境界和心态啊！"许婉婷调侃道。

这几次交手下来，许婉婷对吴勇宏也有了另一番认识。除了工于心计，深谙算计外，吴勇宏也是个有情怀之人。其实，经商也好，从政也罢，但凡是成大事者，都需要情怀，哪怕是虚假的，作为幌子也是好的。只是到了某种高度，所谓的情怀就会被贪婪和欲望抹杀，渐渐变淡。即便有，也只能在内心深处发酵。

"婉婷，我又不是陶渊明，哪能做到淡泊名利啊！再说了，做我们风投这一行的，真要淡泊名利，对上对下，都是一种不负责任。既然被戴上了'门口的野蛮人'的帽子，就要够野蛮。你不够野蛮，就会被比你更野蛮的人吃掉。生态圈如此，只要在局中，谁也逃脱不了，只能适应。"吴勇宏稍稍一顿，喝了口茶，"当然，如果适应不了，还有另一条出路，急流勇退。"

"吴总，莫非你决定退出达利，是觉得自己不够野蛮？"许婉婷又笑着问。

谈笑间，自然而然地进入了正题。

"算是吧！"吴勇宏掐灭烟头，既然已入正题，他也就信手换上生意人的面具，"章总，今天就算你不给我打电话，这两天我也会联系你。前段时间，婉婷主动来找我，希望我能在品牌有偿使用协议上签字。尽管我到现在也猜不透，你走这一步棋的真正用意，但这并不重要，重要的是，我们双方有过口头协议。我签字，你和婉婷协助麦德逊顺利退出。现在，我已经履行诺言了。我想，章总你总不会食言吧？"

"吴总，如果我食言的话，又何必早早地让婉婷把达利复牌的消息透露给你呢？"章开鹏反问道。

章开鹏从香港回到南州的第二天，吴勇宏就得到了达利在半个月之内复牌的消息。章开鹏此举，一是兑现承诺，二是稳住吴勇宏，适时地给他吃颗定心丸。既然吴勇宏已经在品牌有偿使用协议上签字，那自己也该有所回应，不能让他干等着。干等着，容易失去耐心。一旦失去耐心，就容易出问题。万一吴勇宏真没了耐心，抖出品牌有偿使用协议一事，那可就坏了整个大局了。

"开鹏，问题是，达利已经复牌了，为什么没有下文了？说破了，我需要解决三个问题，麦德逊何时退出，如何退出，以什么方式退出。"

"吴总，时至今日，你所说的三个问题，其实就是一个问题，那就是麦德逊在什么时候退出。选择好了节点，三个问题都将迎刃而解。"

"开鹏，一针见血哪！"吴勇宏由衷地佩服道。

一个生意人，举轻若重是一种境界，举重若轻则是更高的境界。举轻若重的表现是事无巨细，皆亲力亲为。而举重若轻则只抓大方向，具体的细节，由下面的人去执行。

合作一年，依吴勇宏观察，章开鹏是个举轻若重之人。这里面，有两层因素。第一层，达利的构建尚未趋于完善，许多细节依然需要小修小补，章开鹏不可能做到完全放手。第二层，章开鹏对达利，倾注了太多的心血，舍不得放手。

士别三日，当刮目相看！

从"下野"至今，眼前的章开鹏，如同换了个人一般。举手投足间，明显是到了更高的境界。

紧接着，吴勇宏又问："开鹏，既然如此，那我们就来谈谈节点。"

"吴总，在讨论节点之前，我必须要跟你说明一件事。"

章开鹏理了理思绪，将宋氏父女打算入股达利的情况，做了简明扼要的介绍。不过，什么该说、什么不该说的分寸，他拿捏得极好。

"华丰集团果然要来，看来之前的传言是真的！"

"吴总，兵不厌诈，生意场其实就是个真真假假、虚虚实实的生态圈。"

吴勇宏边推敲着，边试探着问："章总，你的意思是说，一旦华丰集团加盟的消息成为公布于世的大新闻，达利的股价，势必上涨，甚至短时间内就能迎来历史最高点，到时候，就是麦德逊退出的最佳节点？"

"吴总，难道不是吗？"章开鹏再次反问道。

"开鹏，那具体的时间呢？"

"一个月之内，我就会和宋敏洁完成股权交易。至于具体到哪一天，吴总，股市 K 线图你可比我研究得要深许多，这就要你自己把握了。"

吴勇宏笑着抱拳："开鹏，谢谢，太感谢了。"

聊完事，恰是饭点，吴勇宏本打算告辞，经章开鹏一再挽留，才跟着来到餐厅。

吴勇宏感叹道："开鹏，这可是我第一次在你家吃饭，也很有可能是最后一次了。"

"吴总，我一向信缘。咱们在一起共事一年，这就是缘分。往后不管你在哪里，只要来南州，欢迎来做客。"

"开鹏，这可是你说的！"

"君子一言，快马一鞭。"

席间，少了之前的明争暗斗和尔虞我诈，气氛也就变得轻松了许多。作为东道主，章开鹏还破例陪吴勇宏喝了不少酒。可当许婉婷问起吴勇宏下一步的打算时，吴勇宏又打起了马虎眼，说是先给自己放个长假，出境旅游。工作上的事情，先抛到九霄云外再说。

吴勇宏不便多做透露，许婉婷也就此打住了话题。

出了门，吴勇宏微醺，踉跄着往车子的方向走去。刚才快结束时，他给顾超发了条短信，称自己喝了酒，让顾超来趟龙庭花园，代他开车。

龙庭花园地处郊区，周围空旷，四处回荡着知了和青蛙的叫声，如同演奏着一首无规则的交响乐，吴勇宏不自觉地跟着哼唱。

拐了个弯，顾超已在车子旁边等着。这辆宝马760，跟了吴勇宏整整一年，属于麦德逊总部给他的配车。吴勇宏走上前，轻轻地抚拍着，暗叹道，等退局一事了结了，这辆宝马也就不属于他了。

随后，他给顾超递了个眼神，摇着头钻进了副驾驶。

"吴总，都谈妥了？"顾超边发动车子边问。

"谈妥了，都谈妥了，章开鹏还算是讲信用之人。如果没有麦德逊和达利的不愉快合作一事，也许我和他能成为很好的朋友。"吴勇宏放下车窗，讲了事情的大概经过。

"吴总，你就不怕章开鹏反悔，暗中摆你一道？从把陈茂林踢出董事会到麦德逊和富可亚洲联手逼宫，我们和他之间，可是水火不相容的关系。"

"此一时彼一时，我相信章开鹏的为人。"吴勇宏陷入沉默，直到宝马出了龙庭花园的门口，才继续说，"况且，品牌有偿使用协议一事，就等于章开鹏在我们手上的把柄，他不可能因小而失大。如今，达利已经复牌。接下来，只要他和宋氏父女完成股权交易，宋氏父女就成了达利的大股东。相应地，富可亚洲的生存空间，就会被挤压。也就是说，章开鹏最大的潜在敌人，将从黄卓群变成宋氏父女。眼下，这些斗争之于你我，已无关紧要。但我还是会衷心地祝福章开鹏，他是个值得尊敬的战友兼对手。"

说话间，宝马上了主干道，借着月光，快速消失在南州城的夜色中。

巧合的是，章开鹏和许婉婷的话题，也刚刚说到宋氏父女。吃完饭，品尝着郑茹精心制作的西式甜点和切好的水果，他们继续攀谈着，只是场合从书房换成更为敞亮的客厅。

许婉婷边剥着一颗葡萄，边说："章董，走到这一步，我想我们应该正视一个问题，宋氏父女的实力。相比之下，宋氏父女的实力要远高于黄卓群，万一再有摩擦，再生内斗，我们的胜算到底会有多少？"

"破局成功后，五五开，各有优势吧。具体是什么，不用我多说，你也能数过来。还有，在特定的环境下，优势会不会变为劣势，又该如何把劣势转化为优势，都是一门很深的学问。没错，我们是该未雨绸缪，预判风险，但更多的路，还是要边走边看。实在走不通了，再想想鲁迅先生的那句话：地上本没有路，走的人多了，也便成了路，"章开鹏将一块苹果放入口中，咀嚼片刻，"唯一能肯定的是，创始人和投资方的内斗，将是永恒的。"

"章董，凡事皆有例外，孙正义和马云的联姻，不一直都是业界的楷模吗？"

"未必！"章开鹏否定道，"去年我去北京拜访郑荣恒时，曾和他讨论过这个问题。实际上，马云能以持有少量的股份控制阿里巴巴这么多年，也是斗争的结果。包括孙正义在内的所有投资方都明白，只有马云，才能给他们带来更多的利益。所以，他们才会选择马云。另外，马云早已成为阿里巴巴的精神符号。但凡有人提及阿里巴巴，言必及马云。归根到底，真正掌控阿里巴巴的，不是马云，而是资本的逐利性。"

"章董，如你所说，大部分的企业和资本联姻，难道都是失败的吗？"

"在中国内地市场，不是大部分，而是绝大部分。"章开鹏抿了抿嘴，细细分析道，"失败的原因，是来自双方的，双方都不够专一，过于滥情。"

"滥情？"许婉婷忍俊不禁地问。

"没错，我实在想不出比'滥情'更为合适的词语。一方面，风投机构十有八九都选择处于成长期、各方面都趋于成熟的公司。目的也非常单一——上市，或者说，以小博大，恨不得短时间内有几十倍，甚至上百倍的市盈率。一旦上市，要么圈钱走人，要么居功自傲，盲目地插手公司的经营。另一方面，创始人从 A 轮融资到 N 轮融资，有对资金的需要。但更多的，也是内斗的产物，他们希望用新的投资方来钳制老的投资方。殊不知，投资方永远是狼，你赶走一群，还会来一群，最终只能被蚕食得遍体鳞伤，体无完肤。更有甚者，融资融到最后，公司早已改朝换代。这是市场的悲哀，也是这个时代的悲哀。再看看欧美发达国家，同样是上市公司，规模比我们要更庞大，他们为什么能够打造百年老店呢？这个问题，值得我们去深思。"

"章董，你觉得根源是什么？"

"追根溯源，中国的企业玩的还是人治。琢磨人的作用，被无限放大，被放在了第一位，这是本末倒置的荒唐观念。吴勇宏曾经有句话说得很深刻，他说麦德逊是一部规模庞大且又精密的机器，所有的一切，都按规矩来。听起来有些死板和刻薄，却道出了做企业的真谛，这也是中国企业和西方那些巨无霸之间的最大差异。"

"所以，麦德逊当初奔着渠道而来，以战略性股东的方式进入达利，其实是正确的。选择退局，是不想再深陷内部斗争的泥潭，来个长痛不如短痛。"

"婉婷，你说得有道理，但也不完全是。麦德逊从持股至今，达利的股价涨了不少。其实，对麦德逊而言，无论在什么时候退出，都是赚的，区别在于赚多赚少。但更深层次的，是面子。麦德逊是国际级的投行，单吴勇宏可操控的资金就高达几百亿美元。而达利只是个小项目，哪怕是亏了，亏得血本无归，也影响不到他们的根基。可问题在于，威名如麦德逊者，许多时候，名声比利益更为重要，投资失利的负面新闻，能无则无。所以，吴勇宏要制造一种假象，麦德逊是主动退局，而非被动。这主动和被动，有着天壤之别。主动，可以美其名曰为策略。被动，可就成了耻辱了。"

"章董，你说要是黄卓群知道这条消息，会是什么反应？"许婉婷不无幸灾乐祸地问。

宋氏父女布局，章开鹏破局，麦德逊退局。于是乎，黄卓群就陷入了僵局。但黄卓群肯定也会试着去进行新一轮的布局和破局，斗争是循环的。只有循环，才能形成一个庞大的生态圈。

"婉婷，以我对黄卓群的了解，他不会轻易放弃达利这块蛋糕。宋氏父女进来后，他的空间肯定会被挤压，董事长的位置也势必不保。可换个角度，有了宋庆生这种级别的大人物的加盟，达利的股价上涨，只是时间问题。既然如此，黄卓群完全可以选择坐享其成。至于达利的内部斗争，高挂免战牌就行了。适当的时候，再选择结盟方。不过，我们现在关注的重点，应该是宋氏父女的一举一动，黄卓群一时半会儿不能，更不敢掀起大风大浪。在不同的时期，事物的主要矛盾和次要矛盾，是会转化的。抓不住主要矛盾，就容易犯眉毛胡子一把抓的错误。抓住了，往往可以事半功倍。"

许婉婷半开玩笑地问："章董，你什么时候开始研究哲学了？"

"做生意最高的境界就是懂哲学！"

◎第三十七章◎

进退两难

　　看来，自己也该亮出底牌了。黄卓群的底牌
是什么？这不仅是章开鹏，也是所有局内人的疑
问，包括他的盟友吴勇宏。

　　对！没错！必须要尽快联系"徐公子"！

黄卓群被噩梦惊醒了！

醒来，他发现浑身被汗水浸湿了。随后，他吃力地坐起身，点上烟压惊，并开始努力地回想刚才的梦境。他模糊记得自己站在一条充满荆棘的小路上，前面有一只狼，眼睛泛着绿光。转头一看，后面还有一只猛虎正在向他逼近……

前有狼，后有虎。唉，不正是自己现在所面临的境遇？

上午，黄卓群得到了两条消息，一条好消息，一条坏消息。好消息是，经欧阳卫红的活动，他终于如愿以偿成为鼎尚俱乐部的会员，直接和郑荣恒等大佬搭上关系，这条消息足以振奋人心。社会是一个大圆锥，风投圈则是个小圆锥，每个人都在顺着圆锥往上爬，你的平台越高，你与顶端的距离就会越近。坏消息是，宋氏父女杀过来了，不仅杀过来了，而且宋敏洁和章开鹏已经秘密地在香港签订了合作协议。有关协议的内容，黄卓群托人多番打探，却挖不倒任何有用的信息。据说，这宗交易，还是在蒋柏林的见证下完成的。

当初策划逼宫戏时，黄卓群一度认为蒋柏林是最大的障碍。软盛资本持有的达利股份并不多，但只要蒋柏林公开出面反对，扳倒章开鹏的机会就会变得渺茫。谁知，还未等蒋柏林开口，章开鹏就选择主动"下野"。黄卓群也曾怀疑，这是他们二人唱的双簧。可问题是，木已成舟，即便蒋柏林有通天的本领，章开鹏想扳回局面也很难。况且，蒋柏林在香港，达利在南州，鞭长莫及是不争的事实。此后，黄卓群成功夺权，如愿到了金字塔的顶端，坐上了一把手的位置，也就将这层怀疑抛在脑后了。

但前段时间，蒋柏林竟亲临南州，黄卓群的神经又紧绷了起来。按理说，作为达利的股东，既然来了，就该来达利走走。可蒋柏林并没有这么做，而是私会了章开鹏。又是家宴，又是一起骑马，这让黄卓群坐立不安。当天晚上，他尝试着给蒋柏林打了个电话，邀请蒋柏林有空来达利坐坐。蒋柏林却说："下次吧，黄董，我明天就回香港了。"

黄卓群还听说，蒋柏林带来了一位名叫文永达的助手，这个文永达还是章开鹏的大学同窗。突然，事态来了个180度大转弯，他隐隐感到屁股底下的位置，危矣！

此事过去不久，章开鹏和宋敏洁就达成了合作。紧接着，达利又顺利复牌。就连久未露面的程乾，也开始出来搅和。这次，不再是损达利，而是捧达利，跟换了个人似的。一系列的蹊跷事件，让黄卓群不得不再次怀疑，蒋柏林和章开鹏一开始就在做局。

得知消息后，黄卓群第一时间给欧阳卫红打了个电话，拐弯抹角地想一探虚实。"黄总啊，你以为我还是达利的'金融保姆'哇？早不是了。"欧阳卫红一句话，就把他挡在了门外，不过随后欧阳卫红又给他留了余地，"黄总，要说一点情况都不知道，那也是睁眼说瞎话。这样，下个月的中旬，是鼎尚的定期聚会。作为新会员，你再忙，也得来亮亮相。到时候，我们再细谈。"

这个月还只是上旬，距离下个月的中旬，还有一个多月的时间。换作平时，黄卓群肯定会对欧阳卫红感恩戴德一番。可眼下正值火烧屁股之际，一个多月的时间太漫长了，什么事情都可能发生，指不定自己早就被逼着下台了。欧阳卫红耗得起，他却万万等不起。可面对"恩人"欧阳卫红，他又不好发脾气，只能强装笑容道了谢。

窗外，正雷电交加，黑云压城。顷刻间，白昼变成了黑夜，预示着一场暴风雨就要来临了。

盛夏的雨，下的时候凉快，下完却更为闷热。凉快是短暂的，闷热却是持久的。眼前的天气，正符合自己这半年来的遭遇。踢走章开鹏，坐上董事长的宝座。可再过一段时间，却极有可能会腾位置，短命王朝啊！

这鬼天气，黄卓群暗自骂道。然后，他握紧拳头，狠狠地捶在围栏上，必须要找出路！必须！

可出路到底在哪里？以自己的小身板，到底能挨得了宋氏父女几下，还是个未知数呢。曾经，黄卓群意欲接近宋子强和聂远方，以他们为跳板，或打探消息，或向宋庆生靠拢。可这两个人，都贼得很。宋子强说，他虽是宋庆生的亲侄子，但在这盘大棋局里只是个小角色，人微言轻，起不了什么作用。聂远方又说，他本是章开鹏的"四大金刚"之一，现在正遭遇其他人的排挤。为了大局，他也不能牵这个线。要不然，就成了猪八戒照镜子——里外不是人了。

看来，自己也该亮出底牌了。黄卓群的底牌是什么？这不仅是章开鹏，也是所有局内人的疑问，包括他的盟友吴勇宏。

对！没错！必须要尽快联系"徐公子"！

黄卓群是徐鸣春身边的幕僚团主要成员之一，相对应地，徐鸣春也是黄卓群背后最大的靠山。徐鸣春手上，掌控着至少三个大财团。他和富可亚洲的几个大股东，更是有着千丝万缕的关系。而且，这位神秘富商似乎对达利颇感兴趣。可感兴趣归感兴趣，每当黄卓群问及他是否有意投资时，徐鸣春总是说，再等等，再等等。这徐公子到底要等到什么时候啊？他等得起，自己可等不起了。

正想着，手机响起了。黄卓群仿佛成了惊弓之鸟，心跳到嗓子眼，他快步走到办公桌前，抓起手机一看，见是马锦胜的来电，这才松了口气。

一个星期前，差不多也是这个点，远在西安的"西北狼"马锦胜给他打来电话，说是请他去西安视察工作。当时，黄卓群觉得挺纳闷的，自己和孤傲的马锦胜素无往来。并且，经销商一向是章开鹏的王牌部队，马锦胜为何会发此邀请呢？

难道，马锦胜和章开鹏闹矛盾了？

达利的经销商，有两大阵营，一是以"带头大哥"袁德奎为首，一是"西北狼"马锦胜的队伍。袁德奎张扬，马锦胜低调。可低调，并不代表马锦胜的号召力次于袁德奎。至少，算是平分秋色。自打马锦胜成为董事会的成员之后，天平开始向"西北狼"倾斜。天平发生倾斜，章开鹏就要出面调停，哄住双方。可袁马两人绝非三岁小孩，不是你给一颗糖，就能哄骗的。调停不好，矛盾只会愈演愈烈。到头来，两个人的枪口都会对准章开鹏。

马锦胜得势，袁德奎失势，这是黄卓群愿意看到的场面。相比之下，他和马锦胜是没有私交，可和袁德奎，却是互相看不上眼。如果从他们两个中挑选盟友的话，马锦胜要比袁德奎更合适。

　　带着这种猜疑，黄卓群飞到了西安。可现实根本不是他想的那么一回事，马锦胜没说章开鹏半句坏话，也没过多谈论与达利有关之事。所谓的考察，也只是带着他走马灯似的逛了西安几个大市场。剩下来的，就是游山玩水，胡吃海喝。整整五天，要么在路上跑着，要么干脆在酒桌上泡着。回到房间，几乎都是午夜过后，倒头大睡。

　　这马锦胜演的到底是哪一出戏，着实让人摸不着头脑。马锦胜越是不出牌，黄卓群越是好奇。越是好奇，就越想探究。可他屡次探究，换回来的，只是马锦胜的屡次打太极。

　　是否还存在着另一种可能性，马锦胜不愿对自己掏心窝子，是因为彼此的关系尚未到那个点上？此次相邀，马锦胜既是试探，又是观察？

　　回南州时，黄卓群心中的疑问，比去西安时更多了。

　　值得庆幸的是，马锦胜并未公开表态他是章开鹏的人。并且，通过此次西安之行，两个人的关系又近了一步。

　　临别前，黄卓群还不忘说："马总，过个十来天，公司就要开董事会了。到时候，咱们再找个地方，好好喝上几杯。"

　　马锦胜回应说："黄董，西安是我的地盘，南州是你的地盘，到时候客随主便就是了。"

　　的确，西安是马锦胜的地盘，可南州真的是自己的地盘吗？

　　黄卓群苦笑了一下，接起电话，套起了近乎："马总，我刚才做了个梦，正梦见和你把酒言欢呢，没想到，你的电话就打来了。看来，咱们是心有灵犀呀。"

　　"黄董，这大中午的你在做梦，不会是白日梦吧。"

　　"马总，这么多年下来，我是一直没有午睡的习惯。现在坐上了这个位置，几乎从早到晚都没消停过，太多的事情要应付，太多的关系要处理，连晚上做梦，都是工作上的事情。要是中午不打个盹，身体扛不住啊！"

马锦胜只是笑笑，转而说："黄董，你来西安时看中的那个瓷器，我已经帮你打听清楚了，应该是真品。价格我也找店家谈好了，78万元，已经是最低价了。"

"马总，谢谢，太感谢你了。既然是真的，就劳烦马总帮我拿下，钱我马上转过去给你。"

黄卓群对瓷器一向是不感兴趣，更谈不上有收藏的爱好。可到了西安，进了马锦胜的办公室，却发现马锦胜是个瓷器迷，甚至到了痴狂的地步。为此，他还特意在办公室书柜的正后方，开了一个暗室，专门摆设从各地淘来的珍品。

人和人之间，想要拉近关系，有利益纠葛是一方面，另一方面还需要有共同话题来维系。打个比方，你去参加一个饭局，满屋子的人都在讨论股票，而你对股票却是一窍不通，你自然会被排斥出这个圈子。其实，你懂不懂并不重要，重要的是你要装懂。因为，不仅你在装，还有其他人也在装，关键是大家能尿到一个壶里面去。

简而言之，就是投其所好。

为此，当马锦胜提出去逛逛古玩市场时，黄卓群二话没说就陪着去了。逛了一路，黄卓群一路都在观察，观察马锦胜有没有看中什么。刚开始，马锦胜的表情都很淡然。毕竟，他是见过世面的行家。直到看到这个瓷器，两眼终于发亮了。据说是明朝的古玩，具体叫什么，他也忘了，只听古玩店的老板在那儿天花乱坠地一通吹，一嘴的专业术语。他还说："你们不信的话，可以找专家来鉴定。如果是赝品，我以后就不在古玩市场混了。"

最终，让黄卓群感到奇怪的是，马锦胜在瓷器跟前逗留了近半个小时，却一言不发地离开了。此后，两个人又在古玩市场闲逛了几圈。途中，黄卓群像是悟到了什么。马锦胜提出离开时，黄卓群拉住了他，说是对那个瓷器有兴趣。马锦胜笑着回应："黄总，既然你感兴趣，那我就陪你去看看，帮你把把关。不过，你千万不能一开口就流露出这种态度，这个圈子里的人，可个个都是人精。根据我多年的经验和眼力，这瓷器要真是真品，得80万元左右。更何况，是真是假，现在还不好下结论。"

黄卓群急忙说："对对对，马总说得对。到了店里，你负责讨价还价，我尽量不插话就是。"

"黄董,钱是小事。"马锦胜在电话那头清了清嗓子,"这么贵重的东西放在我手里够烫手的。要不我给你打包邮寄过去?或者开董事会的时候,我亲自给你捎过去?"

"马总,钱是小事,瓷器也是小事,我最近忙得根本就没有闲情逸致鼓捣这些。我看就先放你那里吧,等我下次去西安再说。"

"黄董,这……这恐怕不妥吧?"

"马总,咱们之间,没什么妥当不妥当的,我看就这么办吧。我还有个会,这样,下星期到南州前通知我,我去机场接你。"

说完,黄卓群急忙挂断了电话。只要马锦胜愿意留下瓷器,就说明他对自己这个人是认可的。认可了,彼此的关系就有往前迈一步,甚至一大步的可能性。

既名正言顺地把瓷器送了,又不尴尬,黄卓群自认为这步棋下得极妙。

董事会召开的前一天下午,马锦胜来到了南州。出发前,他给黄卓群发了条短信,告知其具体到达的时间。末了,他却说:"黄董,就不劳烦你来接我了,咱们还是明天董事会上见吧。"马锦胜的一句"不劳烦",说得轻巧,却大有拒人于千里之外的意思。似乎在说,达利风声正紧,拉帮结派的事情就先不要搞了。即便要搞,也不能这么高调。

要放在几天前,黄卓群肯定会说:"马总,你太客气了,有什么劳烦不劳烦的。这样,我会提前到机场恭候你的大驾,就这么定了。"可今天却不同,他原本心情大好,却被吴勇宏中午的一个电话气得怒火中烧。最让他难以接受的是,吴勇宏所说之事,是一件事前毫无征兆的大事,足以改变局势的大事。他居然告诉自己,麦德逊要退出达利,还说这是法国总部的决定,他也无可奈何。听完,黄卓群瘫软在沙发上,脑子里一片空白。

他深知,在达利的这盘大棋局中,麦德逊是富可亚洲唯一的盟友。尽管他也清楚他们之间的结盟并不牢固,可这又有什么关系呢,只要彼此在对方身上看到利益,短时间内不可能被人攻破。况且,生意场上,根本就不存在坚不可摧的盟友。

利益，唯有利益，才是决定盟友和敌人的第一要素。

诚然，吴勇宏精明，自己也不笨。从结盟至今，两个人心中都有着各自的如意算盘。可双方也都明白，只要能找好平衡点，关系就不会破裂。对两位在风投圈混迹多年的高手而言，如何找平衡点，简直就是小菜一碟。

因此，黄卓群实在是想不通，吴勇宏为何会选择退局。贸然决定？不可能！这么大的事情，别说是吴勇宏这种级别的高手，就是普通的生意人，也不可能一时冲动，感情用事。再者，即便要退局，也不是他一个人能做得了主的。按程序，需提交麦德逊董事会。董事会通过了，才能生效。只有董事会和隐藏在背后的股东大会，才握有生杀予夺的大权，吴勇宏充其量只是个代言人罢了。难道，吴勇宏和那帮法国鬼子闹翻了？当初，吴勇宏顶着多方压力，执意投资达利。原以为能凭借控制渠道这张牌，让所有的质疑者闭嘴。同时，稳固他在麦德逊的地位。当然，能往前挪一步，哪怕是半步都是好的。可结果却是事与愿违，竹篮打水——一场空。经销商和供货商会如此拥护章开鹏，不按常理出牌，实在是出乎他的意料。

结盟后，吴勇宏也多次当着他的面，抱怨过那帮高高在上的法国鬼子瞎指挥乱指挥，动不动就给他施压。所以，闹翻的可能性不是没有。

但就算是闹翻，就算是退局，你吴勇宏也得事先和我通个气吧？事先一个招呼都不打也就罢了，这么大的事情，你好歹也得当面跟我说吧？打个电话就了事，算个屁！

黄卓群原以为拉拢吴勇宏后，面对章开鹏就形成了进可攻、退可守的局面，形势一片大好。现在倒好，一切化为了泡影。再联想起上个星期做的噩梦，心顿时凉了大半截。

看来，只能把赌注押在"徐公子"身上了。

半晌，他终于冷冷地冒出一句话："吴总，你觉得这是一个电话就能解决的问题吗？你就觉得咱们没必要见个面谈一谈吗？"

连续两个反问，让吴勇宏无言以对。吴勇宏还没来得及回应，他又说："吴总，不管如何，不管你愿不愿意，今晚我们必须见个面。给你两个选择，要么你来一号楼，要么我去三号楼。否则，就别怪我以后翻脸不认人，我们这个圈子说小不小，说大可也不大。"

言语中，黄卓群带着一贯的强势。吴勇宏只好说："黄董，今晚八点半，我去一号楼。"

"不见不散！"说完，黄卓群重重地将手机拍在了办公桌上，他的表情越发沉闷，如同窗外的天气一般。沉闷之余，眼中又充满着浓浓的杀气。

航班稍有延误，马锦胜到达南州已近六点。雨刚停，天空尽头的彩虹若隐若现，仿佛尚未出阁的女子。

马锦胜欣赏片刻，拨通了章开鹏的号码。随后，根据章开鹏给的地址，打了辆车，直奔目的地。

马锦胜不愿让黄卓群来接机，是不想和他走得过近，至少现在不能。而婉拒章开鹏，是出于另一番考虑。章开鹏的破局计划，他是关键一环。尽管他尚不清楚章开鹏此举的背后到底隐藏着几张牌，可这并不重要，重要的是，从达利创办至今，他和章开鹏都是一个阵营的伙伴。

章开鹏公然来接机，容易被人逮到消息，大做文章。于他、于章开鹏，都不是什么好事。万一所谋之事走漏了风声，就更是大大的坏事。

但有一点，马锦胜拿捏得很到位，他是章开鹏的伙伴，但绝不是任由章开鹏摆布的棋子。黄卓群是章开鹏的敌人，不表示就是自己的敌人。因此，当章开鹏提出配合他演一出调虎离山时，马锦胜也只是表面上附和。等黄卓群到了西安，该怎么出牌，还是按自己的套路来。

正所谓彼此留一线，日后好相见。再不济，黄卓群也是风投圈响当当的人物，还是先不得罪为好。说不准自己往后就有融资的需求呢，得罪了，就少了条路，何必呢！

凡事，还是留有余地的好。

再者，通过和他们两人的频繁接触，自己也掌握了不少秘密。日后，这些秘密是可以转化为利益的。之前，自己只是达利的小小经销商，偏居一隅。现在不同了，莫名其妙地被推进董事会，先前有些不敢想的事情，现在也该好好地去琢磨琢磨了。

半个小时后，马锦胜到了解放北路，夜幕已降临，南州城换上了灯火辉煌的面孔，向过往的行人招着手。

路上行人匆匆，马锦胜下了车，点上烟。根据章开鹏给出的地址，到了一家名为"海一角"的酒家门口。随后，在服务员的引导下，上了三楼，拐了好几道弯，到了306包厢门口。

门虚掩着，服务员做了个"请"的动作，便离开了。

马锦胜推门而入，见章开鹏和许婉婷的身边坐着一个陌生的中年男子，年纪与章开鹏相仿。两个人挨得很近，可见私交匪浅。

人与人之间的距离，在生意场上极为微妙。一般而言，双方的私交越好，挨得越近。这里面的私交，有私人感情的因素，也有利益的因素。一年一度的经销商大会，章开鹏都会选择和马锦胜、袁德奎坐在一起。但即便是坐在一起，也保持着一定的距离，一是突显他的地位，二是设防。这种设防，更多地是来自内心的本能防范。

可章开鹏和这个男人，似乎不存在这条无形的界限！

"马总，有失远迎，有失远迎。"章开鹏一脸笑意地迎上前，伸出手，"马总，实在抱歉，正好有客人在，没能去机场接你，还望谅解。"

"章董，咱们之间太客气了不好，不好。"

马锦胜连说了两个"不好"，同时，又观察着章开鹏的神情。马锦胜上次见章开鹏，大概是在半年前，也就是股东大会之后。那次的股东大会，章开鹏被黄卓群和吴勇宏联手摆了一道，遭遇滑铁卢，被迫"下野"，在众多股东面前颜面扫地。仅靠着将马锦胜安排进董事会，才扳回一局。消息确定的第二天，马锦胜就飞到了南州，和章开鹏见了一面。当时的章开鹏，面色如灰，满脸愁容，像是个刚刚打了大败仗的常胜将军，连说话都没了底气。说实在的，达利董事的位置，尽管诱人，可马锦胜当时更多的不是欣喜，而是如坐针毡。章开鹏失势，董事会被投资方控制。在这个时候进董事会，犹如把自己往火坑里推。当晚，两个人在香格里拉的江景房里彻夜长谈，章开鹏详细地描绘了自己的反夺权计划，马锦胜才算是稍稍安了心。

可计划赶不上变化，再周详的计划，终归只是一种想法，万一出了纰漏怎么办？万一被黄卓群和吴勇宏识破怎么办？万一黄吴二人再次控制住局面又该怎么办？此间的各种如果，有可能演变出各种后果，不得不考虑。马锦胜真正放下心来，是在章开鹏化劣势为优势，导演"2·14"事件之后。不过，能不能把优势变成胜势，却依然是个谜。所以，马锦胜一路都在观察，根据观察，再决定出牌的方式和套路。

时隔半年，章开鹏又变成了那个令盟友熟悉、令对手胆寒的章开鹏。

"马总言之有理，言之有理。"章开鹏满面春风道，"马总，介绍一下，这位是我的大学同学文永达，原先是香港金融界的巨子，现在担任软盛资本掌门人蒋柏林的私人助理。"

蒋柏林的私人助理，又是章开鹏的昔日同窗？这层关系，自己可从未听章开鹏提及过。软盛资本是达利的股东，蒋柏林又贵为风投圈的大佬，或许，这就是章开鹏一路披荆斩棘的底气。

看来，章开鹏的底牌，也不止经销商一张。底牌这种东西，自然是越多越好，捂得越深越好。

"永达，这位就是我时常跟你提及的'西北狼'马锦胜。"

"马总既是达利经销商队伍的创始元老之一，又是达利的董事会成员，德高望重，久仰久仰。"

"文先生，达利的经销商网络，是章董和老陈一手搭建的，我只是帮忙吆喝，创始元老的帽子，实在是不敢当。虽然进入董事会，也是拜章董所赐，我只是跟着捡了个大便宜罢了。"马锦胜谦逊地笑了笑。

包厢的窗户，正对着南州的母亲河岳溪江。暴雨过后，徐徐凉风从江面吹拂而来，即便不开空调，也能感到阵阵凉意。江对面，灯光璀璨，一片繁荣景象。那里是南州主城区最为知名的风景名胜，空灵屿。据历史记载，南宋的一位皇帝，曾逃难至南州，在空灵屿躲了近一年的时间，每日吟诗作对，郁郁寡欢。时至今日，空灵屿上还留有这位落难皇帝的不少墨宝。

正宗的南州特色菜，加上本地烧酒，虽算不上饕餮盛宴，却格外精致。

四个人共饮一杯后，章开鹏又为马锦胜斟上酒："马总，我敬你，两件事。第一件，感谢你推动品牌有偿使用协议的签订，你是幕后功臣。第二件，感谢你配合调虎离山的计划，牵着黄卓群的鼻子在西安游山玩水。"

"章董，这都是我的分内事。说到底，我们是一个阵营里的战友，我不支持你，还会支持谁啊？"

马锦胜极为豪爽地吞下一杯烧酒，与此同时，又在想，章开鹏竟毫不忌讳地在文永达面前谈及自己的计划，难不成，他和蒋柏林早早就布了局？想着，他不禁打个寒噤。

达利这潭水，深得很哪！

小酌片刻，章开鹏又说："马总，你刚才说黄卓群被逼到了墙角，我又何尝不是面临进退两难的境地呢？往前进，前路茫茫，方向难定；往后退，悬崖峭壁，必死无疑。想要控制达利，我唯一能做的，就是破釜沉舟，孤注一掷。"

"章董，破釜沉舟也有很多种方式，一个劲地往上猛冲，冲不好或者方向冲错了，就会粉身碎骨。换个明修栈道暗度陈仓的策略，就不同了，这也是用蛮力和巧劲的最大区别。"

"马总，说得再形象些，我现在的处境，像极了小马过河的寓言。老牛说水很浅，松鼠说水很深，水到底是深还是浅，只有我自己走过了才能判断。再往深处说，不管水深还是水浅，只要能到达对岸，目的也就达到了。"

听着，马锦胜鼓起了掌："贴切，章董的比喻很是贴切。"

"马总，正所谓众人拾柴火焰高，如果水太深，大家能扶着我过河，那就更好了。"

"章董，我马锦胜定效犬马之劳！"马锦胜笑着回应道。

直到饭局临近结束，马锦胜对神秘的文永达才有了更深的了解。此次文永达来南州，一是和章开鹏叙旧，二是受蒋柏林之托，筹备一家风投机构，总部放在上海。据说，这家机构是蒋柏林和郑荣恒两位巨头联手合作组建的，具体由文永达和郑荣恒的秘书王品文负责。

直觉告诉马锦胜，蒋柏林和郑荣恒的此番动作，似乎和达利也有关，不知章开鹏是否也有同样的预感。

如果是，这个文永达到底是敌是友呢？

第三十八章

X 因素

　　宋庆生和郑荣恒素有仇怨，一直在其中调和的蒋柏林，几经审时度势，选择了和郑荣恒结盟。另外，还把桥头堡设在了上海滩。这或明或暗地在传达一种信息，炮口对准宋庆生。很显然，这是更高级别的较量。

此时，达利总部后方的一号楼，灯火通明，正弥漫着呛人的硝烟。

"懦夫，吴勇宏，你就是个懦夫！"

吴勇宏本打算避其锋芒，将退局一事以电话的形式告知黄卓群。但他也猜到，以黄卓群的个性，绝不会就此罢休。所以，当黄卓群态度强硬地提出见面时，他不得不答应。正如黄卓群所说，大家同在风投圈混，低头不见抬头见，没必要因为一次合作不愉快，搞得像仇人一样。

他也理解，黄卓群如此愤懑的主要原因是被欺骗，是被当成傻子耍的耻辱感，尽管自己根本没把他当成傻子。可这种事，当着电话，他又在气头上，能解释得清吗？你越是解释，他越是来气，还不如坐下来谈，把问题摆到桌面上去谈。

换位思考，其实黄卓群也挺可怜的。七年前，正值达利第一次内斗结束，富可亚洲成了达利的股东。之后的几年，达利既有资本又有渠道，先是迎来销售额的高涨期，一举坐稳省内行业龙头老大的位置，后来又顺利地登陆港交所。随之，富可亚洲的回报率，也是惊人的，高达几十倍。黄卓群原以为，投资达利将成为自己投资史上的又一里程碑。毕竟，把一家知名企业做大做强，推上资本市场并不难。达利则不同，名不见经传，只是在南州有点小名声罢了。

可现实却是，达利走的是高开低走的路线。

短暂的蜜月期过后，为争夺控制权，他和章开鹏展开了多番厮杀。刚开始，经历了漫长的暗斗。之所以是暗斗，是因为谁也没把握拿下谁。直到把陈茂林踢出董事会，两个阵营的矛盾才转暗为明，变为公然抗衡。紧接着，黄卓群趁热打铁，和吴勇宏结盟，将矛盾搬上了股东大会，又一举逼迫章开鹏下台。可好景不长，章开鹏很快就展开了一系列的反击，"2·14"事件，拉拢宋氏父女入局，私下达成合作协议。紧要关头，盟友吴勇宏又掉链子，嚷嚷着要退局。

三十年河东，三十年河西。

此刻的黄卓群，也面临着被迫"下野"的尴尬境地。想反击，却又心有余而力不足。留下来，势必会成为夹心面包，承受章开鹏和宋氏父女的双重进攻。一走了之，又咽不下这口气。

回顾这段历史，真正的赢家，其实只有一个人，那就是达利曾经的"金融保姆"欧阳卫红。她在达利进入巅峰期时，在既不影响达利又不触碰章开鹏底线的前提下，悄然无声地完成了退局，回报率近乎百倍。欧阳卫红的财技，令人叹为观止。

等章开鹏发现不对劲，为时已晚，只能眼睁睁地看着她卷走大笔的真金白银，成功套现。京城第一"白手套"，果然是名不虚传！

黄卓群是条可怜虫，吴勇宏也好不到哪里去。单就这一点，两个人也算是同病相怜，就更增加了坐下来谈一谈的必要性。

吴勇宏不禁摇起了头，摇头时，脑海里又冒出了一句话：资本一旦嗅着暴利的味道，就会亢奋起来，就像饥渴已久的男人扑在美女的胴体上，非到筋疲力尽不会罢手。除非，冰凉的刀尖顶在他的背后。

如果麦德逊选择留下，那么，背后的刀不仅有，还不止一把。

从吴勇宏迈进一号楼的那刻起，黄卓群就没给他什么好脸色看。近一个小时下来，基本上都是黄卓群在说话，各种抱怨，各种谩骂。可抱怨和谩骂又有何用呢，改变不了局面，顶多只能算是情绪上的宣泄。

吴勇宏能做的，就是佯装无辜。偶尔插话，安慰几句。又或者，做着机械的回应。但黄卓群突如其来的人身攻击，蛮横地践踏了他的底线。对他而言，这是绝对不能容忍的。

"黄董，如果我是懦夫的话，你就是不折不扣的跳梁小丑！"说着，吴勇宏从沙发上弹了起来，摆出一副一决雌雄的姿态。

一句话，彻底把火药桶点燃了。

以往，他之所以对黄卓群有所容忍，不是因为不敢在他面前放肆，更不是因为有所忌惮，而是因为希望彼此的同盟能保持得更久一些，维系得更紧一些。再者，他很清楚，麦德逊要的是达利的渠道，至于能否上升到掌控整个达利，那是将来的事情。能最好，不能也不打紧。换而言之，章开鹏下台后，达利这盘大棋局，富可亚洲为主，麦德逊为辅。有好处，麦德逊自然可以从中分一杯羹；出了问题，黄卓群扛着。这就是吴勇宏的策略，既不做出头鸟，又游刃有余。

"什么？你说我是什么？跳梁小丑……"黄卓群不由得一惊，瞬间蒙了，两眼直勾勾地瞪着吴勇宏。

从麦德逊进入达利，再到彼此结盟，黄卓群对吴勇宏，不能说知根知底，但七八分了解还是有的。骨子里，吴勇宏是个数据狂人，痴迷于用各种数学模型分析，精于算计，唯利是图。表面上，又故作温文尔雅，一副绅士做派。说穿了，就是个伪君子。记忆中，尽管彼此有过争执，但他从未如此脸红脖子粗过。

"难道不是吗？"吴勇宏又反问道，"从把陈茂林踢出董事会的那一刻起，我就暗示过你，骄兵必败，不要过于高估自己，低估章开鹏的实力。达利是章开鹏一手创办的，而且他在这里苦心经营这么多年，论根基，要比我们稳，论影响力，要比我们大。如果没有一击致命的武器，切勿直接对他下手。你倒好，野心越来越大，手段越来越狠，居然通过股东大会，让章开鹏'下野'。无论换作是谁，你说能咽得下这口气吗？诚然，从董事会到股东大会，你是出尽了风头。那又如何？章开鹏稍稍动动手指头，就重新掌控了局面。你这种行径，难道不是跳梁小丑吗？我早就说过，拼个你死我活，注定是两败俱伤的局面。真正的高手，玩的是平衡木。只有平衡，才能共赢，才能细水长流。"

"吴勇宏，你——"黄卓群气得两眼直冒火光，恨不得冲上前，和吴勇宏干一架。他喘着粗气，尽量克制着一触即发的情绪，冷冷地质问道，"别忘了，没有我，你能坐上 CEO 的位置吗？没有我，你能和那帮经销商周旋吗？

没有我，麦德逊还能撑到今天吗？你现在倒好，出了事，拍拍屁股就想走人，你以为你屁股底下能干净吗？为了控制达利的渠道，你何尝不是不择手段呢？"

黄卓群连续发问，总算是稍稍赢回点颜面。

"是的，我要的是达利的渠道，自始至终都是。而且，我相信，只要长期经营，这不是什么太大的难事。除此之外，我没有任何的非分之想，这叫自知之明。"

"自知之明？"黄卓群又冷哼道，"如果单凭麦德逊的力量，就能控制达利的渠道的话，你又何必选择和我们富可亚洲联手呢？渠道是章开鹏的底牌，是他的命根子。别说是麦德逊，就算是我们两家联手，还不是依然拿不下吗？要不是我接二连三地出招，这一号楼和三号楼的主人，早就不是你我了！要不是你一而再，再而三地阳奉阴违，我们会陷入如此被动的局面吗？"

事已至此，黄卓群也就把话说开了。

"我阳奉阴违，黄董，你何尝又不是呢？咱们哪，只能算是彼此彼此。没有信任的结盟，本就不牢固。这一点，你我都应该早就意识到。"

"吴勇宏，你——"

黄卓群不再言语，过多的争执，等于废话。眼下，最大的现实就是，吴勇宏已经决定退局，而自己依然在局中，孤立无援。搞不好，还会成为砧板上的肉，任人宰割。

"黄董，再这么争执下去，对你我来说，都毫无意义。"长时间的沉默后，吴勇宏的语气也变得缓和，"既然如此，我们何不换个角度看问题呢？"

"换个角度？怎么换？"

"麦德逊退局，势必会引起达利不小的地震。毕竟，麦德逊不是可有可无的小股东。搞不好，一旦放出消息，达利刚刚复牌的股票，会再次遭受重创。为此，达利很有可能会展开新一轮的融资，来填补麦德逊的空缺，稳住股价。可七年之内，连续经历了两次内斗，有哪个风投机构还愿意投资达利呢？谁又能保证章开鹏和宋氏父女不会闹第三次内斗呢？即便有，也会格外谨慎，这就是达利存在的 X 因素。"吴勇宏一语道破天机，又说，"黄董，X

因素的存在，对你来说，是一次重新控局的机会。"

黄卓群冷静下来，又重新坐到吴勇宏的对面："吴总，你的意思是说，趁着麦德逊退局的时机，我再去拉拢其他的投资方，入局达利，和章开鹏抗衡？"

持续的争吵过后，两个人的思维总算是踩到了一个点上。吴勇宏所提议的，正是黄卓群的下一步计划。

"黄董，无休止地争吵了这么久，我们的话题，总算是产生共鸣了。"

"可问题是：第一，如你所说，达利想要进行下一轮融资，很难；第二，即便拉拢新的投资方，又能如何？章开鹏如今的盟友可是宋氏父女！"

"黄董，不瞒你说，麦德逊退局后，我打算换个环境。并且，下家也基本落实了。正巧，我的下家对达利也有兴趣。最重要的是，实力不逊于华丰集团。"

黄卓群张大嘴巴，暗想，狗日的吴勇宏，果然是把自己的后路都给铺好了。听他的口气，还是个非常高端的平台。但别说上江省，放眼全国的这个圈子，敢公然和宋庆生叫板的人，估计也没几个。可吴勇宏说得又煞有其事，不像是吹嘘的。

黄卓群脑子里瞬间冒出几个大人物的名字，又一一排除掉。继而转念一想，不管吴勇宏幕后的金主是何方神圣，只要能帮自己对抗章开鹏和宋氏父女就够了。他原打算把徐鸣春视为最后一根救命稻草，现在又冷不丁地冒出一个神秘财团，也好，多个选择也是好事。

"吴总，能否透露一下你的下家是谁呢？"

"黄董，暂时保密，该知道的时候，你自然会知道。"

由盟友到争吵，再从争吵到找到共同的利益点，黄卓群和吴勇宏的关系，再次变得妙不可言。

"好好好，那就到时候再说。看来，章开鹏想过上几天太平的日子，难喽！"

"黄董，你这可是典型的兔死狐悲的心理！"

"吴总，如果章开鹏真是兔，我真是狐狸，你爱怎么说都行。"黄卓群的脸上，终于露出了笑容，"吴总，还有一事，你得如实告诉我。"

"黄董，你说。"

"关于麦德逊退局一事，章开鹏知道吗？"

"知道。"

"知道就好，具体的，我也就不问了。我想，我有必要去会会章开鹏了。"

次日一大早，天空放晴。一连数日的阴雨天气，戛然而止。

章开鹏陪着文永达在解放北路吃完早餐后，驱车前往辉煌马术场。

文永达这些年在香港打拼，因压力大，竞争残酷，养成了一个习惯，办事雷厉风行，讲究效率。可这次来南州，过了好几天，他却不急着去上海。章开鹏问过，他只是笑笑说，好饭不怕晚，一切等王品文从北京过来再说。

几天下来，王品文反复被文永达提及，并不吝赞美之词，章开鹏觉得有必要开始关注郑荣恒身边的这个男人。

每次去北京拜访郑荣恒时，章开鹏都会见到王品文。尤其是老爷子半隐退后，王品文扮演起了多重角色，既是老爷子的私人秘书，又是司机。同时，还负责鼎尚俱乐部的日常运营。偶尔，他还客串厨师的角色。

王品文给他的第一印象是，举止有礼，小心谨慎，沉默寡言。这么多次的见面，王品文唯一一次向章开鹏敞开心扉，是在酒后。一次郑荣恒请章开鹏在东来顺吃火锅，王品文也在场。吃到九点左右，老爷子说是累了，想回去休息，并让王品文继续陪着章开鹏。老爷子走后，又加上喝了酒，王品文也渐渐地放开了，和章开鹏交起了心。

王品文，东北人，40岁出头，毕业于东北某知名院校。毕业后，进京打拼，成了第一批北漂一族。摆过地摊、做过倒爷、开过餐馆……在人生陷入低谷时，机缘巧合，经大学导师引荐，进入了腾通集团。他从基层做起，一步一个脚印，一直做到了郑荣恒的秘书，跻身高层。

章开鹏记得，王品文曾有过一番肺腑之言："章董，从我们那个时代开始，每年怀抱梦想北漂的人数以万计，可真正能生存下来的，又有多少呢？有些半路撤退，有些死于虚无缥缈的理想。说句不好听的，这就好比买彩票，最终决定是否能留下来的，是概率，是运气。我呀，是足够的幸运。没有腾通集团这个平台，我早就滚回东北老家了。所以，郑主席是我的恩人，是我的再生父母。"

当王品文大谈过去时，章开鹏不由自主地想到了欧阳卫红。想当年，欧阳卫红也是孑然一身留在北京城。较之王品文，她要更幸运，嫁入豪门，贵为京城第一"白手套"。唯一的不幸，就是她的婚姻生活。或许，对于一个女人而言，这是最大的不幸。尽管，欧阳卫红表面上是个女强人，可只有章开鹏明白，她的内心是脆弱的。

每次想起欧阳卫红，章开鹏总是有着无尽的感慨！

经过这次长谈，章开鹏原本以为王品文是个可深交之人。但第二天再在郑荣恒的四合院见到王品文，却判若两人。话极少，看到章开鹏，也只是打个招呼，把他带到老爷子的书房，便退了出去，仿佛昨晚的事情没发生一样。

由此可见，王品文有着很深的戒心。同时，他也是个自我控制力极强的人。当着郑荣恒的面，是一副嘴脸；在外人面前，又是另一副嘴脸。强将手下无弱兵，王品文也不简单。

章开鹏和文永达刚进马术场，换上装备，iPhone手机就响了起来，是许婉婷打来的。

"章董，你上次让我跟的线有眉目了！"

章开鹏看了一眼文永达，拿开手机说："永达，你先过去挑选一匹良驹，我接个电话，马上就过来。"

文永达会意地一笑，往马场的方向走去。等文永达身影远去，章开鹏又重新把手机贴到耳边。

"婉婷，说！"

"章董，蒋柏林和宋庆生不是一伙的。"

听到这条消息，章开鹏一直悬着的心，终于落地了。先前，他曾怀疑宋氏父女早早布局的幕后，蒋柏林扮演着隐形操盘手的角色。倘若蒋柏林和宋庆生两大巨头联手，里应外合，稍稍动个手指头，就能控制住达利。

经许婉婷这么一说，总算是排除了这个大隐患。

章开鹏依然有些不放心地问："婉婷，证据呢？"

"章董，那就要问问你的老同学文永达了。"

"问永达……"章开鹏惊疑地问。

"没错。文永达不正接受蒋柏林的指示，联合郑荣恒的秘书王品文，在上海滩开辟新的根据地，进军风投圈吗？"

"是有这么回事。"

"据我了解到的情况，郑荣恒和宋庆生的关系，非常紧张。两个人曾争夺过多个大项目，胜负各半。要不是蒋柏林从中调和，估计早闹翻了。当然，对两位老江湖来说，彼此都是有头有脸的人，幕后杀得天昏地暗，台前照旧可以称兄道弟。如此，宋敏洁能够加入郑荣恒掌控的鼎尚俱乐部，也就不足为奇了。或许，宋庆生是想把宋敏洁安插到郑荣恒的身边，探取消息。还有，宋庆生布局达利之前，曾亲自去香港找蒋柏林密谈过。后来，无疾而终。现在，蒋柏林又选择了和郑荣恒合作。其中的微妙之处，不言而喻。"

"好，婉婷，我有数了。"

的确，这是条利好消息，可章开鹏却高兴不起来。这两天，自己和文永达几乎是朝夕相处。这期间，也交换了不少关于风投和企业经营方面的思路，可从未听他提及过此事。莫非，这里面有隐情？

"对了，还有件事。"

"说！"

"出于好奇，我还查了华商投资的法人代表肖雅丽，你知道她是谁吗？"

既然宋敏洁能把这么重要的盘子交给肖雅丽，足以证明她们两人的关系非同一般。至于到底是什么关系，章开鹏从未细究，因为这并不重要。

见章开鹏没反应，许婉婷又说："是宋子强的老婆。"

当听到肖雅丽是宋子强的老婆时，章开鹏还是惊了一下。看来，宋氏父女布局的时间，还要往前再推一推。显然，在通过聂远方把宋子强安排进达利之前，宋庆生手上的网，已经向达利笼罩下来了。另外，作为"四大金刚"之一的聂远方，极有可能充当着"帮凶"的角色。

章开鹏镇定下来问："老聂呢，回南州没？"

"还没。章董，你是怀疑老聂早就……"

"婉婷，这件事我们见面再谈，我正陪文永达骑马呢。"

挂了电话，章开鹏一路思忖着，往文永达的方向走去。文永达正坐在马上，在一位马术教练的指导下，小心翼翼地往前挪动着，生怕一不小心，就会来个人仰马翻。

"开鹏，我原以为骑马是项极为简单的运动，没想到会那么难。"见章开鹏走近，文永达呼出了一口气，做惊恐状，"单是驯服马，就不简单。搞不好，还会让你出洋相。"

"永达，马是非常有灵性的动物。真正想驯服一匹马，靠的不是技巧，而是感情。只要你和马有感情了，它自然会听你的使唤。玩马术，最高的境界是人马合一。这和做生意是一回事，只有把人和企业融合在一起，企业才能长盛不衰。"

"开鹏，我真佩服你，这么细微的事情，都能悟出这深刻的道理来。"

"永达，细微处见真知。我们做企业的，每个关卡都要把好，一着不慎，满盘皆输哪！不像你，找了个这么好的靠山。"

"开鹏，什么靠山不靠山的，我也只是替蒋老打工罢了。"

"永达，如果没有龚菲娜这层关系，你能如此顺利地帮蒋老打工吗？蒋老又怎么会把这么重要的任务交给你？"章开鹏故作漫不经心道，"对了，过段时间，宋敏洁会来南州。你们在香港见过一面，届时，你们好好聊聊。往后，你可就要在风投圈扎根了，多认识圈内人，只有好处，没有坏处。"

"见宋敏洁？我看就算了吧。你也知道，我……我不擅长和女人打交道。"文永达找了个几乎牵强的理由，又说，"还有，说句实在话，我对宋敏洁有种本能的反感，夜郎自大，清高傲慢，迟早会摔跟头。正所谓山外有山，人外有人。在这个圈子，别说是她一个乳臭未干的黄毛丫头，就算是她老子宋庆生，也未必能称王称霸。"

"永达，看不出来你对宋敏洁还颇有微词啊。"

"我只是就事论事。"

宋庆生和郑荣恒素有仇怨，一直在其中调和的蒋柏林，几经审时度势，选择了和郑荣恒结盟。另外，还把桥头堡设在了上海滩。这或明或暗地在传达一种信息，炮口对准宋庆生。很显然，这是更高级别的较量。别人斗别人的，我玩我的，井水不犯河水，这是章开鹏一贯以来的处世之道。

　　但双方要开战，总该有个导火线吧。宋氏父女正强势进入达利，国际巨头麦德逊又抽身离开，而蒋柏林的软盛资本又是达利的股东。无疑，这给了郑荣恒和蒋柏林小试牛刀的最佳时机。

　　这种可能性，不是没有。

　　可正如郑荣恒早先所说，达利层出不穷的内斗，只会导致一种局面，投资方望而却步。既然如此，他又何必来蹚这趟浑水呢？莫非，这里面也有猫腻？

　　如果假设为真，三大巨头玩起了资本游戏，达利可就成了战场。自己呢，又会扮演什么样的角色？主角、配角、傀儡抑或是跑龙套的？最后的命运，自己能掌控吗？还有，届时直接面临的潜在敌人，可就是眼前的文永达了。文永达这个 X 因素，能影响走势吗？

　　一切尽是未知数！

◎第三十九章◎

何去何从

　　在中国，位置一向是敏感的话题。不同的位置，代表不同的身份。不同的身份，掌控着不同的权力。不用多说，正中央的那个位置，是权力顶端的象征，九五之尊，执牛耳者。古代帝王如此，现在亦是如此。

一个半小时的董事会，如同走过场。

章开鹏辞职、毛丽萍缺席、麦德逊正准备退局，董事们围绕着枯燥的销售额谈了谈，也就草草收场了。绝大部分的时间，都是黄卓群一个人在发言。这是他任董事长以来，第一次正式主持董事会，说什么并不重要，重要的是他要释放一种信号，截至今天，自己还坐着达利的头把交椅。你章开鹏私下搞那么多的动作，又能如何？

黄卓群也清楚，地位受到冲击，是迟早的事情。但总不能冲击尚未到来，就认怂了吧。所以，该有的态度，还是应该有的。并且，今天真正的重头戏，不是董事会，而是董事会之后他和章开鹏的过招。

昨晚，他给章开鹏打了个电话，说是明天等董事会结束了，想去他的办公室坐坐。章开鹏也不惊讶，回应道："黄董，随时欢迎你的大驾。"

散会后，黄卓群和马锦胜攀谈了几句，便进了电梯，按下"6"。

"开鹏，这董事会上没你在，我真是有点不习惯。"刚进门，他就拿话呛章开鹏。

章开鹏站起身，先是请黄卓群坐下，随后，又泡上一杯茶，放到他的跟前。

"黄董，习惯了就好。"

"开鹏，习惯，就算我习惯，你也未必会习惯吧？"黄卓群对着茶杯吹了几下，又放下，"开鹏，我也不和你打马虎眼了，咱们开门见山地谈一谈吧。其实我很清楚，把你重新请回达利，是一把双刃剑。一方面，能稳住员工和经销商的情绪。但另一方面，你不可能安于现状，也不可能放弃达利。否则，你又何必制造'2·14'等一系列事件呢？"

"黄董，你清楚就好，自始至终我就没放弃过达利。我也相信，达利迟早会回到我的掌控之中！"

"凭什么？凭经销商这张牌，还是把宋氏父女当靠山呢？"

"黄董，既然你了解得如此透彻，又何必多问呢？"

"你真以为经销商有那么可靠吗？他们只不过是一个个势利小人罢了。过去他们是你的人，将来也有可能加入别人的阵营。再说宋氏父女，他们只是在利用你罢了，他们要的是整个上江省的家居市场。等控制局面了，根本就不会管你的死活。"

"黄董，这些我都明白。我要的不多，就是重新坐上我该坐的位置。"

"你该坐的位置？"黄卓群冷笑着站起身，"章开鹏，那咱们就走着瞧。我千算万算，算错两点。我没想到宋氏父女的入局速度会如此之快，还有麦德逊竟然会退出。不过，我告诉你，我手上还有的是牌！这场游戏，我一定会继续陪你玩下去！"

"奉陪到底！"

黄卓群气焰嚣张地摔门离开，章开鹏又重新走到办公桌前坐下。黄卓群越急，就越说明他心中的底气不足。既然如此，就先搁一边去，就算他要反扑，缺了吴勇宏这个盟友，也不可能那么快有成形的计划。眼下，还是多关注关注宋氏父女，还有蒋柏林和郑荣恒吧。

MVC 公司和美星隆完成股权交易的当天下午，宋庆生亲临达利。一个司机，老旧的宝马 760，宋庆生走的是低调路线。可表面上再低调，也隐藏不了背后的高调手法。

从宋氏父女抛出橄榄枝的那天起，章开鹏和宋敏洁进行了多次会谈，且保密程度很高，知之者甚少。章开鹏身边，只有许婉婷一个人深谙整个事件的来龙去脉。陈茂林和高伟业，外加心腹老臣以及马锦胜等人，顶多只能算是了解个五六分。可当双方走到股权交易这一步时，消息还是不胫而走。

上午伊始，整个达利几乎被媒体记者的"长枪短炮"包围了。宋庆生到达的那一刻，更迎来了高潮。

顶着上江省首富光环的宋庆生，成了镁光灯的焦点。

无独有偶，第一个在网络上爆料的，还是行踪诡秘的金融虎刀程乾。与前几次发长文不同，这次程乾只发了简短的一句话："祝贺华丰集团旗下的美星隆成为达利的大股东。"话虽简短，却足以激起千层浪。其一，大多数人只知道美星隆和达利是竞争对手，经过这些年的快速发展，尤其是和互联网接轨后，大有赶超达利的趋势，但很少有人知道美星隆和华丰存在着的关系——美星隆的大股东是宋敏洁的永华投资。永华投资虽号称是一家独立的风投机构，可明眼人都能看出，这是宋庆生下的一步棋，只不过是让宋敏洁代为操盘罢了。真正的决定权，还是在宋庆生手上。因此，说美星隆是华丰的子公司，不为过。其二，"大股东"一词说明，达利这场内斗，真正的赢家不是章开鹏，也非黄卓群，而是宋氏父女。

程乾对达利的态度，由唱衰到叫好，转变极快。但仔细去观察，却有迹可循。章开鹏和黄卓群刚刚爆出内斗时，他是唱衰。宋氏父女明确入局后，他变成了叫好。这令章开鹏不得不怀疑，程乾真正的幕后金主，即是宋氏父女。纷至沓来的媒体记者，也只不过是宋庆生自导自演的一出戏而已。

也罢，美星隆和达利刚刚实现联姻，如果蜜月期才刚刚开始就搞得剑拔弩张，不论是对个人，还是对全局，都不是什么好事。既然宋庆生想借此出出风头，那就让他出吧。章开鹏所能做的，就是尽力配合，既不抢风头，又要扮演好配角的角色。除非，宋氏父女一上来，就踩了他的底线。

说起底线，上午发生的一件事，至今让章开鹏耿耿于怀。

上午十时零八分，达利以崭新的面貌召开新闻发布会。根据之前的协议，双方联姻后，达利由章开鹏主导，并担任董事长一职。也就是说，发布会主席台正中间的那个位置，理应让章开鹏来坐。

在中国，位置一向是敏感的话题。不同的位置，代表不同的身份。不同的身份，掌控着不同的权力。不用多说，正中央的那个位置，是权力顶端的象征，九五之尊，执牛耳者。古代帝王如此，现在亦是如此。可令他诧异的是，宋敏洁一上来就抢了他的位置，而且是一副理所当然的神情。当着这么多媒体记者的面，章开鹏顿时陷入尴尬，可又不好发作，只好强装笑颜，坐到了宋敏洁的旁边。

宋敏洁年纪虽轻，在生意场上，却是个见过不少大世面的老手。此举，要说她不懂规矩，根本就解释不通。唯一能解释的就是，宋敏洁有意在试探章开鹏的底线，并暗示他，往后掌控达利这盘棋局的人，必然是他们父女俩。而你章开鹏，只能跟着我们的方式玩。跟好了，大家和气生财。再有非分之想，后果自负。

冷不丁地被宋敏洁将了一军，章开鹏一上午心里都不痛快，憋屈得很。直到中午过后，达利的股价一路高歌猛进，历史性地突破 10.00 港元大关，到达了 10.26 港元，才算是面露悦色。

自打达利在港交所挂牌以来，历史最高点为 7.68 港元。不过，维持的时间并不长，在两个月左右。此后，股价一直不温不火，在 6.00 港元左右徘徊。这种趋势，也可以理解。毕竟，达利玩的是传统行业，不像某些互联网行业，一挂牌，不出几天市值就能翻好几番。当然，来得快，蒸发得也快，这就是资本市场的魔力。

此外，还有另一个因素，剑指港交所的散户很少，大部分是机构在操控。散户少了，从某种意义上而言，活力也就弱了。归根结底，这和港交所没有涨停和跌停机制有关。

缺乏涨停和跌停机制，风险自然也就比 A 股大许多，散户自然也就望而却步了。

停牌前股价为 3.00 港元不到，复牌后，股价瞬间涨了三倍，章开鹏心里很清楚，这是宋氏父女注资所带来的效应。从这个角度而言，他们是达利的救命恩人。但转念一想，又觉得不对劲，股价飙升，谁是最大的受益者？不用多说，自然是刚刚成为达利大股东的宋氏父女。而股权交易后，自己所持有的达利股份，已是微不足道。

有得必有失！想要重新掌控达利，这是必须要付出的代价。

宋庆生只在媒体面前露了个脸，象征性地打了几个"太极"。短暂地逗留了五分钟，便拒绝了一切采访。媒体记者见无料可挖，也就分批撤退了。

喧嚣过后，一行人跟随着章开鹏和宋庆生进了大会议室。章开鹏还没来得及和宋庆生聊上几句，手机就响了，是文永达打来的电话。

章开鹏本想让文永达在南州多待几天，顺便来参加新闻发布会。一是老同学难得见面，轻松无压力，自然是时间越久越好。二是检验之前的猜测，郑荣恒、蒋柏林和宋庆生三大巨头，是否会在短期内发生碰撞，他们的碰撞又是否和达利有关。可惜，文永达拒绝了他的挽留，说是王品文已在上海就位，自己再在外面游山玩水，就不合适了。

"开鹏，恭喜啊！"

"永达，我何喜之有？"

"开鹏，你这是明知故问啊！美星隆和达利强强联合，股价一路上扬，达利的市值整倍暴涨，难道不值得祝贺吗？"

"永达，我现在只是达利的小股东而已，没什么值得可喜可贺的。"章开鹏环顾四周，又轻声道，"而且，这宋氏父女还挺难伺候的。"

"开鹏，这又不是你第一次和'门口的野蛮人'打交道。再难伺候，我相信你都能应付得来。再说了，事实证明，你和黄卓群的较量，是完胜。"

完胜，真的是完胜吗？的确，在一系列的猛烈攻势下，黄卓群是节节败退。就连他昔日的盟友吴勇宏，也选择了退局。可黄卓群也明确表态了，富可亚洲不会做缩头乌龟，就此放弃。现在，宋氏父女又带着雄厚的资本入股，黄卓群逐渐被边缘化，是可预见的。但自己为此，也付出了股权出让的代价。倘若将来的某一天，宋氏父女也来个故技重施，逼迫自己下台，自己又有几分胜算呢？到时候，付出的代价会更为惨重。

"永达，关于这个问题，仁者见仁，智者见智吧。"章开鹏不愿多谈，转而问，"对了，蒋老呢？"

为召开新闻发布会，达利的大大小小的股东和几个有影响力的经销商，都收到了邀请函。具体的名单，由宋敏洁主抓。宋敏洁此举，大有越俎代庖之意，可章开鹏也并不反对。能把这些人请来站台，特别是蒋柏林和欧阳卫红，也不失为制造声势、名人营销的策略。

但到最后，蒋柏林没来，欧阳卫红指派了毛丽萍来。倒是马锦胜和袁德奎等经销商，昨晚就杀到了南州。

"蒋老和郑老爷子两位大人物，都在上海滩呢。"文永达故弄玄虚道。

"怎么，你那边有动静了？"

"刚刚筹备完，公司的地址选好了，名字也定下来了。其他的，暂时还不方便透露。"

"叫什么？"章开鹏又问。

"盈安基金，"文永达略微一顿，"开鹏，我真希望我们两个有携手合作的那一天。"

"但愿吧。"

"好啦，我不打扰你庆功了，改日再见。"

道过别，章开鹏加快脚步进了会议室。放眼望去，椭圆形的会议桌前已坐满了人。宋庆生坐在了靠窗正中央的位置，左边坐着宋敏洁，右边的位置空着，是给他留着的。再左边，是黄卓群。此时的黄卓群，脸色土灰，没有了以往的盛气凌人，正低头摆弄着手机。据传，宋敏洁昨天下午到达南州后，约谈了黄卓群。至于他们谈了什么，无从得知。

其他人，论资排辈，依次排开。

和宋敏洁不同，宋庆生来坐头把交椅，还算是合情合理。

章开鹏稍作迟疑，关上会议室的门，走过去坐下。

待他坐定，宋庆生清了清嗓子，微微一笑道："都说丑媳妇总归是要见公婆的，所以，我今天是推掉了手头上所有的事情，特意从省城跑到了南州。从目前的情况来看，尤其是股价，美星隆和达利的联姻，无疑是成功的。不过，股价能上扬到什么样的价位，并不是我最关心的。我最关心的，是人心。俗话说得好，人心齐，泰山移。虽说美星隆和达利，在产品生产上是一致的，但玩的套路却是不同的。达利的套路，和其他传统行业相差无几。唯一的亮点，就是强大的经销渠道。也正因为经销渠道的强大，达利才能走到今天，坐上省内行业老大的位置。可在座的每一位都应该能深切地感觉到，近几年，达利已进入疲软期。说得再严重些，说是在走下坡路，也不为过。美星隆则不同，选择了拥抱互联网，用互联网的模式去经营传统行业。做个假设，如果美星隆和达利是两家独立的公司，我相信，不出五年，美星隆必定能赶超达利。谁愿意赌，现在咱们就开个盘口。当然，这已经成为历史。从今天起，美星隆和达利，就将是一家公司。既然进了一家门，我们就要互相包容，用最佳的模式，创造尽可能多的利润，实现共赢。"

宋庆生稍稍停了停，一是喝口水润润嗓子，二是让在座的人好好消化消化。他的潜台词也很明确，达利想要更上一层楼，就必须按美星隆的套路来。单就观点，章开鹏是赞成的。现如今，互联网已经渗透到各行各业。如果传统行业不转型，就是在等死。转型，才有生存的机会。可宋庆生话里话外，对达利原有的团队极为蔑视，这是他所不能接受的。

少顷，宋庆生又说："我还知道达利内部一直流传着一种说法，我们这些投资方，也就是你们口中的'门口的野蛮人'，是吃人不吐骨头的魔鬼。在我看来，这种说法，一半对，一半错。创始团队和投资方的合作，本意是好的，为了把规模做大，为了上市。故步自封，在如今的市场经济浪潮下，必定是死路一条。而创始团队和投资方，能合作到什么程度，关键是平衡点。找准了，投资方就是天使。找不准，也不能说投资方是魔鬼。正所谓一个巴掌拍不响，双方都有着不可推卸的责任。我也相信，达利在经历了两次内斗之后，不论是生存能力还是适应能力，都会更强。这些，就是我这个老古董要和大家唠叨唠叨的内容。大家觉得受用，最好不过。不受用，就权当废话。最后，我再宣布一条任命公告……"

听到任命公告时，章开鹏心头不由得一紧。尽管他和宋敏洁签订了合作协议，可事情没到板上钉钉那一步，他还是觉得不踏实。

"重组以后，将由我亲自出任达利的董事长一职，章开鹏章董则担任副董事长，宋敏洁任 CEO，富可亚洲的黄卓群任财务总监。其他方面的调动，由宋敏洁和人力资源部门协调完成。如果谁有异议，上股东大会定夺。"

刹那间，章开鹏脑袋"嗡嗡"作响，继而是一股冲出胸腔的无名之火。他怎么也没想到，德高望重的宋庆生，竟撕毁了协议，变卦如此快。董事长和 CEO，由他们父女俩担任。自己这个所谓的副董事长，无非只是个名号罢了。上股东大会定夺，更是敷衍之词。按照港交所的规定，先前自己是有召集临时股东大会的权力的，可如今自己所持的达利股份不到10%，等于丧失了这个权力。而宋庆生的这一任命，直接的利益受害者，除了自己就是黄卓群，除非自己联合黄卓群，才有这个权力。

想着，章开鹏瞥了一眼黄卓群，他的脸色比之前更加难看，更加凝重。他大致也猜出了宋敏洁昨晚找黄卓群的谈话内容，十有八九和这起任命有关。难不成，自己真要和黄卓群私下结盟，对抗宋氏父女吗？这局势，变得也太快了吧。可两个人刚刚结束内斗，彼此嫌隙颇深，能结盟吗？就算结盟，又怎么去和宋氏父女对抗？

宋庆生的这步棋，下得妙，实在是太妙了！章开鹏此时的心情，就如同吃了苍蝇，纵然恶心，却又不能一吐为快。

宋庆生把该说的都说了，接下来，在座的人围绕着达利的将来，发表些不痛不痒的论调，大多是在附和宋庆生的观点。至于许婉婷，刚想开口，就被章开鹏一个眼神挡了回去。

临近散会时，宋庆生转向章开鹏，小声道："开鹏，你留一下，咱们谈一谈。"

约两分钟后，会议室只剩下宋氏父女和章开鹏三个人。宋庆生先是点燃一支"九五之尊"，然后才说："开鹏，我知道你心里不痛快，有什么话尽管说吧。现在，咱们可是一家人了。"

"宋主席，我和宋小姐上次在香港曾达成协议，完成股权交易后，达利由我来主导，你们不干涉。美星隆由你们主导，我不干涉。这……这可是白纸黑字都写好的，而且，蒋柏林蒋老也可以做证。你们倒好，一上来就不按常理出牌。往后，咱们还怎么合作啊？"说到激动处，章开鹏重重地捶了一下桌子。

"开鹏，我这是为大局着想。你想想看，达利的股价为何会飙升，还不是我这个老头子造势带来的？所以，眼下由我这个老头子亲自坐镇，是最合适的。我也是一把年纪了，挂个头衔而已，达利真正的执行者，还是你和敏洁。再说了，你的位置是高于敏洁的。所以，确切地说，我也是在按规矩办事。"

"可是宋主席……"

"章董，没有我们父女俩，你能把黄卓群踢到财务总监的位置吗？我看呀，为了达利的将来，为了你我的各自利益，咱们还是好好地合作吧。真要撕破了脸皮，对我们不好，对你就更不利了。其中的利益关系，就不用我多说了，你也是聪明人。"宋敏洁接过话，冷笑道，"最后，我再送你一句话，小不忍则乱大谋。好啦，我爸爸也累了，我要送他回酒店休息了。"

出门前，宋庆生又上前拍了拍章开鹏的肩膀道："开鹏，好自为之吧，千万别玩火，往后的路还长着呢。"

章开鹏呆若木鸡，看着宋氏父女渐渐离去的背影，他依然坐着，一根接一根地抽着烟。不知过了多久，手机传来刺耳的铃声，才把他拽回了现实。iPhone 显示一条短信，是顾冉冉发来的："我想通了，以后不会再纠缠你了。"章开鹏表情恍然地笑了笑，又抓起三星手机，显示的是吴勇宏的号码。

"章董，现在可以光明正大地称呼你为章董了。好啦，闲话不多说，我马上要离开南州了。"

"什么时候走？"

"三天后的下午。"

"那抽个时间我请你吃饭，给你饯行。"

"吃饭就算了吧，免得让人说闲话。"

"那到时候我和婉婷去送送你。"

"好，下午 2 点 50 分的航班。"吴勇宏也不拒绝。

挂了电话，章开鹏吃力地站起身，略显踉跄地往外走去，如同刚刚经历了一场大战，遍体鳞伤一般。

进了电梯，他刷起了微博，用以打发时间。没刷多久，无意间看到顾冉冉发的一条微博："希望明天会更好。"时间定格在三天前，并附有一张她在埃菲尔铁塔底下的照片。照片中，顾冉冉面带笑容，摆出一副拥抱明天的姿势。

埃菲尔铁塔，法国。章开鹏像是想起了什么，前段时间，聂远方不是请了年假去欧洲旅游了吗，不会这么巧合吧？管它巧合还是不巧合，就算她真投入了聂远方的怀抱，那又如何？自己根本就没权力去干涉。只要她以后不再和自己纠缠不清，就够了。更何况，自己现在是自身难保。

三天后，浓雾。

章开鹏到达三号楼时，吴勇宏已在门口等候着。

放好行李，吴勇宏又回头看了一下三号楼，驻足良久，才依依不舍地上了车。

"吴总，你不会是爱上这三号楼了吧？"许婉婷尽量制造着轻松的气氛。

"婉婷，人非草木，孰能无情。一转眼，我在这三号楼住了也有两年半的时间了。马上要离开了，还真有些舍不得，总觉得心里空落落的。"

"吴总，不管你去哪里高就，达利永远是你的家。"章开鹏动容道。

相比之下，他对吴勇宏的印象，要远好于黄卓群。最起码，吴勇宏懂规矩，按常理出牌。可身处炼狱般的商场，当每个人都在试图破坏规矩、重立规矩时，你再去循规蹈矩，那可就成了傻子喽。

吴勇宏也感叹道："是呀，达利的确是个锻炼人的好地方。不过，天下无不散之筵席，该离开的时候，还是要离开，纵有千种不舍，也得离开。"

气氛陡然沉闷，一路上，三个人不再交谈，直到到了机场，吴勇宏才说："章董、婉婷，谢谢你们能来送我。最后再送你们一句话，心中的魔鬼不除，到哪里都成不了天使，小心提防宋氏父女。"

"吴总，谢谢你的提醒。让上帝的归上帝，让撒旦的归撒旦吧。"章开鹏叹气一笑，又问，"接下来你有何打算？"

"先去上海，以后有可能在上海，也有可能在北京，或者其他城市。不出意外，应该还是在老本行混。"

"那预祝你宏图大展。"

"你也是！"

两个曾经的合伙人，双手紧紧一握，各奔东西。

"对了，章董，还有件事，"走了几步，吴勇宏又回头道，"据我所知，黄卓群要到北京搬救兵了。我想，以他的性格，不会善罢甘休。"

"我明白。"

目送着吴勇宏走进贵宾通道，章开鹏转身往停车场走去，许婉婷紧跟其后。前方依然一片浓雾，辨不清方向，再次站在人生的十字路口，该何去何从？章开鹏绞尽脑汁，却一时找不到答案。唯一能确定的是，答案在前方。

回去的路上，他打开车载 CD，里面正播放着《阿甘正传》的插曲 *blowing in the wind*。

听着，章开鹏想起了阿甘说过的那句至理名言：人生就像一盒巧克力，你永远不知道下一块会是什么味道……

（第一部完）